U0919048

Reflection on the West Garden

西花园的颂

罗强/主编

文匯出版社

主编：

罗　强

副主编：

刘凌昊　戚迎庆　廖书庆

序

柳袁照

为何用《西花园的颂》为书名？西花园是我们的校园，人们往往会以西花园来称代我们的学校。“颂”在此又是何意呢？那就得从《诗经》说起，大家知道《诗经》包含风、雅、颂三类。风是民歌，雅是周王朝直辖地区的音乐，颂是宗庙祭祀的舞曲歌辞。最近，我们学校出了一套丛书，即《西花园的风》《西花园的雅》《西花园的颂》，分别为我们学校老师的诗集、散文集、教育随笔，借用《诗经》的风、雅、颂冠之，是有我们自己的寓意的：这是一个有诗意的校园，诗意的校园孕育或唤醒了我们老师的诗情，我们以自己的歌、以自己的文，感恩历史，感恩文化，感恩前辈，以及感恩我们自己的教育生活。

我对本书中的每一篇随笔都充满情感。老师们写出来后，我读它们，现在汇集成书的时候，我再一次一一读它们，对我来说是一次愉悦的充盈理性的情感之旅。时间跨度十多年，最早写下这些随笔的老师现在即将踏上中年的旅程，但他们把自己的那一段最宝贵的经历，以最美丽的绽放，留在了永不磨灭的校史上了。

我们学校有诸多的优秀传统——要求入校一年期、三年期的老师写一份教育随笔就是其中之一。值得称道的不在于这个制度，而在于老师们把它看得神圣——在这个时刻，倾诉他们自己的感悟，清点他们自己在这个校园最初留下的脚步——所有的情感与理想，都蕴含在那一篇篇沉甸甸的文字之中。这十多年来，每年的秋季，校园里金桂花、银桂花盛开的时候，我都会为之感动。借此机会，我想说说我们年轻教师的故事：

我曾做了三年的2012届（7）班的副班主任，那是我当校长以来最美好的经历之一。班主任是梁彩英老师，她带着我进入这个（7）班——进入同学们的喜、怒、哀、乐。10年前，第一次见到她是在她办公室，很晚了，她一个人还在电脑前，我下班前巡视学校，走到了那儿，因为我刚到不久，对老师也不熟悉。我们开始了第一次交谈，她腼腆羞涩，问一句，答一句。几天以后，一篇《一路上有你》让我眼睛一亮，“一路上有你”，这个你，是谁呢？读完全文，原来是学生：“学生——推我不断向前的动力。”几年以后，她干得很出色，所在的年级部沈主任找我，竭力向我推荐她，说她做事细腻、踏实，是一个很有管理潜力的人。如今，她已是一位成熟的老师了，主持着学校学生处的工作。近年来，屡次在全国班主任与德育会议或论坛上作交流发言，望着她成长的身影，真切地感觉到一棵小树在西花园生长起来了。

杨丽老师是一个有个性的人。有一年，大约在六七年前，语文统考成绩令我不满意，我把备课组的老师都叫过来，严厉地批评他们。除她之外，所有的语文老师都不敢作声，沉默地倾听。我说完了，杨丽讲话了，她据理力争，一一阐述自己及整个备课组的教学与复习策略，我被她说得一时接不上话，当时既有些恼怒，又有些欣喜，什么是质朴、本真的老师？这不就是吗？从此，她进入了我格外关注的视野。后来有一次，学校召开班主任经验交流会，她上台发言，说："每当想到再过七个月这些高三同学就要离开学校的时候，心里总有不舍，为此，还为他们写了小诗。"她的话还没有说完，眼泪就流了出来，那是多好的情感状态啊。这两件事，给我印象很深，既耿直又柔软的为人之师的品性，那不是我们学校年轻教师的缩影吗？

物理老师程之颖，是一个擅长利用学科背景做教育的老师。在学校教育研讨会上，他用"量子纠缠态"的物理现象，来介绍师生如何默契，几乎到了能心灵感应的地步。他头脑里正想着班级下阶段该怎么做的时候，同学们已经这样做出来了。其实，他与我也是这样。有一年，高三临近高考，我心里想着该有激励举措，我还没有说出口，他来找我了，说是要拍一个片子，请我给毕业班的学生说说鼓励的话，正合我意。这个视频做好了，被学生们挂在了人人网上，毕业班的学生在观看，非毕业班的学生也在观看，甚至那些国内外的校友也都在观看，一时成为热谈。片子里所有的人都在祝福，老师、家长、学哥学姐、学弟学妹，还有保安、打扫卫生的阿姨、为他们送盒饭的师傅。对我的采访，也只是作为普通的一员，出现在并不显著的位置。整个视频，十分亲切、温暖，真诚而平等，自然又质朴，得学校文化精神之真谛。

有一位女生——恕我隐去她的姓名，浑身肌肉萎缩，不能行走，不能挺直坐着，瘦小如一个四五岁的孩子。六年前，她报考我们所属的振华初中，是收她，还是拒绝她，关乎职业道德。初中三年，又到了高中。在校六年，没有受到同学的任何歧视，她坚韧、顽强，学得勤奋，反而成为一种对大家的激励。我永远不会忘记：学校运动会入场式上，青年班主任朱嘉隽推着一辆小轮椅，走在班级的最前面，然后是班级整齐的方队，年年如此，是多么的神圣啊。今年6月，临别的时候终于要到了，班级拍毕业照，在西花园的草地上，我看到青年教师钱懿泠小心翼翼地抱着她，如抱着自己的孩子，班上同学簇拥着，前后左右呵护着，那个场景能让人们的心瞬间柔软。

我们的校园每时每刻都洋溢着爱与感恩的气息。正如2003年大学毕业的包惟华在她的随笔中所说："我是一个有追求的人。大学期间，每每被人问及从哪个高中毕业的时候，我都会骄傲地告诉他们：苏州十中，并将学校的悠久历史和被文化浸润的美丽校园描述一番，然而，我的心中仍有小小的愿望，如果这所求学的圣地能走出更多更优秀的人才，那么我们会备感骄傲和自豪，所以，我选择了回来，选择了默默在这块土地上耕耘。"

我们大家何尝不是这样？我也是这所学校毕业又回来的人，我感恩这个校园的一切，包括这里的所有年轻老师。我清楚地记得，我刚到这个园子不久，心急，万事都想早办好。一天，为了一件事生闷气，就坐在办公室看随笔，上面提到的梁彩英、程之颖等人的文章也在其中（还有振华学校的几个老师，虽然三年前与母校脱离了，但对他们我仍心存感激）。看着看着，一下子高兴起来了，那些案例真好，朴实、纯真，我被他们的所说所想所感动。年终的校长述职报告，受此启发，题目就是《心怀感恩》，我在述职中讲述了这件事，我说在这个学校，要感恩每一天，感恩每一位老师，包括年轻老师。正逢《人民教育》杂志记者来采访，得悉后，刊用了全文，这是我当校长以后发表的第一篇教育文章。

教师的教育随笔会给我带来许多灵感。比如，十年前，我读庄颖的文章就是这样。她写课堂的《真水无香》，这篇随笔放在我办公桌上整整一年，我感觉她说得很有道理，时常品味。第二年，她又写了这个题目，这次不仅是她一个人写，其他几个老师也在谈这个话题。当时，我们正在致力于学校的文化建设，需要对学校的文化精神有一个准确的表述，一直在琢磨——突然顿悟："真水无香"，那不是百年来学校的文化精髓吗？它是优秀的传统，需要我们去弘扬，如今，"真水无香"与"质朴大气""倾听天籁"共同成为学校文化精神的内涵，她所呈现的鲜明个性，能被全国许多同行赞誉，其中就有庄颖教师的贡献。

学校的发展离开了教师的成长，就不会有意义。什么是成长？假如比作一棵树的话，那就是从栽下到枝叶茂盛的过程。这部书，就是这个过程的记录——虽然只是年轻教师们最初三年的记录，但是却展示了他们最初的那种昂扬向上的状态：稚嫩而倔强，无限美妙。这是一本充满感恩与爱的书，对作者来说，是这样，对读者来说，也是这样，倾注了我们大家共同的情感。我为之感动，内心曾被融化，并激励着我诗意地做老师、校长。西花园，是我们的美丽校园，是师生共同自由、快乐成长的地方，那里布满阳光，一草一木，都充满着昂扬的生命力——我们大家都在那里受到上苍的幸福恩赐，让我们双手合十，表达虔诚之意：对她唯有感激、唯有感恩。

是为序。

2013 年 10 月 3 日

目录

润物细无声

——三年期教师教育教学回顾

英语组　包惟华

时值十中百年校庆，亦是我走上讲台的第四个年头。真是欣喜备至！因我与十中的缘分早在十多年前便已结下。2003 年大学毕业时，虽逢非典肆虐，不少同学朋友失去了绝好的就业机会，而我则幸运地早早被母校录取，成为十中教师中的一员。

我是一个有追求的人。大学期间，每每被人问及从哪个高中毕业，我都会骄傲地告诉他们：苏州十中，并将学校的悠久历史和被文化浸润的美丽校园描述一番，然而，我的心中仍有小小的愿望，如果这所求学的圣地能走出更多更优秀的人才，那么我们会备感骄傲和自豪，所以，我选择了回来，选择了默默在这块土地上耕耘。为了实现许多人的梦想，为了我深爱的母校。

我是一个幸运的人。自我进入学校，就一直受到领导和许多老教师的关照。他们在关键时刻的提携和善意的指正使得我少走了许多弯路。教书的第一年，由于缺乏经验，我经常在组内听老教师的指导课。胡明老师、李苏莲老师、杨德胜老师都无私地将自己多年的教育教学经验倾囊相授，这实在让我感激不已！要知道，他们的鼓励和经验对于一个刚走上讲台的年轻教师来说是多么地珍贵。高一英语备课组也是一个有活力的集体。那一年，十位英语老师中有七位都是年轻教师，大家经常集体备课，讨论教育教学方法，课后积极辅导教育后进学生，有竞争、又彼此和谐的关系让我至今难忘。这一年的经历，以及在接下来两年里全组同事的不懈努力下，才使得2006届学生在这年的高考中英语考出了相当不错的成绩。初出茅庐却心有所求的我，遇上了好领导、好同事，怎能不说是幸运的呢?

坚韧是我的座右铭。我的学生生涯告诉我，一个人失败并不可怕，可怕的是从此再也站不起来。我在学生生涯一直摸爬滚打。在外人看来也许我一直很顺利，其实个中许多挫折才是锻炼我性格变得乐观而坚韧的原因。工作之后亦是如此。高一期末的全市统考，是2006届高一第一次参加全市性的测试。之前我们已经做了许多准备工作，复习计划安排得非常紧凑。可是，就在考试前一周我的颈椎却出了问题。颈部神经的压迫使得我头只能歪倒在一边。我知道，如果这时候我下来，影响的可能是学生的备考情绪，这样一来，那么多的准备也许就要大打折扣了。于是，我托着脑袋坚持了下来。我原本以为我的样子会招学生笑话，可是我的学生却深受感动。他们非常出色地完成了复习任务，并在最后的统考中取得了出人意料的高分。我的坚韧影响了我的学生。我想不是语言，而是我的行动让他们懂得坚忍不拔的道理。

这三年来我的迅速成长离不开学校的培养。从大学校园走出的学生是充满干劲的，但同时也是缺乏实践经验的。要从一个学生转变成教师，从父母身边的孩子转变成别人的同事，对于每个人来说，需要的时间都不相同，而十中宽松而民主的气氛给了我最大的空间和迅速成长起来所需要的环境。我是非师范生，在大学毕业的最后一年，在准备英语八级考试的同时考到了教师资格证书。可与和我一同进入学校的其他同事相比，我缺乏了在中学教学一线实习的经历。我是害羞的人，对自己的要求却甚高。我找过陈校长，把我的担心告诉她，但陈校长却笑着对我说，要对自己有信心，英语组许多优秀的年轻教师也和我有同样的经历。走出她的办公室，真是一身轻松，身上的包袱也卸下了，于是只剩下为第一节课作积极的准备。三年后学生毕业了，有的人还不相信 2003 年 9 月 1 日那天是我第一次站在讲台上，还以为我是老教师呢！

学校对年轻教师的培养和关怀体现在方方面面。比如传统的新老教师结对子。老教师毫无保留地把自己十几年、甚至几十年的经验传授给我们，避免我们在工作中走弯路，能够更快地实现角色转变，成为学校所需要的青年骨干。又比如各种形式的青年教师培训，在带完 2006 届毕业生后，我有机会参加了 2006 年省级英语骨干教师培训。在近一个月的学习中，与来自全市 20 多所重点中学的高中英语教师共同学习、进修，让我在走出校园三年后又一次有机会学习到最先进的教学理念和课堂教学方法，实在让我受益匪浅。在 20 多天的学习生活中，让我感触最深的就是作为教书育人的老师，自身教育教学水平的提高至关重要，因为只有自己的知识不断得到更新才能教出掌握最先进知识的学生。令人欣喜的是，我的全心投入让我在培训结束时得到了全班最高分，并获得了省教育厅颁发的优秀学员证书。暑假过后，我又将 20 多天在培训时所学到的课堂教学活动方法整理了出来。现在，办公室的不少同事手头都有了这份材料，相信这份材料对于他们的英语课堂教学也一定会有一些启发吧。

今年10月22日是十中百年校庆的日子，那天，我与同是从十中毕业的先生一起回母校，最让人激动的时刻也许就是在人群中找出自己当年的老师了。幸运的是，虽然我们分别毕业于1997年和1999年，却有好几位老师教过我们俩。在王鳌厅的台阶上，当我们找到当年教过我们化学的周老师时，已经退休好多年的她竟然还能叫出我们两个的名字。老人脸上的皱纹比当年多了许多，可是她的兴奋之情是显而易见的。身边越来越多地聚集起她的学生，这一刻，我突然感觉，做一名教师真的很幸福！在三尺讲台，也许一生将会默默无闻，可是，我分明在那一刻看到了人生最美丽的画面。润物细无声，五十年后，等母校一百五十华诞来临时，我是否也能收获同样的幸福呢?

师者使人继其志

信息中心　彭佳瑜

某报纸曾经说过，教师是个永远年轻的职业。因为教师都是和一群朝气蓬勃的人打交道，心情总是愉快的，为此我对做教师充满了憧憬与梦想。而现在我已经度过了教师生涯的三年，深深地体会到了作为一名教师的喜悦和更多的辛苦；而曾经的憧憬也渐渐转向现实，有了更加踏实的目标。

来到十中工作已有三年。对于整个历史长河来说，三年只不过是沧海一粟，对于人的整个生命来说也只不过是几十分之一，但是，对于我来说却意义非凡。

三年前，作为一名刚踏上工作岗位的青年教师，一开始我心中忐忑不安，如何站稳讲台，是我必须首先解决的问题。幸运的是，学校的各位领导和许多老师，尤其是师傅陈怡韶对我的工作和生活给予了很多的关心和帮助，而我本人也倍加努力，使得各项工作得以有条不紊地展开。首先我来谈谈我的教学工作：

作为新教师，教学经验十分缺乏，听课能够快速积累教学经验，提高自身的教学能力，所以对每一次听课的机会我都十分珍惜。我听课的主要对象是师傅，同时一有空闲我也会去听组内其他老师的课。每次听完课，我都会根据听课时所做的听课记录，对自己的备课教案进行修改，将他们的优点和长处融入我的课堂教学中去。听这些老教师的课，经常有“听君一节课，胜思一整天”之感，让我很快掌握了一些驾驭课堂的技巧。在听课期间，我有幸得到了师傅和其他老师的指导，教学上遇到的问题都得到了他们热情的解答，可以说，我的点滴进步和他们是分不开的。我深信，知识和经验不会无端从天而降，必须发扬勤学好问的精神，把自己当成学生，积极吸取周围教师的教学精华，才能提高自己的教学水平。

除了听课，我还认真备教材、备学生。众所周知，备课是教学工作最基本的环节，这个环节的好坏会影响课堂效果，因此我从不敢马虎。备教材就是要深入钻研教材，吃透新课的教学目的、重点和难点，并能够从总体上把握整本教材的教学思路。信息技术是一门操作性、实用性很强的学科，而日新月异的新技术、新科技也告诉我，必须给学生最新最生动的课堂呈现方式，为此，我常常会收集一些热门资料来丰富教材，调动学生的学习热情。而备学生就是要根据学生的特点来备课。我校设有国际班、教改班、双语班和普通班，每类班级的信息技术水平都不一样。比如说国际班的学生，由于来自各个地区，信息技术水平的差异很大，有的能熟练操作，而有的连打字都有困难。针对这种良莠不齐的情况，备学生的重要性就体现出来了。因此对于不同的班级，我在教学上都进行了调整，力求使每位同学都能跟上教学节奏。在这样的努力下，我带的第一届学生信息技术会考都百分之百通过，这是对我工作的肯定，也给了我更多的鞭策。三年来，我每天认真备课、上课，课余的时间我还带了动画兴趣小组，值得高兴的是，有一名学生得了奖，而我也在市区大大小小的教学评比中获得了一些名次。可以说三年的教学生活是一次蜕变，让我从青涩迈向成熟……

其次在这短短的三年时间里，我除了上好一周12节的信息技术课外，还参与了校园网、机房维护和校内办公室计算机等维护工作，每天都是忙碌而充实的。在大学里曾经学过很多维修知识，但能付诸实践的机会很少，到了工作岗位，几乎每天都会有不同的计算机故障摆在面前，有些新病毒甚至闻所未闻。刚进校那段时间成天跟着师傅和徐卫老师学习维护，虽然说很辛苦，但是每次都会得到经验的积累。小到接电源、换鼠标，大到装系统、换主板，我渐渐熟悉了学校的计算机系统，能独立去解决各种问题，校园里的每个角落都曾有过我忙碌的身影。面对一些棘手的问题，我得到了师傅和徐卫的耐心帮助，这些帮助使我快速成长起来，很快我和徐卫就负责起了本部的办公室计算机维护。上个学期，由于南校区缺乏维护人手，我还被调去南校区负责维护计算机，从其他教师满意的口吻中，我觉得我的维护工作得到了大家的赞同。另外，校园网和机房维护也是我的工作范围，由于我比较擅长flash制作和网页平面设计，因此我负责了校园网部分网页的设计和制作，而我负责管理的机房，一有机械故障我都能及时排除，因此一直运行稳定。身兼数职，有的时候会觉得很辛苦，但由此收获的成果却是弥足珍贵的……

这是可贵的三年，是快速成长的三年，就在这匆匆三年里我取得过令人欣慰的成绩，得到过热情的赞扬，收获过成功的喜悦，舔尝过工作的辛劳……但是我知道“歌者使人继其声，师者使人继其志”，作为一名新教师，我依然任重而道远。

投身教育，闪耀青春

物理组　赵鸣

2005年我被苏州十中聘为教师，让我有机会生活在这所书香校园，百年留香的校园文化还来不及让我陶醉，我已经站在了神圣的讲台。在激情澎湃之余，我冷静思考，决心一定要发挥自己的才能，为学校培养优秀的学生。

站稳讲台

那年高一，是高中新课程第一届。我在高一任教三个班，学生很有活力，表现出很大的学科兴趣，但同时又对老师充满依赖性。在教学经验不足的情况下，我也要教好学生。我决定采用激励、引导与调动的方法，旨在从高一刚入学就建立他们的自主学习意识。新教师要站稳讲台，需要的是过硬的教材把握能力和课堂演绎功底，我积极钻研教材，反复演练题型。幸好，学科上的师傅张惠钰老师不断关心和鼓励我，毫无保留地和我讨论教学思路，交流解题流程。她是一位良师益友，我在她那里看到的不仅是先进的学科教学理念，还有兢兢业业的教育态度。在我工作的第一年，我付出了很多，当我看到学生优良的成绩和解惑的满足时，内心的激动溢于言表。

如果说文化是生产力，那校园文化就是教育力，则一线教师的人格魅力就是第一教育力。为师的第一年，我站稳了讲台，同时立足自身确立的目标，努力铸造高尚的师德，形成先进的理念，展现开拓创新的精神。

新秀墙

世事总有曲折，而我直接撞到了那堵墙。

有一天早晨我推开教室的门，突然发现自己不会讲课了，那种感觉令人失落，我对自己每天重复着差不多的事情似乎很不满意。学生殷切的眼神令我惭愧，我感觉自己没有突破，不知是不是由于边际效益递减的原因，我失去了原来高涨的教学热情。我开始反思，开始请教老教师，在重新整理了思路之后，我为自己的备课、上课、师生关系、习题讲解等设立新的更严格的标准。我开始关注课堂冗余度，注重解题思路分析，重视学生反馈，教学上求新求变，保持住学生的学习热情，增加与后进学生沟通。这是一个逆境，如果我不解决问题，那学生就有损失了，我必须重整旗鼓，扭转局面。在做了一番改变以后，我体会到第一年其实只学会了一些皮毛，真正的教学任务是繁重和复杂的，要做好教师不是那么容易。我想，我的反思意识就是那个时候确立的。

双语教育

在我重拾教学信心的过程中，绝对少不了双语教育的激励。

中学物理课本上的定律，绝大部分是西方科学家的贡献。我觉得用英文能更好地解释物理定律，探寻发展物理学过程。要给学生上好双语课，教师自身的英语水平首先要过硬，我开始有意识地扩大词汇量，学习英文教学规范，并参加了双语教研组，吉剑锋老师每周都带领我们双语教师开展培训活动。一周一次的双语教师交流活动，并不足以提高我的英语水平，但每次都能让我深切地感觉到差距，从而在平时抓住一切途径提升自己。我利用课余时间阅读英文刊物，收看英语节目，随着时间的推移，对双语教学的热情越来越大。2007 年，我在领导的推荐下参加了苏州市双语教师演讲比赛，并获得了全市第一名。在大会上领取奖状的那一刻，我如同站在云端，但第二天早晨醒来，我突然体会到，颁一个奖给我的意义，不是让我享有荣誉，而是要我发挥作用。于是，我开始尝试 45 分钟用全英文上物理课。

在 2007 年的一次对外交流中，外方来听了我的一节关于电磁波的物理课，我第一次用全英文上了，被外方一致认可，更令我感觉欣慰的是，学生们既能接受，又有收获，这样的课得到了他们的欢迎。之后，我参加了暑假引智培训，亦获得优秀学员。

今年，我在改版后的团委杂志《十中青年》中，增加了“双语咖啡馆”栏目，每期接受并刊登学生投稿，营造英语氛围，相信也会受到学生欢迎。

团委工作

2007 年，我在团代会上被选入共青团十中委员会从事学生工作。校团委的事务我不熟悉，但我可以而且必须做好。跟着项燕英书记，我不仅慢慢学会了从共青团常规事务到学生活动的基本流程，而且体会到共青团工作在广大青年学生中的重要性。事务渐渐繁忙起来，有时要占有本该休息的时间，这是一个矛盾，但我没有理由不尽心尽力。

2007 年下半年，我开始组织开展团活动，在 2007 级年级辩论赛中，我从辩题入手，加入自己贴近时代的理念，引导学生积极参与。在两届学生会主席选拔制度中，我试验了新办法，旨在完善团干部选拔制度。在年级团总支职能上，我细化宣传工作，调动学生干部参与服务学校师生，我和钱懿泠老师、金弘老师互相学习，互相帮助。团委与年级部、政教处配合，开展了篮球联赛、征文大赛、慈善捐款、社区互动和以“感谢师恩，真情速递”为主题的教师节活动等丰富多彩的学生活动。团员们通过这些活动，可以体会到团队精神，正确看待人际关系，充分发挥了聪明才智，找到了展现才艺的平台。这些也是青年学生迫切需要的。2008 年 4 月，我在校领导的推荐下参加了江苏省第十三次团员代表大会，并递交了《画出青春的彩虹》的议案，建议抓住时机丰富在校学生的文化活动。

共青团是素质教育最好的平台，共青团活动是德育工作最好的契机。在团工作上，我坚持在探索中立足自身的求新求变，担负起责任。

战场

2008 年，高三终于到了。

新课程，新方案，备受争议的高考方案困扰着学生、老师、家长和社会。我清楚地认识到，抱怨新方案的不公无济于事，我和我的学生面临的是决战，而且只许成功，不许失败。我们必须先从心底接受，然后研究，找出对策。物理是选修，看等级，新方案使这门难学的老牌理科扮演了新的角色。同学们心里各自有着目标：“A 或 B，不能落到 C。”而我也有了目标：“提高达到 B 等级的人数。”

每天我踏进高三教学楼，就会闻到硝烟味。一开始，我们很难，感觉很多同学潜力用尽，或迷失在题海中，或受到社会上对新高考错误理解思想的影响。我与同组老师一起，日思夜想，交流想法，搜集信息，针对学生群体制订复习计划，根据反馈不断反思，不断调整。同时，我坚持调动学生的兴趣，帮助他们建立信心，分析每次考试班级各层次群体的变化，制定策略，力求使学生不管在何种情况下，永远能看到希望。

B 等级是考本科的关键，50% 的人数，是你死我活。这样的情形使得我的关注核心处在班级中浮动于 B 等级左右的临界生。每次考试，我都会划分临界生的范围，与他们单独沟通，这时的沟通，不仅是及时的沟通，而且是有效的沟通，我必须为他们寻找出上升通道。我具体的做法是：树立信心和鼓励原则，精细教学与对症下药，题型归类与限时训练等，制造竞争环境。我付出了很多，同学们付出得更多，但为了他们的前途，一切都值得。

两军交锋勇者胜，在按照计划努力了之后，你死我活的选修考试，很多临界生都活了下来，这使得他们能填报本科。第一次教高三，我得到了高考的洗礼，这是真正的较量，激情澎湃的感觉，悲喜交加的过程，责任与使命感的喷涌，师生团结一致的决心，积累了一段激荡的奋斗史，它让我成长，也让我感激。

三年是一个轮回，三年是一个开始。第一个三年，让我站稳讲台，熟悉教材，开拓了工作领域，理解了教师职业的意义。教师是研究者，又是服务者。教育环境是不稳定的，教育对象是动态的，必须立足和挖掘自身，求真务实，创新工作方法，讲究管理艺术，怀着一颗赤子之心，不懈奋斗！为学校培养优秀的学生！

感悟成长

物理组　张娴

转眼之间踏上工作岗位已经三个年头，从初为人师的兴奋与激动到第一次站上讲台的紧张与不安，一切仿佛就发生在昨天，仍然历历在目。而今天，经过三年多的实践与锻炼，我已经体验到了教师这一职业的诸多滋味：有工作的艰辛与压力，也有收获的喜悦与欣慰，有求索的痛苦，也有成长的快乐，我也清楚地知道，这些还仅仅是一个开始，我要做的还有很多很多。

回想到三年前的 9 月，开学第一天，“上课！”“起立！”“同学们好！”就这样，开始了我的第一节课，花了一个礼拜备的课，开场似乎很顺利，我讲得顺畅，座位上的学生频频点头回应，我松了一口气，俗话说“万事开头难”，我的第一步似乎还不错。上完课去听师傅沈平老师的课，我惊呆了，同样的高中物理第一课，沈老师在诙谐幽默、自主、轻松的学习氛围中调动了所有学生，学生想、学生做、学生说，但又掌控着学生的思路。在潜移默化中将新的知识与初中老师的知识链接，学生的小脑袋一个个竖在那儿，入神极了。我刚才的沾沾自喜顿时没了踪影，原来物理老师是可以做成那样的，可以用个人的魅力征服学生，但是魅力来自于渊博的知识和出色的业务能力，能够用深厚的专业知识、妙语连珠的语言和独具一格的教学方法吸引学生、打动学生。我要成为这样的老师！

第一年，似乎一直在不停地忙备课，每一堂课都是新的，想着学生能不能听明白，想着学生爱不爱听……可是，结果却有点不尽如人意。辛苦的工作，课堂上热烈的气氛，学生口口声声说喜欢物理课，却没能取得理想的成绩……这样的矛盾让我感到工作中存在偏差，我需要重新认识和调整自己的教学。为了能有效地“对症下药”，我多听师傅的课，多听师傅对我的指导意见，多总结每个阶段教学中存在的不足和收获。脚踏实地地认真钻研教材，认真备每个学生、备每堂课，认真对待工作中的每一个环节，并不断充实自己。一年的时间，虽然我缺乏经验，但也收获很多，师傅及备课组让我这位年轻的教师在教学探索的路上少走了许多弯路，多了许多高效的方法。每天下班以后，想想第二天有百来人要听我的课，我无法不翻开书本，考虑课程方方面面的细节。当自己的工作日见成效，越来越自信地站在讲台上；当学生的学习有了起色，甚至只是一点点进步，我都感到无比兴奋与喜悦。工作是累，但值得，我想这一切都是从教生涯中最难忘的成长经历和财富。

到了第二年，学生分了文理科班，我要做班主任并带文科班。班主任工作很有挑战性，虽然有经验丰富的班主任周玫老师从旁指导，但要想得到每一个学生的信任，做好工作，压力还是很大的。反思自己的工作，我有自己的长处：有亲和力。在课堂上，学生乐于发言，敢于发言；在课下，学生乐于与我交往谈心。但是，一名老师只靠外表的亲和力是不能真正地吸引住学生的，真正靠的还是自己的课堂。

准备每一节课时，我都要考虑几个问题，这节课我怎样激发他们的兴趣，特别是文科班的同学，视物理课为副科，无视我的努力，学习态度不够端正。俗话说得好：“兴趣是最好的老师。”只有对学习内容有足够的兴趣，学生才会产生强烈的探索欲望和饱满的情绪状态，才会自发地调动全部感官，积极、主动地参与到教学中去。就如孔子所讲“知之者不如好之者，好之者不如乐之者”，因而在教学中我要学会适时地进行兴趣的激发和积极情绪的调动，使每位学生都被我深深吸引。另外我还要考虑，怎样可以锻炼他们的能力，怎样可以让他们有表现的机会？因为我一直想让他们愉快地学习，当然自己的想法有时与现实是有一定差距的，有时也许是成功做到了，有时候绞尽了脑汁但效果不明显。因为学生是不简单的，他们有活跃的思维，丰富的想象，没有变化的教法是引不起他们兴趣的，更谈不上能力的培养。

这一年里，我继续教着、学习着、探索着，用学习丰富自己，虽然依旧辛苦，但能走进学生的心灵，看着学生能用良好的心态面对学习，看着他们和我一起一天天成长，体味点滴细节变化，我也快乐。

2006 年是我教学工作的第三年，高中新课程启用的第二年，我又回到了高一，处理好新教材，无疑是对我的新的考验。幸好有备课组的统一行动，经验丰富的老师们在讨论的基础上制订教学计划，使我们在教学时能有章可循。对教学内容中存在的难点重点，备课组同事之间毫无保留地一起讨论，尽可能找到最有效的方法来教学。在这一年里，我有机会听其他老师的课，学他人好的方法，新的教学理念、新的教学模式；有机会上公开课，听到老教师们的宝贵指导意见，可以说备课组中所有的老师都给了我莫大的帮助，让我知道了团结协作的重要性。

从教三年，第一批学生已进入大学继续深造，我还留在原地，继续着我的事业。三年来我感觉到我的成长，清苦而又甜蜜。有一天当我走在街上，有人真诚而敬重地叫一声“老师好”时，我感到了这种甜蜜；当学生成绩不断提高，学生对我投以期待的目光时，我感到了这种甜蜜；当学生们从千里之外给我打电话发短信时，我感到了这种甜蜜……这是耕耘者收获的甜蜜，甜中含苦。也许在教师岗位上，我注定平凡一生，那么就让我做一颗铺路石，既然选择了，就让爱和责任伴我继续走下去。

三年，感悟我的成长。

青葱三年

生物组　杨昆仑

又是一年丹桂飘香，刚刚结束了学校的盛大节日——百年华诞，欢快的气氛还没有完全散去，各个岗位上的老师们就已经恢复了往日的节奏。初进十中，我怀着对教育事业的无限热爱走上讲台，从那时起，教好学生就成了我追求的目标，而且这样一个有着百年历史和浓郁人文气息的校园，为我们这样的新人提供了良好的成长环境。学校的领导秉怀着质朴大气、真水无香的办学理念，在要求教师为人师表的前提下，给了年轻教师一片自己的天地，让我们在宽松的氛围中成长。

不知不觉中，来到十中已经整整三年，回头想想自己走过的路，最难忘的还是初为人师的那段日子。在那段时光里，给我最大帮助的便是我的学生们，他们使我从青涩走向成熟。

三年前刚刚大学毕业的我，虽然基本上没有什么教学的经验，但我心里却想怎么样也是大学本科毕业，难道还对付不了中学里这些毛头小孩？然而这些美好的想法在我给学生上完第一节课后便都破灭了。

第一节课上的是《绪论》，内容是对整本书的概括，另外还有一些生物前沿科学的介绍。这还不好上？给他们讲讲克隆啊、人工诱变啊、人类基因组计划，他们一定很感兴趣的。我没有丝毫紧张，很轻松地备好课。第二天，我满怀信心迈进教室，走上讲台，下面是一张张陌生又充满好奇的脸，我信誓旦旦又故作谦虚地开始了我的开场白：“我姓杨，以后由我来带大家的生物课，在课上老师有说错写错的地方，欢迎大家当堂指出，也欢迎大家在学习过程中多多提问题，老师一定给大家满意的回答。”

然而，就在这节课上，我发现原来自己的生物学知识远没有自己想得那样广博，甚至有点粗浅无知。

“老师，我从电视上看到好像现在捐献骨髓不一定像你说的那样要从骨头里抽取，只要抽血就可以了。”第一个向我发难的是一个胖胖的男生，也许是有点紧张，他的声音有点发颤，但绝对响亮，这下子整个课堂的气氛一下子活跃起来了，发表自己见解和见闻的也越来越多，有些我连听都没听过。天啊，我顿时头皮有些发麻，感觉到脸涨得火辣辣的，汗珠从额头冒出来，说话也开始颠三倒四、语无伦次起来。原来准备好的内容也一下子想不起来了。终于等到了下课铃响，我也在心里长舒了一口气，可还没等我走出教室，一个女生又跑上来问：“老师，我上次在报纸上看到一个报道，说的是一个德国孕妇产下一对双胞胎，不过这两个小孩一个是黑人，一个是白人，这是怎么回事啊，双胞胎不是应该长得差不多吗？”说实话，这个我也是第一次听到，双胞胎长得不一样倒是可能的，他们可能不是来自同一个受精卵，但是怎么会有两种肤色呢？万般无奈之下，我只好轻描淡写地说：“大概是变异吧，我再回去查查资料。”然后就匆匆逃跑般地走开了，也绝对没有勇气回头看她的反应。

回到办公室，内心还没平静的我在那儿静静地坐了半个多小时，当天晚上，我躺在床上辗转难以入睡，白天的场景一次次在眼前浮现，我开始反省自己的无知、肤浅，我终于体会到了“教然后知不足”这句话的分量。学生需要的知识我真的未必都知道，我开始用一种理性的目光重新审视自己。

在以后的教学中，我的很多毛病和不足也一一暴露出来，比如板书不规范，有时老是会讲错字，也会有一些学生向我发难，然而我没有责怪他们，反而从内心里感激他们，因为有了他们的质疑，我对自己的要求更加严格，更加苛刻，我会在课前课后用大量的时间来翻阅资料上网查询，把教案写得非常详细，所讲内容也不仅仅局限在课本，不仅使学生更加感兴趣，自己的积累也更丰富了。付出总算慢慢有了回报，现在对学生的提问能得心应手地解决，再也不用担心学生的发问，学生也慢慢对生物课感兴趣了，这让我感到莫大的欣慰。虽然已经过去很久，每每想起来，心中总是会有一丝温馨。

另外，在我的教学中给我帮助的就是我们教研组的前辈老师们，特别是学校安排和我结对的师傅王守瑾老师。记得有一次公开课，下课后，我心中有几分开心，因为学生在课堂上和我配合得挺好，顺利地完成一堂课的内容，没有什么意外，该做的都做了，接下来是听课老师评课。有的老师说我的师生互动还挺多，体现了大纲要求，学生也很积极；有的老师说整堂课挺流畅有条理，听到这些评价我心里也美滋滋的。看来我的课前认真准备没有白费啊。这时候王老师开口了：“刚才大家都提了许多优点，我来提几个建议吧。”王老师向来都是非常严格细致，所以只要王老师听课，我课前总是要对自己的语言反复推敲，生怕哪儿讲得不准确。这次还是有一些没有考虑周到的问题。王老师问我：“这节课该讲的知识点都说到了，但你有没有考虑学生能够掌握这些内容中的哪些，他们能不能知道这节课的重点在哪儿？”王老师很简单的一个问题，我却真的没有注意到，我一直是按照自己设计好的课件在进行操作和引导，一心想把学生往这上面靠，却忽视了学生的思考，虽然对着课件都能看懂了，但下了课还能留下多少印象呢？王老师又继续说：“课堂上你认为该做的都做了，但有时却忽略了最重要的。课堂上的一切行为最终目标还是要看学生学习的成效，教师表演得再好，学生没学好也是不够的。好的老师应该从学生的基础出发，通过启发和点拨使学生理解所学知识，应该充分关注学生的进步和成长。”“现在想来，当时我应该让学生根据已经掌握的知识自己进行推理判断，得出结论，发现了问题再来纠正。只怪自己当时只想展示自己的教学思路给听课老师看，结果把学生给忽略了。”我不好意思地说。“是的，要随时根据学生的情况调整自己的教学，只要能做到把学生放在第一位，以后你的课就不会流于表面。今天的问题恰恰很有价值，注意到它，相信你今后的教学会有更大的进步。”

多“简单”的问题，但确实在今后的教学中给了我很大的帮助，看来只有把学生的成长与进步当作衡量的标准，那才是真正的好课。

我们教研组其他老师对我也十分关爱，像张晓红、许宇容、钱懿泠等优秀的老师也无私地将他们多年的教学经验教授给我，其实类似的帮助点拨还有很多，每次都给我很多提示，帮助我提升。我们这个教研组上下同心，能在这样一个环境中工作，让我体会到了工作的愉快。

作为一名新教师，或多或少会存在这样或那样的不足，但是我相信可以用我对教育的热情来加速自己的成长。回顾这三年多来的风风雨雨，我正确地评估了自己，在激烈的竞争中不断充实自我，在学习方法、手段、技能和教学方法上都有了一定的进步，最重要的是我学会了许多大学中学不到但又不可或缺的东西，我坚定了今后工作的方向——努力奋斗、充实创新。

浸润以心，实践于行

信息中心　徐卫

我先后担任过初一、初二、高一、高二的信息技术教学工作。在这三年的教学工作中，通过不断地学习、实践、反思，我在教育教学理念、教育教学工作及教育教学研究能力等方面有了新的进步。

现对这三年的工作作一简要回顾：

对学生进行授课的过程中，应该要注意以下几点：

（一）知识与技能：信息及信息技术的概念与特征，基本工作原理，发展趋势；操作常用信息技术工具，自主学习新信息技术的能力。

（二）过程与方法：能发现需要利用信息和信息技术解决的问题，确定信息需求；能确定所需信息的类型、来源及评价信息；能选择合适的信息技术进行有效的信息采集、存储和管理；能解决实际问题，进行学科学习，创作信息作品；能呈现信息、发表观点、交流思想、开展合作；能对过程和结果进行评价，初步形成技术创新能力。

（三）情感态度与价值观：体验信息技术蕴含的文化内涵，形成和保持对信息技术的求知欲，养成积极主动地学习和使用信息技术、参与信息活动的态度；能辩证地认识信息技术对社会发展、科技进步和日常生活学习的影响；能理解并遵守与信息活动相关的法律法规和道德规范，负责任地、安全地、健康地使用信息技术。

学生在课程中要学到以下几个方面：

（一）了解信息技术在日常生活中的应用，培养学生对信息技术的兴趣和意识；掌握信息技术的基本知识和基本技能；正确认识和理解与信息技术相关的文化、伦理和社会等问题，负责任地使用信息技术。

（二）掌握多媒体技术的特点及应用，具备初步地利用信息技术制作教学软件的能力，培养学生的创新精神和实践能力，为今后信息技术与课程整合能力的发展奠定基础。

（三）掌握网络技术的应用和发展，能利用网络进行信息的获取、传递，能够制作简单的网页和在网上发布信息；培养学生利用网络对其他课程进行学习和探讨的能力，为今后利用信息技术进行终身学习、自我提高，利用信息技术进行教学改革和教育科研奠定基础。

在授课的同时，应该要注意以下几点：

（一）不断更新知识、提高自身素质

信息技术领域发展迅速、更新很快，新知识、新产品、新术语几乎天天出现。作为信息技术教师，只有不断地更新自己的知识，不断地提高自身的素质，不断地自我加压，才能将信息知识更流畅地、轻松地、完整地讲授给学生，才能让学生始终走在信息技术知识的前端，跟上不断发展的时代的步伐。

（二）激发学生学习的信心和决心

我认为，信息技术课，不仅仅是让学生学会几种操作，更重要的是培养学生的一种思想、一种意识。让他们知道我国信息技术业在世界上的位置，不断激发起他们好好学习、为国效力的决心和毅力，让我国的 IT 业快速发展，以期早日赶上和超过 IT 业的发达国家。

总之，研究教材、了解学生是每一位教师应该做到的，信息技术作为一个前沿学科，更要适应新课程改革的需要，这就需要我们教师不断地去探索、研究。在接下来的工作中，我要更加注意教学的方式方法，培养学生质朴大气的精神风貌。

爱心让我实现教学相长

生物组　徐爱华

苏霍姆林斯基说过："没有爱，就没有教育。"说的是教育的原动力——爱心之于教育事业的无比重要，所以教育典籍里才有了这样的判断："把热爱自己的专业和热爱自己的学生结合起来，才是一个好老师。"数年来，我一方面异常珍惜在十中任教的工作岗位，另一方面努力培养对学生的爱心，把对事业的爱和对学生的爱落实在教育教学工作的每一个层面、每一处细节。由于精心勤业，我觉得自己在许多方面学到了以前书本上没有学到的东西，工作上也取得了一定的成绩。细细回味，真是"爱心让我实现教学相长"。

加强师德修养，培养爱事业爱学生的美好情感

"学高为师，身正为范"，这个道理古今皆然。从踏上讲台的第一天，我就时刻严格要求自己，通过自己良好的形象影响学生。我认真学习马列主义毛泽东思想和邓小平理论，以"三个代表"和"八荣八耻"的重要思想武装自己的头脑；认真学习《义务教育法》《教师法》

《中小学教师职业道德规范》等教育法律法规；严格按照“有事业心、有责任心、有上进心”“爱校、爱岗、爱生”“团结协作、乐于奉献、勇于探索、积极进取”的要求去规范自己的行为。对待学生做到：民主平等，公正合理，严格要求，耐心教导；对待同事做到：团结协作，互相尊重，友好相处；对待家长做到：主动协调，积极沟通；对待自己做到：严于律己，以身作则，为人师表。在我的不懈努力下，2007年度考核：优秀！

加强工作责任感，把爱心贯穿于教育教学之中

认真学习贯彻教学大纲，钻研教材。了解教材的基本思想、基本概念、结构、重点与难点，掌握知识的逻辑。了解学生原有知识技能的质量，他们的兴趣、需要、方法、习惯，学习新知识可能会有哪些困难，采取相应的措施。考虑教法，解决如何把已掌握的教材传授给学生，包括如何组织教学、如何安排每节课的活动。组织好课堂教学，关注全体学生，注意信息反馈，调动学生的注意力，使其保持相对稳定性。同时，激发学生的兴趣，使他们产生愉悦的心境，创造良好的课堂气氛，课堂语言简洁明了，课堂提问面向全体学生，注意引发学生学习的兴趣，课堂上讲练结合，布置好课外作业，减轻学生的负担。为了提高教学质量，我还做好课后辅导工作，抓好学生的思想教育，并使这一工作贯彻到对学生的学习指导中去，做好对学生学习的辅导和帮助工作。

为了不断提高自己的教学水平，我虚心听取老教师的意见，向他们学习好的教育理论、方法，以弥补自己在教学过程中的不足。务求每一节课都上得生动、活泼、高效，力争通俗易懂，深入浅出，耐心对待每一个学生提出的问题。我真正做到了每一位学生都喜欢上我的

课。几年下来，我任教的班级，学生成绩明显上升，得到了师生的好评。学生李家驹在我的精心辅导下，获得了全国中学生生物联赛（江苏赛区）奥林匹克竞赛三等奖。一年期满青年教师教育教学考评，成绩优良。

坚持文道结合，悉心培养学生的美德与学养

为了做好学生工作，帮助学生澄清思想上的模糊认识，提高学生的思想境界，我积极参加学校组织的班主任培训活动，并将所学理论运用到实践当中。在三年副班主任任职期间，我通过各种方式，既注意指导学生进行自我教育，让学生在自我意识的基础上产生进取心，逐渐形成良好的思想行为品质；又注意指导学生进行自我管理，培养他们多方面的能力，放手让他们自主设计、组织各种活动，在活动中把教育和娱乐融为一体；还注意培养学生自我服务的能力，让学生学会规划、料理、调控自己，使学生成为班集体的建设者；充分利用课余时间和学生促膝谈心，及时对学生进行针对性的教育。在我和班主任的共同努力下，2006年高二（14）班获得“文明班级”称号。

坚持“教”、“研”并重，不断提高教育教学的文化品味

我积极投入到教育的探索中，学习、贯彻教学大纲，加快教育、教学方法的研究，更新教育观念，掌握教学改革的方式方法，提高驾驭课程的能力。在教学中，我大胆探索适合学生发展的教学方法，首先加强对学生方法的指导，引导学生学会学习，提高自学能力；给学生提供合作学习的氛围，在自学的基础上，使学生在合作学习的氛围中，提高发现错误和纠正错误的能力；为学生提供机会，培养他们的创新能力。其次加强教法研究，提高教学质量。在教学中着重采取“问

题－讨论式教学法”，通过以下几个环节进行操作：指导读书方法，培养问题意识，创设探究环境，全员质疑研讨，补充遗缺遗漏，归纳知识要点。通过论文提出自己的观点和看法，并从理论的角度加以升华。《简议传播基本要素在教学中的体现》《〈细胞的增殖〉新老教材之差异》《在〈基因表达〉一节教学中巧用草图》分别获苏州市科学技术协会生物教学分会二等奖、一等奖、三等奖。其中《〈细胞的增殖〉新老教材之差异》还获得江苏省优秀教育论文三等奖和第八届青年教师教育教学研讨会论文三等奖。我连续三年在教育科研工作中获得学校教育教学成果奖。

当然，学无止境，教亦无止境。今后我将更加热爱教育事业，更加热爱每一位学生，皓首穷经，不断学习探索和创新，教学相长，以期为教育事业的美好明天做出自己绵薄的贡献。

甘洒雨露润心田

——三年教学生活回顾

英语组　江涓

从学生时代，“教师”这个神圣而庄严的名称就在我心中留下了深深的烙印。漫漫求学路，每一位老师课上侃侃而谈，谈古论今，课下谈笑风生，无忧无虑的情形伴我成长。寒窗苦读时，“教师”这一太阳底下最崇高的职业就在我心中萌芽。三年前，当我师范毕业，满怀信心地真正成为一名教师的时候，才知道教师的工作并不是我想象中的那样简单，其中充满着艰辛，充满着酸甜苦辣、喜怒哀乐。学生眼中闪烁的星星之光，脸颊上盛开的微笑之花……给我太多太多的感动和美丽，留给我太多太多的启发和思考。流动的是时光，沉淀的却是我和学生之间的爱，它清醒了我朦胧的追求，净化了我的灵魂，坚定了我对教育的执着。

三年“大汗淋漓而乐此不疲”的教学生活，使我懂得了让学生怕的老师不是好老师，让学生爱的老师才是好老师。让学生爱，老师首先应该真诚地去爱每一个学生。学生渴望得到老师的爱抚，哪怕是一个亲昵的动作，一句温暖的话语，都会在他们的心灵深处激起涟漪，鼓起他们上进的信心。记得开学前一天的晚上，我准备好跟同学们的见面语，又扎扎实实地备了一节课，我想用这节课来抓住本班学生的心。第二天课上，我发现同学们的学习积极性很高，他们一个个神情专注，踊跃发言，我从一双双眼睛中读出了“喜欢”二字。可一个很特别的男孩——糜嘉辰引起了我的注意。他每次上课总是若有所思，不听课，总是低着头好像在画着什么。我为此严厉批评了他好几次。可他态度傲慢，对老师的好意很不屑，甚至还哼着歌东张西望。我暗暗下定决心要雕琢这块顽石。我冷静地分析了他的情况，这个学生只和班上少数几个同学说话交往，有时令人捉摸不透，学习习惯较差，午自习经常迟到，听讲不认真，不交作业，常常上课画漫画。几次大型考试都处在班级后十名，但他很注重自己的“面子”，我想如果多鼓励他、表扬他、引导他，也许会有效。我推荐他参与班级的宣传工作，果然他很热衷于此，经常为班刊出谋划策。由于他工作出色，得到了老师和同学们的一致肯定和赞扬。之后他似乎很感谢我的理解，经常找我谈心。我鼓励他勇敢面对自己的薄弱学科。他对此有所触动，答应每天中午（12：30—13：30）来补习。在为他补习前，我做了大量深入细致的工作。我留意他的学习方式，发现他在一些知识记忆方面确实存在问题，即便是花费大量时间他也记不住多少知识点。于是在补习时，我先演示记忆单词等知识的规律，再讲解知识语法点，并建议他多做些阅读理解等无需太多记忆性的练习。只要他一有进步就加以鼓励。渐渐地他对于英语学习有了点信心，在几次默写中也有了明显进步。

虽然糜嘉辰的进步缓慢，但我明白，在老师对特殊学生的转变过程中，如果学生的进步不明显，老师常会对这类学生失去信心，从而对该学生不再投入时间和精力去帮助教育，而是听之任之，置之不理。这样的结果，经常使一些有了一点进步的学生再次退步，而使老师以前的努力功亏一篑。因此，我对这个学生一管到底，坚持不懈地去鼓励他、帮助他，从没有听之任之，置之不理。经过三年的努力，他终于考上大学。每年的教师节，他都会送我一幅他自己画的漫画，其中一幅上面写着：煦阳融雪，雪成云（Believe me, I can fly.）。另一幅特意把我的名字融入了画中，还写着：极目远方，一泓若隐若现的清泉在山中，在林中；俯首眼下，几首白溪清流，顺势而下，安静中有迅疾，在画中，在心中……我想，作为教师，只要你爱得真，爱得诚，你一定会受到学生的欢迎。因为这挚友般的爱，不仅融洽了师生关系，也为教育的成功铺平了道路。

孔子云："知之者不如好之者，好之者不如乐之者。"一个真正能让学生认可的老师就应该让学生感到学习是一件快乐的事情。那么，我们为什么要板着脸，硬塞给学生那些生搬硬套的东西？为什么不能让阳光洒满每个渴望的心房呢？为什么不能用更灵活的方式、更鲜活的泉水去滋润那本是干枯的土地呢？于是，无数次不眠之夜我在灯下苦读，在迷茫中思考，在思考中追求，在追求中创造，在创造中前进，在前进中自我超越，探寻教学的最高境界。教学中，我从学生实际出发，想他们所想，乐他们所乐，让英语教学尽量生活化，让每一节课都闪烁着生活的灵动感，都有生活的影子。特别是在课的导入上，我花了很长一段时间去研究和探索。母亲节、圣诞节、万圣节，所有能用到的材料我都用了。这些形象直观的教具，再加上激情洋溢的讲述，使学生如临其境，一上课就紧紧地扣住了学生的心弦，点燃了学生心中求知的烈火。学生学得很起劲，我也乐此不疲！俗话说："凤头、豹尾。"因此，课的结尾我也进行了一些尝试。在每堂课结束的时候，我总会开发一些趣味题让学生做。如辩论会、有奖竞猜等等。这些虽然只是每节课后的小小调剂，但学生的积极性都非常高，乐于参与。它不仅活跃了课堂气氛，巩固了知识，也拓展了学生的知识面。这就是我的教学思想——让五彩的阳光，绽开学生生命的笑容，让快乐抒写学生学习的乐章。

对学生阳光雨露般的爱心和对教学孜孜不倦的追求，使我很受学生的尊重和喜爱。每年教师节、圣诞节，学生都会送我鲜花和礼品以表他们的感谢。他们考上大学后还经常特地赶来看我，常和我谈论教学教育的问题，使我能为以后的教学做得更好。

芸芸众生，茫茫人海，也许我是平凡的，但是我充满自信：成不了太阳，做星星也要做最亮的一颗；成不了森林，做树木也要做最有生命力的一棵；成不了花朵，做绿叶也要做最肥硕的一片。只要我们坚信自己，自强不息，定会在自己的工作岗位上开创出一片灿烂的天地！

及时当勉励

数学组　朱嘉隽

正值深秋，走在西花园散落的银杏叶下，感受到的是一阵阵收获的气息。十中是一所百年名校，造就了一代代优秀教师，他们无一例外地秉承了一贯的教学热情，在各自的岗位上积极努力、默默奉献，并且保持着一颗谦卑好学的心。正是这些深刻的经历，时时刻刻感染着我、激励着我，每每经过书声琅琅的教学楼，我都忍不住会驻足，重温过去的岁月。转眼，我在神圣的三尺讲台上走过了三年，点滴感悟，不胜枚举。现在，我谨以自己的切身体会，回顾三年来的教育教学，既是对自己过去工作的总结，也是对自己将来发展的鞭策。

教学篇

当我走上教学的第一线，和我的老师们并肩站在三尺讲台，我感到了自己身上的责任和压力。当时，在我的办公室中，有的教师担任着两个班的教学任务，有的教师是班主任，还有的教师参与学校和年级的科研或行政管理，他们的一言一行都教给我很多东西，也时时引发我的思考。纵使有繁重的课业负担，也仍然要坚持认真备课，并且要针对不同班级、不同层次的学生科学合理地准备，有条件地开展提高和辅导活动。在课堂四十五分钟有限的时段里，安排不同的教学内容，从而紧紧抓住学生，在学生遭遇困难的时候适时地指点迷津，在学生兴趣盎然的时候充分地激发思维，使学生能够真正有所学、有所得、有所感、有所为。我还真实地感到教学中种种细节不可忽视，勤于并且善于捕捉课上和课后的每一次精彩和遗憾，不断反思和总结，坚持一丝不苟、严格谨慎的态度，才能更好地改进自己、提升自己。

每次搬着凳子坐在教室的后方听课，我都仔仔细细，就像当初上学一样。老教师带给我的帮助是无法量化的，有的课使我感到困惑，不知道怎么上才能效果更好，那时我是焦急的；有的题目在讲解上需要策略，如何循循善诱、如何触类旁通，每一次都让我反复地挣扎。我感觉到自己和老教师的距离，我也觉得有很多东西，如果按照我的思路去做，或许不能收到实效，学生的反应和接受可能存在问题，而这也是我一直担忧的。因此，和老教师的每一次听课、评课，哪怕是课后简单的几句交流和探讨，都显得弥足珍贵。在这方面，我十分感谢教研组和备课组的各位老师，总是给我很大的宽容和支持。特别是我的老师徐玉卿老师和我的学科指导老师吴锷老师。应该说，从我走上工作岗位开始教数学，我所有的知识储备都源自徐老师曾经的谆谆教导，我一次次地去回忆自己做学生时候的学习体验，潜移默化之中都是徐老师课堂上的点点滴滴在启发我、引导我，从而使我开始尝试用一种学生更容易理解的方式去教学。有时候，我们可能会有这样的抱怨：有些题目学生怎么就是搞不明白，转来转去不就是这么几个知识点，学生的课堂反应怎么很迟缓……作为青年教师，特别是仍然保有学生时代心态的我，总是对自己说，在课堂上我是不是可以更多地从学生的角度去思考、去质疑、去反思？我能不能做得更好？也许很多我们看来司空见惯的问题，对于学生来说却存在着思维方式上的瓶颈和解题方法上的桎梏，寻找更为有效的突破口才能真正打开学生的思维。2009年，我教的是一个文科班，学生的数学基础并不扎实，吴锷老师就曾多次和我探讨有关教学的问题，同样的知识点，在传授的过程中如何区别和提炼，是一门需要长期积累的技术，更是一种教育的艺术。作为他的徒弟，我一直在思考，把吴老师课上的一些方式方法转化为自己所能使用的模式，而吴老师也一直都鼓励我尝试，去激发学生的学习兴趣。我想，居高临下的教学必然是呆板、单向、没有生气、缺乏互动的，尽管学生在遇到具体数学问题的时候，会有困难和疑惑，也会有畏难的情绪，但是课堂上的时效依然是他们最为重要的积累。我记得很清楚，在我教授“求导法则”这一内容时，我原先没有计划要让学生总结出有关幂函数的求导公式，但是学生在听课中遇到了一个个类似的问题，他们似乎觉察到这些问题的内在联系，并且总有一种话在嘴边又说不出的窘迫。这让我感到学生已经在开始独立思考，开始发现他们所能解决的不是一个问题，而是整个一类问题，他们感到了一种前所未有的兴奋，而他们所欠缺的是一种总结和归纳，是在繁多的材料中提取关键信息的能力，这就需要我作出适时的点拨，而这或许是我们在教学中最需要关注的。随着教学经验的逐渐丰富，我也越来越能够把握课堂的节奏，能够与学生产生心灵的沟通和共鸣，这是令人欢欣鼓舞的。从2010年至今，我任教现在选科为物生的2013届10班理科班，更是得到了施开明老师、陈远老师、金益老师、吉剑锋老师以及罗强副校长等多位资深教师的无私帮助与提点，使我能够快速成长起来。

此外，我也就更加关注学生，也许我的关注仅仅是出于我渴望教学内容收到反馈，但是无形之中使我和学生可以走得更近，他们开始讨论这个老师好像总爱问我们问题，总爱谈论他讲的题目，学生开始认真审视自己的听课过程，他们愿意表达自己的想法，而不是停留在被动接受的层面上，他们甚至会开始提出自己的见解和想法，虽然很多想法是不全面的、漏洞百出的，甚至是匪夷所思的，但这些都让我找到了教学的新宝藏。就像去年青年教师论坛上，我的论文《疯狂的蚂蚁》就完全源自学生们之间一次不经意的玩笑。当时我正在教立体几何部分的知识，我让学生亲手去做圆柱体、圆锥体等一些空间几何体，他们拿着自己做的相互比较，很偶然的一次发现一只蚂蚁爬上了同学做的几何体表面，于是他们就逗着玩儿，这一场景让我不由得想起曾经讨论过的空间几何体侧面展开的问题。学生们无心之中所玩的游戏，其实很实在地在教学中具有对应的问题情境，我想了很多，当然也用已有的题目和学生们作过探讨，他们在讨论中提出了各种各样的问题，完全超出了我原有的想象，这极大地丰富了我的教学内涵，虽然在实际教学中我们不可能对一个专题作如此深入的阐述，但是这样的体验让我思考自己的教学是有意义的，对我的专业能力提高更是有巨大裨益的。

三年里，我一直都很认真地完成自己的备课本和听课本，这是我一直以来最为重视的两份材料，也是我关注和优化课堂的重要环节。说实话，从教以来我的每一节课都是全新的，对学生如此，对我自己更是如此，所以我一直都不敢懈怠，有时候因为自己准备充分到位而感到信心满满，有时也因为千头万绪而心生忐忑，但正是由于有这样自己亲笔写下来的一句句话、一个个公式、一张张图表、一段段注解，使我能在课前的准备和课后的反思中一遍遍地审视自己的教学。我的听课本上同样记录下其他教师的上课细节，我会不自觉地在旁边去作出自己的点评，写下自己的感想，我总是问自己这样一些问题：我有没有遇到过类似的问题，我是不是也这样去讲，我想到了什么，我还能有什么突破，这些都让我不断地去回顾自己已有的教学，从而作出更好的调整和补充。

在教学之余，我也越来越感觉到，学生对数学其实怀着特殊而复杂的感情，他们知道数学的重要性，但是又会在遇到问题的时候感到害怕和抵触，很难说随着学习的深入，以及高考带来的压力，他们对纯粹的数学还能抱有多大的兴趣和向往。但是我一直在思考：我们高中的数学仍然是富有智慧的火花和极强的魅力的，学生在看到教师的精彩解法和数学问题本身所具有的特点时是有内心的共鸣的，他们甚至会因为这些看似天马行空的解法或是精彩绝伦的形式而表现出惊讶和崇拜。因而，我在平时的课堂教学中时不时地融进一些趣味的数学内容，有些是比较前沿的新兴数学知识，有些是生活中的数学，有些是极富美感的几何图形，有些是令人拍案叫绝的证明方法。与此同时，我更希望将所有这些内容汇集起来，因为我很多次地感觉到学生对这些数学内容的强烈兴趣和主观积极性。记得在双语夏令营中，我和学生们大谈斐波那契数列，他们惊讶地发现原来在自然界和社会生活中几乎时时处处都有这些玄妙的数字出现；我也会选择一些名人故事和经典案例给他们讲解原先枯燥的应用题，我用军舰驱逐索马里海盗的战区示意图来解三角形问题，我用打赌赢彩票的游戏来说明古典概型；学生们也会和我开玩笑，他们要用他们学到的知识来和我比赛，而我们每次考试之后的数据分析都用到了统计部分中的很多概念，他们渐渐学会真正用所学到的方法来分析自己的成绩，找到自己的不足。也许他们不习惯那些烦琐的计算，也许他们的运算能力不够熟练，也许他们对相关的知识点掌握不纯熟，但是他们会看到和经历发生在身边的实实在在的事情，比如居家理财、分期付款、心理战中的博弈、随机现象的研究，比如物理学中所蕴含的数学方法，很多他们熟悉但还并不能证明的美妙结论和猜想，甚至关于数学和哲学、数学和文学、数学与美学的内在联系，都能使学生在课堂内外对数学产生完全不一样的感受，我认为这种体验是必要的，是关键的，是我们能够从课堂中走来向课堂外走去的必经之路，也是我们真正能够给予学生在未来学习竞争以及生活工作中所需要的数学素养，因为我们毕竟不是为了培养考试机器，而这些是我对我们现在的数学教学所能想见的更远的考虑。

教育篇

一直以来，我和同事们说，自我正式成为 2013 届 10 班的班主任以来，10 班的孩子基本都不叫我老师，哪怕有一次校长在办公室，他们还是堂而皇之地进门就大声喊："老朱！"我说我是倚老卖老，那天我看着班上同学的身份证号码，突然对着眼前这个个子高高、眼睛小小的女生打量了一番，蹦出一句："你是九五年的啊，好年轻啊！"她笑得前仰后合，很符合她简单大条的个性。其实我并不比班上的孩子大多少，因此做班主任的岁月也是彼此了解、磨合、碰撞与成长的岁月。每一次我都会很坦诚地和大家说，老朱是第一次做你们的班主任，而大家也是第一次做高中生，这段经历应当会永远铭刻在我们心里，它未必总是充满欢声笑语，三年的时光并不短暂，却也着实谈不上漫长，但我们每个人都在经历人生最重要的一次蜕变，我愿意和各位一同经历，并以与你们共同经历过而深感自豪。

我想起每个学期期末的最后一天，我都会带大家到操场上去踢球，最后让每个人都抽出一张鼓励自己的纸条，大声地念出来，然后用力射门。这是一个有着明显理想主义色彩的设计，而且他们几乎找不到球门的方向，或是软弱无力，甚至有的人怀疑着象征性地碰了一下球。我觉得没关系，我想要的是一种过程，一种体验，带着他们在考试的前一天去创造一个假想的战场，并且用一个实实在在的动作去实现一次成功，这还是有意义的。今年，我和邹师傅商量要二十个篮球的时候，他居然还能记得我半年前带孩子们来射门的事情，让我好生惊奇，他为我早早准备好了一筐篮球，而且都是很好很好的球，打足了气，我甚是感激。孩子们也十分放得开，尤其是女孩子，我不曾见过她们扔篮球，而这一次，她们也聚集在高高的篮筐之下，哪怕自己的力气不够把球扔到板上，但是她们一样投得很开心，这种状态比上一次要好得多。男生们则明显找到了自我展示和宣泄的机会，发挥得比打友谊赛时强多了。或许投篮比射门更需要专注和毅力，这竟也是我们一年以后再来到操场时的某种收获吧。说真的，看着他们在篮筐下自由的身影，我开着音响放出《真心英雄》的音乐，那时我觉得很陶醉，那或许是我一直想要的感觉，后来我对同事说，有些歌曲实在是要在特定场合听着才有感触的，比如《真心英雄》，比如《我的未来不是梦》，我不清楚孩子们是否都作好了考试的准备，这也是考试前的最后一天，总之我觉得我已尽了自己最大的努力，唯有去勇敢面对和诚心收获，我希望孩子们也都是如此，这样我们共同在烈日下奔跑、投篮、跳跃、欢笑，共同听着这些歌曲的时候，我们的心境毕竟也是一样的。因此同学们会开玩笑地说，《真心英雄》已经要成为我们的班歌了，但我们在信息技术考试的前一天、在小高考的前一天、在每次期末考的前一天都动情地唱起来的时候，我知道大家有多么认真和投入。

在我印象中最难忘的是学生们给我过的两个生日，记得去年，看着投影上那个简单直白却明显精心制作过的PPT，还特意配着“非诚勿扰”里的进行曲，紧接着是铺天盖地的欢呼声和掌声。我对自己说，其实我也幻想过孩子们会给我过生日，但当它真的到来的时候，你怎么也预测不了，正应了那句台词：我猜到了开始，却没有猜到结局。我的内心充满温暖，然后我拿起手机，看到了沈怡卿发来的消息，那是我之前的班长，简单的六个字：“老朱生日快乐！”我淡然一笑，看到这条短信的时候，我脑子里浮现出过去很多的回忆，如闪电一般在现实中穿插，竟然也是如此这般地相似。孙源媛对我郑重其事地说了一句：“作为寿星，你还不够。”这个小娘鱼每次郑重其事说的话大半是不靠谱或者假正经的，倒是这一句，说得精准。我对她说：“我会的。”末了，陈欣祺对我说：“老师你开不开心啊？”她的表情实际上说明这不是一个疑问句，而是一个标准的单选题，而且选项是唯一的，我没得选。

我也根本不想选什么，我记得办公室同事很是羡慕地对我说：“你一定很幸福吧。”我笑了笑，同事告诉我孩子们在办公室里千叮咛万嘱咐，一定不要让我知道他们准备的东西，我想起那个蛋糕，我想起那些阻拦我进班级的敢死队同学，我猜想他们叮嘱同事时的样子，我想起本就银根紧缩的班费，诸如此类，都让我没有什么选择余地。我感谢你们，真心。

或许 10 班赋予我们这一切，无论是现在的还是曾经的，无论是已经能够理解的还是尚没有发觉的，也无论是真心愿意的还是附庸摇摆的，我相信这不是我个人的力量所能企及的，也绝不会是我们任何人想要达到任何个人的想法，那我只能对自己说，这或许就是随心而动。

10 班，走过一年、两年，很多场景历历在目。孟子昊推倒多米诺骨牌的一瞬间，我们都很专注和期待，那也许关于学习；我们在楼下摆出 10 与 A 的字样拍照，抬头仰望，那也许关于约定；围坐在西花园的草坪上，享受片刻的安宁和自在，细说一件件往事，那也许关于生命；小高考时，我捧着你们交给我的手机，想起你们进考场前的自信和坦然，那也许关于信任与挑战。王玥告诉我，希望有一天能站在振华堂的领奖台上，从这个视角看台下的人们，心情一定很不一样，那也许关于成败和荣耀；我们用笔墨涂鸦自己的人生目标，无论是真的还是假的，不管是高远或者庸俗，那也许关于梦想和未来。我想到我们今天早晨依然排着队一路小跑地上操，天气变得更冷了，不按路线随意走动的同学会阻挡我们的队伍顺利前进，体育组也不像之前那样表扬我们了，可我们依然这样一路小跑地上操，我在后面跟着跑的时候情不自禁地大喊起来："加油吧，少年，让我们一路向前！"为什么我们还在这样做，我相信那是大家对于10班的一份真心。这样的场景其实可以细数很多，周四班委留下来开会商量一个个的对策，在班会课上畅所欲言，听着同学的想法，念着各自的周记，我们在西花园里玩老掉牙的贴大饼，我们在讲台上念着自己写的诗，我们在看着那些视频时或者大笑或者深思，我们把蛋糕涂在对方的脸上大叫着，我们看着自己的桌洞被我拍下来在投影上晒……应该看到，这一切是否值得？我清晰地记得王玥和周芳芳都因为交作业而被记迟到，但她们都没有说什么，课代表们都选择一种温和的方式去催作业，尽管回避了很多问题，但是石天麒也说出了他的心声，真的希望有一天我们再也不用记缺交和迟交的名字。我也记得刘娴琳和张帆在做值日的时候一丝不苟，把每天的卫生都做到近乎完美，而当我问她们想要什么奖励的时候，只是淡淡地笑着答道："不用什么的，和别人一样就好了。"孙玮对我说："10班的劳动值日都很好，我知道那不是表格上的第一第二或者第八第九，而是每一组都在认真地做，我希望大家每天坐到自己位子上的时候能有感恩之心。"我还记得篮球场上，我们的运动员拼尽自己的全力去得分，哪怕是受到了伤痛，荣梦杰和沈琛昊在运动会上就是如此，但我知道你们在乎要赢多少分，而场下的大家也都能很努力地加油助威，那一天飘着雨，场内还有外事活动，我们一样表现得出色，我跟着大家喊“10 班加油”的时候真是很带劲，而且我们能喊得那么响亮。是的，如果要说，我们有很多的缺点，我们每个人也有这样那样的弱点，我也训过同学，一起开过反思会，罚大家留过堂，但是这不阻碍我们向好的方面憧憬和努力，机会的确不多，我们应该学会珍惜和把握。而我怀念在西花园停留时树梢间穿过的一缕阳光，我怀念你和我谈学习、谈将来时认真的表情，我怀念看到你们脸上的笑容，我怀念我们在上课起立、互相问好以后我总能骄傲真诚地对你们说：“我爱你们！”

未来的一切都意味着明天，而所有的明天都产生于昨天，既然选择了远方，便只顾风雨兼程。一件事无论太晚或者太早，都不会阻拦你成为你想成为的那个人，这个过程没有时间的期限，只要你想，随时都可以开始，要改变或者保留原状都无所谓，做事本不应该有所束缚，我们可以办好这件事，却也可以把它搞砸，但我希望最终能做好那些事。我希望我有时能驻足于这个令人惊叹的世界，体会从未有过的感觉；我希望能见到那些与自己观点不同的人们；我希望能拥有一个值得自豪的人生。如果这与我想象的生活不一样，我希望我也能有勇气重新启程。尽管身上有很多的缺陷，但我相信坚持的力量，克服所有的困难，做一切有用的事情，必将使我受益匪浅。作为新教师，我不缺乏热情，但重要的是如何保持这份热情，并持续不断地把这份热情倾注于自己的教学工作中。每次走进教室，我都告诫自己，我所面对的是一个个怀揣梦想的孩子，他们在学校的每一天都是新的一天，所有的东西对他们来说都是新鲜的。没有一个学生不渴望在学校里汲取他们最需要的知识，他们正在日渐成熟，也十分向往与我们进行交流。因此，我们应该清醒地认识自己和学生，调整心态、诚恳接纳、虚心学习、认真总结，我们具有同样渴望的心，具有如火的热情，具有年轻的巨大力量。盛年不再来，一日难再晨。及时当勉励，岁月不待人。我将自励自强，做得更好！

初为人师的激动和忐忑

——三年教育教学生活回顾

化学组　盛景

转眼间，成为苏州十中的一名教师已有三年多了。在这期间，我从毫无实践经验到形成自己的教学风格，从对教师工作的浪漫幻想到真实感受这份职业的辛劳与神圣，从对母校的亲近依恋到想为母校的发展献出自己的一份力……三年了，在十中，我实现了这些对我而言有重大意义的转变，也留下了我的不安、感动，同时，这里也见证了我的付出、收获与遗憾。

学科教学

上好一堂课真的很不容易——既要学生感兴趣、爱听你的课，又要保证教学效果和质量。刚开始，我觉得要做到这两点似乎很难：要么就是光注意学生兴趣，多举例子，语言幽默，但既定的教学内容老是完不成；要么就是赶进度，满堂灌，老师和学生都很累，效果也不好。幸好十中有“新老教师结对子”的传统，每个刚毕业的年轻老师都能有一位有丰富经验的教师作为自己的指导老师，可以经常听指导老师的课，这样增加了交流探讨，对自己的教育教学都有很大帮助。三年来，我一直坚持听课，从中学到很多的东西：除了教学内容的把握，重点、难点以及深度的处理，例题的选择等是我听课的目标外，还有板书的字体、排版、语音语调的变化，对突发事件的处理（像教师或学生身体突然不适、实验失败、停电）以及提问的设计等等。我还将教学过程做了一个粗略的时间统计，比如开始上课后复习用去 3 分钟，引课用了 1 分半，完成第一部分内容 6 分钟，例题时间 4 分钟，实验 5 分钟……最后小结和布置作业 3 分钟，等等，这样一来，学生活动时间和教师活动时间的比例就一目了然，清楚 45 分钟这个整体如何具体分配，这就对一节课的节奏有更深的体会，也可以直观地感受到不同课型的教法。再比如有时我们还可以在听课时注意观察 1 ~ 2 位学生的神态在教学过程的变化，来感受教师个人和教学内容对学生情绪的影响等等。因此我非常珍惜每一次的听课机会，除了坚持听指导老师的每一堂新课外，校内外的化学公开课我也尽量不错过，我甚至还跨学科听课，既扩大了知识面，又可以挖掘出能够为我所用的好做法。

当然，听别人的课固然能给我们带来很多启发，但照搬照抄肯定是不行的，每个人都应该有自己的教学风格，面对的学生也千差万别，因此如何吸收消化别人的优点，不断摸索，创出自己的风格是非常困难也是非常重要的。尽管课前花了不少时间备课，每次走出教室，我的心里仍有些忐忑——担心我的分析不够深透，担心学生不能完全理解，担心我的用语、操作、板书是否完全规范……这种不安的感觉很不好受，但却成为我向上的动力。现在我正处在高三教学中，复习课的备课和教学让我找出了很多问题和薄弱的地方，积累了一定的经验，相信经过高中一轮的教学后，在下一轮教学中我将更加成熟。

双语教育

作为学校精心推出的一个品牌，我有幸在刚进入十中时就能参与其中，并很快就有了一个锻炼机会，就是每周对高一的一个班级上一节化学双语课。虽然当时各界对双语教育还褒贬不一，但就一个实践者而言，我认为双语教育对教师、学生都是很有益处的。每种语言背后都蕴涵着其独特的文化背景、思维方式和价值观，因此双语教育无论是在培养学生的英语运用能力，还是在提高科学素养，拓宽学生视野等方面，都是中文版教材无可比拟的。于是，我便在学科教学之余开始了双语教育的摸索。

不试不知道，一试才知道这要比准备一节中文的化学课花上多几倍的时间，因为这不仅牵涉教学内容、方式的选择，还有课堂语言的组织、口语的表达、对学生反应的回应等这些在用中文时很少遇到的问题，以至于刚开始的时候我甚至需要把要讲的话一个单词一个单词写下来，这样备课实在非常痛苦。当然，教学内容的选择同样十分重要，因为从学生角度讲，有兴趣才有学习的欲望，有学习的欲望才有可能学好。为此，要进行化学学科的双语教育，我尽可能从生活中、从学生已有的知识中发现问题或者有趣的现象，由浅入深，循序渐进。主要素材来源于一些原版教材和互联网，网上的资源十分丰富，在备课过程中，我基本上都能找到需要的材料（尤其是图片），甚至还能发现许多意想不到的内容，这个过程是十分有趣的。刚开始，我主要运用 Powerpoint 课件来进行教学，虽然看上去丰富多彩，但后来发现都用课件进行容易造成信息量过多且师生缺少交流，所以后来我将板书、书面材料、演示实验、学生实验和多媒体课件等综合运用，希望能充分发挥各种手段的长处，以期取得更好的效果。那虽然花去了自己很多的课余时间，但上课的感觉、学生的反应还是不错的。通过自身的努力和许多老师的帮助，我还开设了一些化学双语公开课，得到了一定的好评。于是在我工作刚满一年的时候，学校就派我参加了由江苏省教育厅组织的赴澳大利亚的双语教师专业培训。为此我一直非常感动，我想这也从一个角度体现了十中开放的思想和对青年教师的关心和殷切的期望。

班主任工作

记得在大学上教育心理学的时候，老师就曾讲过“班主任工作是一门艺术，做一名班主任应该是既辛苦又幸福的”。当了一年的副班主任后，我对班主任工作已经有了初步的了解。在学校领导的充分信任下，进校第二年，我就担任了高一一个双语小班的班主任工作，这让我有了一个非常好的实践空间。结合学到的经验，根据我个人的风格和想法，再加上通过学习相关的资料，我在规范学生形象，制定班级公约，班委、课代表的培养，凝聚力的养成，变换座位形式，班会活动，家庭访问等方面采取了不少措施，取得了较好的效果，在 2005 年 5 月，所带班级荣获了“江苏省先进集体”称号。

要形成良好班风，我认为首先每个同学应该树立健康、向上的中学生形象，于是我决定先从服装、打扮入手。由于双语班多数学生家庭经济条件优越，为了帮助同学们克服赶时髦、爱攀比的缺点，我在高一开学初对学生提出了一定的要求：除了严格遵守《中学生行为规范》中的规定如不烫发、不染发，衣着整洁大方，男生不留长发外，我还要求男生不能穿球衣进教室（球场上可以），女生裙子下摆最好到膝盖或膝盖以下，天热时男女同学的上衣均须有完整的袖子（避免出现无袖和吊带衫），不穿拖鞋式凉鞋等等，并且鼓励他们多穿校服。刚开始宣布的时候，学生还是颇有意见的，他们在周记中提出了一些看法，但通过彼此坦诚交流，学生感到学校、课堂确实是一个正式的场合，应做到整洁、大方、得体，这也是一种互相尊重。达成共识后，学生都能自觉遵守，偶有不合适的衣着，我也会悄悄提醒，使学生的精力主要放在学习上。

由于开始时双语班每班人数均不超过 33 人，因此人数少了，就相当于教室“变大”了，因此座位形式也就有了更多的变化。高一一年中我在座位安排上进行了多种尝试，比如门形、扇形等等，事实证明座位形式与上课气氛、学生间互相影响都有着明显的相关性。当然，在变换阵形的时候，还应该结合学生的学习能力、身体特点，而且尽量变换每个人的四周同学，从而扩大了同性与异性同学间的交往面，学期末还让每位同学写出四周同学身上的优点，学会用欣赏的眼光看待他人。

除了学校的活动，我和学生们还一起策划和参与了不少有趣也很有意义的班会活动，比如高一时的“关于尊重”“游戏大家谈”“我的人生计划”“动漫音乐的魅力”“我的人才观——李开复文章选读”“体验音效——欣赏影片《龙卷风》”“给父母的新年礼物”“父子篮球赛”等等，并开展了与聋哑学校同龄学生的互访。高一下学期学校组织学生进行研究性学习，为了避免这一活动流于形式，我布置学生利用暑假将研究性学习的成果制作成课件，于是高二上学期的大部分班会课就是由学生来介绍、演示他们的研究课题。其中，有些学生的研究资料翔实，条理十分清晰；有些学生的介绍风趣幽默，还有些学生制作的课件之精美大大出乎我的意料……高二下学期开始，班会课上学生们用课件的形式介绍自己心仪的大学——从历史沿革到校园美景，从专业设置到招生情况；进入高三后，为了给学生减轻压力，并且考虑到双语班的硬件优势，部分班会课变成了影片欣赏、趣味游戏比赛……

同时我也发现了一些问题，比如：从大处讲，如何使学生理性地看待整个社会，提高社会责任感；从小处，如何增强学生的家庭意识等等。我还在不断摸索，并经常与其他班主任交流，希望能早日找到有效的办法。

以上只是我三年教师工作中所积累的一些感想。三年前的这个时候，我怀着激动而又忐忑的心情来到十中——激动是因为十中悠久的历史、良好的声誉以及宁静而美丽的校园；忐忑则是缘于我的年轻，踏上工作岗位之前的那么一点点不自信。时光飞逝，三年后的今天，在经历了一些事情后，现在的我仍然感到激动和忐忑——激动是因为作为一名教师的光荣和特有的乐趣，而忐忑则是因为感受到作为一名教师的压力。此刻，我作为高三教师开始我工作的第四年，我想，不管经过多少年，作为一名教师，我都会时时感到既激动又忐忑……

这才刚开始

——一年期工作小结

体育组　陆　健

天气愈发凉了，秋天的气息愈发浓了，走在校园中，桂花已经是今年第二次飘香了。满校园淡雅的桂花香总是令人不禁驻足，听同事说，十中的迟桂花总是更有韵味的，它不像第一次来得那么唐突、那么浓烈，却淡然而绵长，放佛用尽了生命中剩余的能量。

来到十中已然一年了，一年的光阴使我不再那么匆忙，但这一年使我更坚信：我热爱教育事业，我将把所有的能量释放在教育事业中。

当然，让我如此坚定的是在这一年中我身边的领导、老师、同事和学生。至今回想起这些人、这些事的时候，仍然心生感动。

进十中后，我担任高一、高二的体育课教学工作。在进十中前，我就有所耳闻：十中的体育课教学是全市首屈一指的，在全省乃至全国都是享有盛誉的。因此，对于我这样一名从小就在体校学习的人来说压力还是不小的。记得开学第一次课，对象是高二（7）、（8）班的学生，这个班大部分学生原来都是由杜勇老师带教的，因此他们课堂习惯比较好，学生自主能力也很强，但是进入基本部分后，下面就开始热闹起来。那堂课的教学内容是复习广播操。虽然我之前认真地备了课，但是发现自己在上课的时候总是按照自己的节奏在做，让学生模仿学习，跟学生的互动太少。这样几遍后，学生就开始不耐烦了，后面的学习兴趣也被我打消掉了。现在想想，如果能找几个学生出来示范，最后再来点掌声，这样岂不是更完美？

每当我没课的时候，我都会拿着听课笔记，到队伍的后方，去学习老教师们是如何解决我上课时难以解决的困惑。我师傅沈春英老师上课非常认真，从开始部分到实践部分，一直到最后的结束部分，都一板一眼，非常正规。第一次看她上课，首先是体委整队，体委就像个小老师："稍息、立正……"再看看下面的学生，动作整齐划一。当时我就想，做沈老师的学生是何等幸福啊！薛军老师是我们的备课组长，看他的外表，绝对想不到他上课时如此细腻，游刃有余。学生既怕他，又喜欢他。平时经常能从学生口中听到"薛哥、薛哥"的称呼。组里优秀的老师很多，他们的许多优良传统值得我去学习、继承。

今年 4 月，苏州市重点学校体育教师研讨会在我校举行。我有幸得到了一次这么重要的锻炼机会。刚开始，接到这个任务的时候有些紧张与激动，因为毕竟才工作不到一年，又是这么重要的会议。后来我师傅沈春英老师安慰道："没事的，有我们在呢，你就大胆去锻炼好了。"经过组里的讨论，我上课的题目为《篮球——行进间双手胸前传球》。在备课中间遇到了一些问题，比如：如何处理拿球、还球这一环节。在众多老师的帮助下确定了很多方案，最后定为用两个球筐分别放在球场对角，从而使这个环节短时高效，并使整节课的节奏更紧凑。还记得为了使整节课的教案格式更加规范，同事们为了我留到很晚。教案改了一遍又一遍，磨课的过程也十分艰辛，开始学生并不能高质量地完成本节课的内容，在同事们的指导下，我也不断反思，精炼语言，使要表述的重难点更加清晰。最后，这堂课得到了专家老师们的一致好评。从这堂公开课中，我懂得了一堂完整的、合格的体育课应该如何上，也相信了一句话：没有教不会的学生，只有不会教的老师。

开学不久，篮球队学生余润泽的班主任专程来到我们办公室："润泽是班上的好学生，成绩一直稳定在年级前一百名，不过他参加篮球队后，成绩直线下滑，落到了年级二百多。他的父母还有其他老师都为他着急，找他谈话后感觉效果也不大。我听其他孩子说，余润泽特别崇拜您，您看看能不能找机会和他谈谈？"听到这番话后，我突然感觉到作为一名教师、教练，身上的责任之重大，不仅得教会学生运动的技术，更得教他如何进行自觉管理、分清主次，甚至要教他们怎样做人。

当天下午的训练，我就开了个队内会议，我跟所有的队员讲述了自己的成长经历。我从小开始打篮球，我对这项运动的热爱绝不亚于你们中的任何一人。我把所有的心血都花在了篮球上，篮球给予了我很多，但也让我失去了很多。比如文化科目的学习，特别是英语这门功课没学好，使自己在毕业招聘的时候错过了很多非常好的机会。盲目的喜欢可能会使你们中间的很多人走上错误的道路。将来你们还是要通过高考使自己走得更高、更远。理智地对待篮球队的训练，决不能因为训练而影响正常的学习生活。分清主次，对自己的未来有理性的思考。结束后我又单独与润泽谈话，他表示愿意暂时放弃训练，先努力抓学习。那次年级考试，他名次回到了年级七十名左右。高考成绩出来后，他第一个向我报喜，他以优异的成绩考入了华东政法大学。篮球队像这样的学生还有很多，我把他的例子告诉每一位我教的学生。现在我把学习成绩作为进队的重要标准。篮球运动可以作为一门技能去掌握，去热爱，但绝不是生活的全部。我们必须掌握更多的技能、技巧，比如现在你们要学好各科，考入理想的大学。到了大学选择自己理想的专业，毕业后找到理想的工作。将来找到合适自己的工作，为自己的未来努力奋斗等等。

今年教师节，早上我正好值班。隐约看到杏园楼前的公告栏上有我的照片，我凑近一看果真是。上面内容是原高一（7）班学生吕凯同学代表全班写的："他也许只是位普通的体育老师，可是我们与他的关系并不普通：体育老师，副班主任，还是我们最好的朋友。虽然他只教我们体育，但是身为副班主任的他真的十分负责。中午，天气相当炎热，而且我们班的空调也很不给力，可是陆老师宁愿放弃办公室舒适的空调，来与我们同甘共苦。他知道我们学习压力大，知道我们班里不少男生爱打球，于是他有时会在我们午休之前给我们放一些精彩的篮球视频与我们一同欣赏。看完后，便又认真地监督我们午睡。他会常常和我们说些他'年轻'时的故事，然后让我们好好学习。因为他想让我们能够变得更出色……他和我们真的处得很好。他曾经告诉我们，他出差三天，没有给我们上课，第三天就做梦梦到我们。其实我们之间也有不少人梦到过您。这一年的相处真的让我们好像变成了亲人一样，会去相互牵挂。"学生就像一张白纸，单纯而美好，然而青春的叛逆，会在这白纸上留下各种痕迹。作为他们的老师，或者说是朋友，就是要让这些痕迹留得更有意义。久而久之，就会转变成学生的成长。对于老师来说，没有比学生的成长更美妙的事情了。

今年 8 月篮球队的折桂，也是我这辈子难忘的记忆。去年比赛时，我刚进校组队，带队不到 20 天，能取得第三名的成绩对于大多数的球员都很满意了，但是，这决不会使我们停止努力的脚步。记得刚来到十中，队员卢文杰在比赛前组织了一场和建设交通的友谊赛。那场球我们输了很多。那天，我们猜测到建设交通很有可能夺冠。果然，建交毫无悬念地夺冠了。遗憾的是，我们没有闯入决赛。半决赛输的那天，我们这些堂堂七尺男儿都落泪了。内心的遗憾让我下定决心：我要通过这一年的努力，把我们这支球队打造成一支冠军队伍。

之后的训练，我们把建设交通当作主要对手，他们跑 3200 米，我们也跑；他们天天训练，我们也尽可能地多练，一周有三到四次。小谈是体育生，每天早上六点到学校，我陪他训练，他有今天的实力是一天天的训练努力换来的；卢文杰在外地读书，每天我都会让小谈把今天的训练短信发给他，让他坚持每天训练。大家也都在决赛中看到了他俩的表现。高考结束后，高三的队员就马上投入了训练，没有一天休息，每天几乎都保持 5—6 小时的训练量。队员们的努力付出，给了我们打好比赛的信心。从小组赛开始，我们每场球都会录像。赛后，我们一大堆人围着电脑，一遍遍地观看每场比赛的得失。经过分析、训练，我们一场比一场打得好，直至最后夺冠。

夺冠后，我们没有落泪。看到队友脸上绽放的笑容，突然觉得这么多的付出都是值得的。室内接近 40 摄氏度的高温，就跟蒸桑拿似的。体育馆内流着的汗水，甚至是血水，这一切都是值得的；我们放弃了周末、暑假，这些都是值得的；跑完 3200 米后一个个脸都煞白，这些都是值得的；体育馆的地板因为汗水的浸泡变得湿滑，我们摔倒了无数次，这些都是值得的；和新区一中的比赛，因为没有赢到我规定的分数，被我罚跑了 30 分钟田径场，我心中的不舍和疼痛通通都是值得的。

在这一年中，我在领导的关心下，在同事们的帮助下，在学生的宽容下，成长了不少，但我深知，这只是一个开始。十中给我提供了一个宽广的舞台，在这个舞台中，我找到了自己，我希望能够为这个舞台增加更多的光芒！

情疏迹远只香留

——三年教学生活回顾

语文组　顾丽君

三年前我来到十中开始了我的教学梦想。十中是一所百年老校，有着深厚的文化底蕴，也是一所教学资源先进、教育成果显著的现代化学校，来到这里我有着按捺不住的喜悦。幽雅而舒适的校园环境，先进而科学的教学理念，浓厚而宽松的学习氛围，严肃而亲切的校长，热情而敬业的同事，调皮而可爱的学生，这里的一切都让我难以释怀。

收获

三年的学习和教学实践让我由一个理论至上、好高骛远的大学生向一名踏踏实实、兢兢业业的中学教师顺利转型，这是十中这所校园给予我的。教师的职业是辛苦的，教师的报酬是微薄的，所以平时在工作烦琐的时候不免会有所抱怨，但是身边老教师的一言一行却无时无刻不在感染着我们这些小年轻，让我们真正地明白了教师的收获是无法用金钱来衡量的，也许物质上的收入非常有限，但在精神上的愉悦是任何人都享受不到的。沈郁菁老师善良、正直、真诚的人格魅力，阙红芳老师给予学生的宽容和爱心，王梦老师在教学上的执着和孜孜不倦，陈卫华老师的热情和探索……十中的每位老师都在用自己独特的方式诠释着“教师”这个词语的内涵，这是学校给予我的一笔最大的财富。作为一名教师，我的快乐还来源于我的每一个学生，依然记得三年前踏进校园时心中的忐忑，而现在的我自信满满、斗志昂扬，是我的每一个学生让我拥有了这份自信和幸福。上课紧张时他们投来的鼓励的目光，嗓子沙哑时他们送来的清茶和含片，节日里他们发来的问候的短信，教师节前夕他们寄来的一张张卡片，拿到录取通知书后打来的报喜的电话……点点滴滴汇聚成我最大的动力。平时我们总是埋怨学生不懂事、不听话，但他们也在用自己的实际行动表达着对老师的理解和关心，我想这是任何其他职业都享受不到的恩惠吧。

挫折

在前进的道路上自然也遭遇了不少挫折，犯了不少错误。记得我对 2006 届班上的一位体育生很是不满，因为他每次考试都要把班级的平均分拖掉一分半分。对于语文学科来讲，各班的平均分本身就不会差很多，一分半分可不是小数目，所以对这位学生总是心存意见，总希望能早日甩掉这个包袱，但事与愿违，高二分班后他还是留在了我们班，找他慎重地谈了几次话后不见好转，于是索性对他漠不关心，任他自生自灭。在高考中他凭借自己的专业优势和合格的文化课成绩被本一院校录取，当他带着喜讯回学校看望我并真诚地向我表示感谢时，我的心里真不是滋味啊！一方面为他的成绩而高兴，另一方面为自己的狭隘而汗颜。作为老师我是多么可悲，虚荣心蒙蔽了我的眼睛，就因为成绩让我漠视他在赛场上奋力拼搏、为校争荣誉的可贵精神，让我忘却了他每天训练后又投入紧张的学习的辛苦。记得一位知名教师说过，任何一个教育者在其教育生涯中都会犯这样或那样的错误，关键是如何对待已经犯下的错误，弥补是不够的，更要反思，对于成长中的青年教师来说，要善于把教育失误变成教育财富。话虽如此，教师可以在一届一届的学生中改进自己的教育方法和态度，但从学生角度来看，每个学生只享有一次中学时代的教育，我的失误将是无法弥补的。我想这是我三年来犯下的最大的错误了。

还有一次，临近高考的那几天，班上有两个男生上课经常讲话而且始终不能按时完成作业。我平时是不太发火的，那一次终于忍无可忍，把他们叫起来狠狠地批评了一顿，而且用尽了尖酸、刻薄的语言。他们毫无悔意、满不在乎的样子如同火上浇油，让我失去了理智，想要把他们赶出教室，而那两个学生也很倔，站着一言不发也一步不动。我们就这样僵持着，其他同学只能坐着干着急。这样僵持了好久，终于有同学忍不住说话了："老师不要理他们了，让他们去，我们上课吧。"上课，我总算清醒过来，不能因为他们两个而浪费了其他同学的时间，而且还是在这个节骨眼上。事情就这样过去了，由于工作忙我也没把它放在心上。可是过了两天这两个学生却主动到我办公室向我道歉并且向我解释，最近作业比较多所以有点应付不过来，而且临近高考心里没底所以有点浮躁，请我原谅他们。这件事让我心灵再一次受到了震撼，该请求原谅的又岂止他们，我的责任更是不可推卸。作为高三的老师在这个时候本应更加关心、体谅他们，帮他们疏导考前的紧张情绪，而我非但没有给他们解释的机会还用尖酸的语言讽刺他们，伤害他们的尊严，甚至想要剥夺他们上课的权利，这是多么不理智、不成熟、不可饶恕的行为啊！这件事让我明白了，在任何时候都不能以伤害学生的尊严作为代价来换取所谓的"教学效果"，因为成绩不好可以改进，自尊心受挫造成的损失是难以估量、无法弥补的。庆幸的是学生及时提醒了我。

实践

三年的教学实践让我明白了，教师不能把自己当作教材与教参的熟练操作者，教师也不是文章学、修辞学、语言学、考试学的分析家，而首先应该是文明的传播者、思想的启迪者、人生的导航者，所以三年中我进行了一些教学实践，力求丰富教学活动，拓展教学方法，提高教学效果。众所周知，十中的校园环境幽雅，人文资源丰富，并且要培养学生的爱国之心就要从爱校、爱家乡开始，所以我把学校这些得天独厚的资源与自己的教学结合起来，开始了我的探索。于是，西花园的林荫小道上留下了我们寻找自然的足迹，瑞云峰前回荡着我们诵读古诗词的琅琅书声，紫藤架下流传着我们讨论、争辩问题的余音，已巳亭中写下了我们感悟生活、思考人生的诗作，伟绩碑旁抒发着我们感恩历史、传承文化的情怀。让课堂走出教室一直是我追求的目标，在具体的实践过程中有些取得了很好的教学效果，有些可能仅仅流于形式，但是学生在这些教学活动中都表现了很高的积极性，活动结束后他们不仅获得了知识，同时也对学校悠久的历史、丰厚的文化内涵有了更深的认识，这应该是一举多得的。

思考

在我们十中红楼的西面有一片桂树林，每逢农历八月学校的每个角落都能闻到桂花盛开的沁人心脾的甜香。桂花一直是我非常喜爱的，北宋词人李清照在《鹧鸪天》中这样称赞桂花："暗淡轻黄体性柔，情疏迹远只香留。何须浅碧深红色，自是花中第一流。"桂花没有艳丽的外表，比起牡丹、桃花、杏花等是很不起眼的，但是它清可涤尘、浓能透远的香又是其他花所不及的。我对桂花的情有独钟还源于它高洁的品性，平时默默无闻、毫不张扬，总是孤独地守在一方，只等金秋十月为人们绽放，这不就是我作为一名教师追求的品格吗？教师的职业平凡，但却可以享受到其他任何职业都无法获得的心灵满足，平时默默耕耘，但求所有学生都能绽放自己成为栋梁之材。我愈加喜爱桂花了。桂花是高贵的，其他的花在春天里争奇斗艳，只有桂花在经历了冬的严寒，春的多雨，夏的酷热后再收获秋季的绽放，让人们在丰收的喜悦中更多一分惊喜。桂花又是平凡的，不论严寒酷暑，还是风霜雨雪，一年四季总是郁郁葱葱，长绿不凋，开花时节，不管是园丁精心修剪，还是路人的胡乱攀摘，总是生命力旺盛，毫不衰败。我愿成为一个有着桂花品性的平凡而高贵的人民教师。

三年来要感谢的人实在是太多了，感谢学校领导对我的信任和关心，让我顺利地送走了我的第一届毕业生；感谢师傅们的无私帮助，让我在教学上迅速成长，在为人处世方面也逐渐成熟；感谢同事们的热情和真诚，让我在经历挫折后认识自我，获得自信；感谢学生们的宽容和谅解，让我享受了身为老师的愉快与满足；感谢学校的园丁，让我身处如此优美的校园环境；感谢学校的一草一木，让我在紧张的工作之余有机会和你们亲密接触；感谢桂花，让我明确了前进的路；感谢……

梦想的脚印

语文组　周文莉

“不积跬步，无以至千里。”

三年，对漫长的历史长河而言，犹如其中的小小水滴；三年，对有限的人生历程来说，只是其中的短短篇章；而这三年，对我来说，是我教学生涯最重要的开头。

我最初的职业理想是做“无冕之王”——记者。喜欢挑战的感觉，喜欢每天面对形形色色的人和事，可真的踏上了三尺讲台，我突然发现我是属于那种愿意当老师、喜欢当老师的人。三年的教学让我觉得一个人一生若没有当过老师将会有一辈子遗憾。我的生活就是由学生的欢笑和泪光串联而成的，我也因此找到了我人生的价值——帮助每个学生实现他们的人生价值。

回忆追溯到那个暑假，新教师培训时的我，怀着一份诚惶诚恐的心情，踏进了这所百年名校，听着领导对我们的谆谆教导，看着和我一样，刚从大学校门走出来的同龄人，思考着我所面对的职业，那一切还依然历历在目。新老师培训留给我最大的感受是：这是一份既有挑战、压力又很有意义的职业。我一定要把这条路走好。

清楚地记得我的第一堂课是学生高一学年的第一堂课，当时我和下面坐着的学生相比，紧张程度差不了多少。望着比我小不了几岁的孩子们，感觉到他们一双双满怀希望的眼睛，一种沉重的责任感油然而生，我用略带颤抖的声音作完了自我介绍，迎来的是学生真诚的、长久的掌声。虽然刚踏上讲台，可是我可爱的学生们用他们最真的心给了我信心，给了我勇气。从那一刻起，我对自己说，我在这高中三年不仅要教给他们知识，更要教会他们做人的道理，我要帮助他们实现他们的人生价值。

三年的日子说长不长，说短不短，一千多个日日夜夜，我的生活充满了很多值得回忆的珍贵点滴。有欢笑，有泪水，有成功，有失败，一切的一切让我体会到人生的真谛。

文字在笔尖流淌，思绪在脑海飞扬，回味起那些美丽的片段。

作为一个年轻老师，出试卷对我来说难度是最大的，面对从材料的选择，到理解，到整合构思，完成题目，一开始我无处下手，特别是小阅读的命题。我记得轮到我出小阅读了，早就从张文虎老师、程洪老师嘴里了解到这个题型的困难，所以思想负担非常重，早在要出卷的一个月前，就开始留心素材，经过了删选，定下了文字，带着一份不太确定的心情，请教了两位老师，让我惊喜的是，材料通过了，我很高兴，可是剩下 16 个题干让我伤透了脑筋，每天看着那些文字却毫无头绪，像挤牙膏似的挤句子，后来连做梦都在琢磨。聊天的时候，大家都知道了我这个状态，张老师竟然表扬了我，说出题目能出到这个程度，就投入进去了。就这样一句简简单单的话，给我了莫大的鼓励，让我对自己更有信心，相信只要用心去研究，一定可以把题目出得很出色。也就从那次起，我对出试卷不再恐惧，因为出卷的过程中也是提高业务水平的过程。资深的老师对我的成长帮助很大，无论是与我结对子的师傅程洪老师，三年都在一个年级的张文虎老师，还是在生活中对我无微不至关怀的徐思源老师，因为他们，才使我很快地做好从一个大学生到人民教师的角色转换；因为他们，我看到教师这个职业的伟大；因为他们是我学习的榜样，让我觉得要努力成为与他们一样的优秀教师。

带高二时我担任了班主任，那年的暑假，我参加了心理学专业的学习。因为我深深地感觉到，在班主任工作中，如何更好地了解学生的心理，如何在即将来临的高三的学习中帮助他们减压是我工作的重心。所谓“言传身教”，我也想通过自己的实际行动告诉我的学生，只要我们想做好一件事，认定目标，通过自己不懈的努力，我们每个人都可以做得很好。假期里我顺利通过了国家心理咨询师的考核，我以最佳状态全力以赴和学生一起去面对高考。可以说那是我站在学生的旁边，看着他们，陪着他们，祝福着他们，适当地用我的心理学知识开解着他们的一年。作为一个年轻老师，第一次带高三毕业班，压力绝对不比任何一个学生小，因为我第一次深深地感受到我身上背负的不仅仅是一百多个学生的希望，更是一百多个家庭的希望。每次家长会上看到家长们殷切的眼神，听着他们对我信任的话语，我就更增加了一份责任感。这一年，有面对不理想的成绩，深夜 11 点打电话给我，在话筒那头不停哭泣的学生；有在高三初以年级 700 多名进我们班，后来直冲到年级 120 名的学生；有看到我重感冒，在自习课上直奔下四楼，买了个一次性杯子，灌了温开水给我喝的学生；更有时时刻刻为了自己、为了班级的目标而努力的学生们。他们构成了我这一年最美的风景线。

我这三年的脚印中，除了我脚踏实地的脚步，资深老师和我那些可爱的学生的脚步更是我脚印中不可缺少的一部分。我的人生信条是两个字："感恩。"所以，我感谢很多人，因为他们给了我幸福的感觉。我一直认为，我的生活因为有了这群天真的孩子们，我是幸福的；我的生活因为有时刻关心我的老教师们，我是幸福的；我的生活因为有文化底蕴深厚的十中，我是幸福的。

我想我爱教师这个职业，不仅仅是因为它受到人们的尊重，每年的 9 月，所有的歌都在赞美老师，所有的祝福都献给老师，使人感到教师这一职业是光荣的。我爱教师这个职业，更因为它是神圣的，我愿意在这一岗位上继续奉献自己的光和热。

愿成为滋养学生成长的沃土

——教学三年回顾

生物组　卓远怀

转眼又到一年丹桂飘香时，我走上教师岗位已经三年了，在这短短三年的时间里，我体会到了教师这份职业的辛苦，但在这辛苦中又是饱含快乐的。从走进十中这所百年名校的那刻起，我就被她的质朴大气感动着。当我踏上工作岗位时曾送给自己这样一句话：千里之行，始于足下。

每个人人生中都有自己珍贵的“第一次”，许多都是毕生无法忘怀的。回想 2005 年 9 月开学的那一天，我体会到做教师的许多“第一次”，在振华的第一课，那是我教师生涯的第一课，第一次面对自己的学生，第一次被称为老师，第一次因自己的职业而感动。体会着自己从一个学生到一名人民教师的巨大转变，同时我更立志要为成为优秀教师而努力。

也许通过大学四年的系统学习，我确实学到了许多教书育人的理论和思想，但真正走上讲台我才发现自己并不真正懂得如何去教书，以为按照教学大纲，把书上的内容讲全，不遗漏，就可以成为一堂课了。因此自己总怕遗漏什么东西没有讲，总想把方方面面都讲到，导致的结果是学生感到一节课东西很多，容量很大，但是又分不清重点是哪儿。幸亏得到师傅的及时指点才豁然开朗，新授课时把这节课必须要讲的讲到，让学生理解，内容不必很多很全，学生学起来容易，而且会用，那么他们学习的信心就会增大，有些内容完全可以放到练习中碰到时再进行讲解。

说到师傅，也是我需要感谢的人。初为人师的我，在教学过程中总存在这样那样的问题，师傅并没有为此而对我多加指责，更多的是用委婉的话语告诉我怎么做可能更好，虽然声音不大，但字字句句都映入我的心间。师傅还经常教导我，上课时应该多调动课堂气氛，提高学生与教师之间的互动，把探究式的教学进一步深入，培养学生良好的思维习惯。师傅经常跟班听课，并且每节课都给我指导，在肯定我上课的一些优点的同时，也给我提出了一些中肯的建议，还提出了几点期望：要求我在教师基本功，特别是板书这一块，加强练习；在上课时要更好地做到语言的抑扬顿挫，通过语言更好地吸引住学生，使尽可能多的学生喜欢上自己的课，积极参与其中，营造更活跃的课堂气氛，进而取得更好的教学效果，等等，可以说对教学一知半解的我是在师傅的“搀扶”下一步步站稳讲台的。

由于新课程改革，我从振华转到了高一开始高中的教学，这又是一个全新的开始，是机遇和挑战，也是学校对我的信任和期望。好在有同组的老教师们给了我许多帮助和鼓励，通过多听课，多学习，我逐渐掌握了高中的教学方法和教学规律。

在这三年中，我拥有了第一届自己亲手教导的学生，看着他们不断成长，作为他们的老师，我感到很自豪。学生在成长中慢慢学会了如何做人，如何获取知识；而我也在不断学习着如何育人，如何更好地传授他们知识。一节课上过之后，无论成功还是失败，都是一笔财富。成功的经验可以在以后的教学中加以利用，失败的教训更值得总结，因为只有找到了失败的原因，才能“对症下药”，才能在今后的教学中不断提高自己的业务水平，改善自己的教学。三年来，回顾自己的点点滴滴，感慨颇多。

注重教学六认真，扎实提高教学水平

学校一贯都很注重教师的“教学六认真”，“教学六认真”指的是：认真备课、认真上课、认真布置和批阅作业、认真辅导、认真考核、认真组织课外活动。看似简单的内容，其中却包含了教学的真谛。回想起去年忙碌的高三教学生活，我每天都感到很充实，系统的一轮复习，专项的二轮复习，冲刺的三轮复习。通过向同组老教师学习，认真备好、上好复习课，有课前对整节课的精心准备，才有上课时的神采飞扬，再加上课后的辅导，为学生解开了一个又一个解题上的困惑。看着学生成绩的提高，收获着自己的辛勤耕耘，让我体会到了作为教师的成就感。我的快乐来自每天的收获，来自我的忙碌，来自学生传递过来的一个个感激的眼神。通过高三一年的系统教学，我获得了宝贵经验，也对高中的生物内容完整地重新学习了一遍，有了更深一层次的理解，这也是努力做好“教学六认真”所带给我的“礼物”。

关心鼓励每一个学生，做学生心灵的护航员

自古以来教师都与教书育人联系在一起，老师的言传身教往往对学生有很大影响。在如今的高考模式下，老师的压力大，学生的压力更大。特别是高三的学生往往在巨大的高考压力下失去前进的方向，

或踌躇不前，或自暴自弃，这时候除了父母的鼓励外，老师的支持与指导往往能帮他们渡过这一难关。

相比班主任，任课教师和学生之间距离是比较大的，但学生其实都很希望能和老师有所交流，能得到一些指导。就拿我刚送走的一届物生班来讲，学生挺喜欢和我交谈的，也许是因为我和他们年龄差距不大的缘故。我也很乐意去了解他们的学习生活状况，每周安排的几次辅导，除了解答学生学习中遇到的困惑外，我还利用机会和学生们谈谈心，询问他们的志向并鼓励他们努力学习。记得高三下学期，也就是在大家努力冲刺的关键阶段，我在上课过程中发现我们班的一个男生频繁开小差，眼神呆滞。下课后我抓住机会在瑞云楼的阳光房叫住了他，当时说实话我确实比较生气，想这学生平时上课挺认真的，现在在这关键阶段居然这样自暴自弃。经过询问才得知原来他家庭发生变故，妈妈生病去世了，这给他打击非常大，当时我很吃惊，从刚才的生气转变到对他的怜悯之情。我不自觉地拍了拍他的肩膀，对他说："别太难过，一切都会过去的，好好学习，这也是你妈妈最希望的。"一周后的一节课后，他主动跑过来对我说："老师，谢谢你上次的鼓励，我现在好多了。"当时我感到很震撼，是啊，也许我的一两句鼓励对我来讲不算什么，但对于处于难关的学生来讲却是多么重要。也许老师可以只管教学，只管成绩，也许老师可以对学生的生活不闻不问，但如果你愿意向学生伸出关切的手，那对于学生来讲可能就是跨过巨大障碍的助力了。

三年的教学经历，在我整个教学生涯中也许是短暂的，但留给我的却是无尽的遐想，也许这些感受是琐碎的，但这些感受却是真实的！花开的芬芳，离不开滋养它的沃土、雨露和阳光！我三年的成长，同样也离不开学校、备课组这份沃土的滋养！我也期待着来年丹桂再飘香时，能吐露属于自己的芬芳。同时也坚信，无论在未来的路途中遇到怎样的挫折和坎坷，我都能从容面对，将它化为柳絮池塘的淡淡清风拂面而过。

从零开始

物理组　王辉

2002年的夏天，我离开了大学校园，再次回到了阔别四年的母校——苏州市第十中学。漫步于十中的美丽校园，一切既那么熟悉，又那么新鲜。古树名木，假山秀石，依然矗立于此；琅琅的读书声依旧不绝于耳。所不同的是我已不再是十中的学生，而是成为了十中的一名教师。

"三年磨一剑"，回顾已过去的三年，有挫折的酸涩，也有成功的喜悦，发觉自己经历了很多很多，也改变了很多很多。

刚踏上工作岗位时，自己还是一个涉世未深的大孩子，踌躇满志的我总觉得上课是一件不太难的事情，直到踏上三尺讲台，面对着下面几十双求知的眼睛时，才第一次发觉自己的内心充满了惊慌，意识到自己肩头责任的重大，也正是这个原因，一直到现在都鞭策着自己要认真对待每一节课，上好每一节课。

为了要凑足每天的课堂时间而不出现冷场，三年前的我努力地设计着每节课的教学内容，课堂习题准备了一大堆用来应急；再看看现在，自己每天都在和时间赛跑，为了把教学内容讲细讲透，往往课堂习题都讲不上几个，每节课上完，自己都要反思，看看有哪些地方讲得还不够全面，不够细致，学生能不能完全明白，真恨不得把时间掰成两半用。

三年前的我面对厚厚的教材还无从下手，很多问题都是一知半解，尤其是害怕学生那咄咄逼人的疑惑，而现在自己也能和同事大胆地讨论重点难点，研究分析问题，面对学生的疑问也不再如以前那么慌张了。

这所有的一切，都是在外界的帮助和自身的努力下换得的。

学校：优秀教师的摇篮

百年振华，千年瑞云。十中继承了振华的办学传统，旨在铸造“质朴大气”的瑞云精神。何谓质朴大气？大气者，大师引领之谓也；大气者，大志也。以一流的校友引领，培育学生之大志，让学生时时处处浸润于质朴大气的氛围之中。每年的青年教师论坛，给我们这些青年教师创设了一个交流和展示的平台，使我们能汲取其他老师的优点长处，能更快地成长起来；35 周岁以下的教师每年都要交流一篇学术论文，尽管令人头痛，但却激励着我们多思考，多研究。不定期的学术专题讲座，更是给我们教师打开了一个拓展视野的窗口。

正是在十中这种人文气息浓郁、催人积极奋进的校园中，孕育了一个又一个优秀教师。

教研组、备课组：教师成长的催化剂

刚刚走上工作岗位，自己对整个教学内容安排没有一点概念。好在教研组、备课组在开学初就在讨论的基础上制订了统一的教学计划和教学进度，让我们这些新教师能有章可循，做到心中有数。对教学内容中存在的重难点，同备课组成员经常会利用课余时间一起讨论研究，以找到最有效的方法来对学生施教。每月的教研组公开课活动，我能听到其他教师的优秀展示课，通过不断地听课积累，自己也获得了一些好方法，好理念；同时自己可以利用教研组活动的机会向组内教师展示自己的公开课，在展示自己本领技巧的同时也可以通过其他老教师们的反馈知道自己还存在的疏漏和不足。教研组、备课组活动还经常组织所有老师一起学习新教材、新大纲，学习新的教学理念、新的教学模式，一起参与讨论高考形势、命题走向……

可以说，团结协作的重要性在教研组、备课组活动中体现得淋漓尽致，每个教师也在其中不断成长。

师傅：教育工作的领路人

工作第一年，我接了高一两个班级的教学任务，到了下半学期，增加到了四个班，无形的压力使我有点喘不过气来。这一年，我拜了蔡蕾老师为物理教学师傅。记得听完她的第一堂课我便傻眼了，书上第一节的文字不到两页，在我看来几句话就能解决的内容，她居然讲得有血有肉。可以说，蔡蕾老师游刃有余地处理每一堂课使我深受启发，短短的四十五分钟是建立在对教材透彻理解的基础上的，是建立在对知识体系间内在联系充分掌握的基础上的。

我抓住这有利的学习机会，自己在脚踏实地认真钻研教材，认真备好每节课的同时，尽量一节不落地多听蔡老师的教学设计，积极邀请师傅来听自己的课，课后认真听取师傅对我的指导意见，经常反思对待同一教学内容时自己与师傅之间的差异，同时还要总结每个阶段教学中存在的不足和收获，记录下来以便下一轮教学进行有效地改进，当自己在教学中碰到疑难问题时多向师傅和其他老师请教，认真对待工作中的每一个环节，并不断充实自己。

同时，班主任师傅彭新老师在如何管理班级、管理学生方面也给我很多帮助。管理班级、管理学生不能一厢情愿，更多时候要注意方式方法。比如找学生谈话，除了在指出学生不足的同时，更要肯定学生已取得的进步和成绩，只有这样才能让学生知道你是为他好，而不会与学生站到对立面上。同时在班级活动中，班主任要做好引导工作，要指导学生去独立开展有益的班级活动，全包办和不闻不问都不能取得预想中的良好效果。

三年来我能逐步胜任教师这个角色，蔡蕾老师和彭新老师作为我的领路人功不可没。

学生：不断向前的源动力

三年的教学工作让我真正体会到了什么叫作教学相长。由于是第一轮教学，所以我都会为备每一堂课而努力钻研教材，看大量参考书，先听师傅的课然后自己再去上课等等，尽量注意到方方面面的细节，但还是会出现因为教学经验不足而忽略一些东西的情况。这时候学生的作业和提问帮了我的大忙，让我看到了这些遗漏，提醒自己马上去弥补。有些时候与学生一起讨论问题的时候，他们对问题的别样视角和巧妙解法也让我大开眼界、触类旁通。更有时候学生提的问题会让我手足无措，于是只得赶紧向学生争得一些宽限时间，回头自己好好钻研一下，或向其他老师好好请教一番。在给学生满意答案之时，自己也着实长进了不少，收获了不少。

班级中的学生成了我追求成功和完美的原动力。

家长和同事：前进的助推剂

当今的社会竞争日益激烈，学生的前途直接建立在能否获得更好的教育的基础之上。在绝大部分都是独生子女的家庭中，父母把他们唯一的希望交给了学校，交给了老师，他们都希望看到自己的子女在老师的帮助下顺利地跨过高考这道门槛，进入理想的高等学府，以便将来能找到一份好的工作。因此我时刻提醒自己：学生在我班上，我责无旁贷。另外，与时俱进的环境氛围让人不进则退，身边所有的人都在努力拼搏。老教师们不但有着丰富的教学经验，而且仍在不懈地钻研教材教法，尝试创新教学。好多与我同龄的教师更是投身双语教学，致力于奥赛辅导，在各种教学比赛中取得优异成绩。

家长的期望和同事的努力无时无刻不在推动我前进。

这三年的教育教学工作在我的教学生涯中尽管不出彩，但对我意义重大。它使我在教书育人中有了一个良好的开端，让我看到了希望，更让我找到了努力的方向。我将以此从零开始，踏上新的征程，继续努力，去直面未来的挑战。

甘苦自知

——三年教学回顾

语文组　时佳

2006 年 6 月 5 日，一个极为普通的夏日，翻修一新的振华堂里正在举行高三学生的毕业典礼。或许，这对我们这所有着百年历史的名校而言是最寻常不过的了，但对我来说，却有着非同一般的意义，因为，这里坐着的有一部分是我的第一批学生。

主席台上正按部就班地进行着一项又一项仪式，而我的思绪却逐渐飘散开去……

呵，教室里那个戴眼镜的多像是三年前的我！《我与地坛》？这不是我上的第一篇课文吗？

还记得三年前开学第一天走上讲台时的忐忑不安。那天我怀抱着精心准备的教案走进教室开始了我的第一节课。“上课！”“起立！敬礼！”……我没有忘词，学生的反应也还不错，一切都很顺利，看来这几天的准备很充分！我不禁暗自高兴。下课以后，正当我怀着轻松的心情打算离开教室的时候，一个女孩走过来，怯怯地对我说道：“老师，您的声音能不能再大点儿，我们后面听不太清，还有，您说得稍微慢一点好吗？”我一愣，刚才的轻松和兴奋顿时化为乌有。原来，做一名教师真的很不容易，有扎实的基础，能认真而且充分地备课，这只是基础的基础啊！

在接下来的日子里，我的教学工作逐渐顺利起来，学生也逐渐认可了我这个老师。在一年期考核的时候，我可以自信地说，我站稳了讲台，成为了一名合格的教师！

然而，这仅仅是万里长征中的第一步。我深深地知道，要成为一名好老师，我还有很长的路要走。我将要面对的是更大的挑战。

高二了，学生进行了文理分班。我所教的两个班级中，有一个是文科班。女生特别多是文科班的典型特征，和男生相比，心思细腻敏感是她们的特质，她们甚至希望老师能体会她们的所思所想，和她们产生共鸣。我和我的学生年龄差距并不大，语文学科是一门人文性很强的学科，因此她们对我的期望也特别高。这给了我压力，更给了我动力，促使我更主动地去和她们交流，了解她们的想法。于是，每周一次的小作文成了我和学生们交流的专用渠道。有什么开心的事情，她们会和我一起分享；有什么困惑，她们会通过各种方式来咨询；有什么伤心难过，她们也乐于向我倾诉。在和学生共同度过的岁月中，我会被他们的喜怒哀乐所牵动，我付出了很多，也收获了很多。看着他们一张张青春的脸庞，我的心也不禁倏忽一下飞扬起来。

当然，文科班的学生在学业上对我的要求也比较高。古人说：“师者，所以传道、受业、解惑也。”要做到这些，对我们这样的年轻教师来讲绝不是一件容易的事。有人说过，老师要教给学生一桶水，自己要拥有一缸水，可是现在，一缸水似乎还是远远不够的，要教给学生一桶水，教师自己要拥有一条常流常新的小溪才行啊！在当今世界，随着信息技术的发展，学生的视野的开阔了许多，知识面开阔了许多，在课堂上往往会提出一些出人意料的问题。这就对老师本身的知识积累和备课提出了更高的要求，而对我们这样的新教师来说就更是如此了，每一堂课都要从头准备，仅仅依靠教参是远远不够的，于是到图书馆查资料或者在网络上搜索，成了备课过程中的必修课。有时候，该下班了，可是工作却不能停，晚上还需要接着备课，这样的情况可是家常便饭。虽然辛苦，但学生有所收获时的喜悦，疑难解决后的释然，这每一点每一滴，都让我觉得由衷地开心。

在2005年酷热的暑假中拉开了高三学习的序幕。尽管教室里已经装上了空调，但一节课上完，汗水还是湿透了衣服。白天是负荷满满的课程，晚上又要自习至深夜，尽管离高考还有半年多时间，但学生们已经背负了不小的压力。看着一双双睡眠不足的眼睛，虽然心疼却又不得不布置这样那样的作业下去，我深知，现在已经进入了决战阶段，我们不得不奋力一搏啊！

其实对于第一次带毕业班的我来说，这无疑也是一种挑战。研究高考，给予学生尽可能到位的指导是现阶段我的主要任务。自然，最基础的工作就是要做高考题、分类整理、纵向归纳、揣摩出题者的意图、分析阅卷时的心态……工作不仅多而繁杂，而且难度很高。幸而专家教师们给了我悉心指导，同事之间也经常毫无保留地讨论研究，终于这一阶段工作卓有成效。听到学生们走出考场时自信的话语，我似乎感觉到了我的工作终于没有白做。

高三学生面临的另一个问题则是考试心态。心理压力过大成了顺利度过高三阶段的一大拦路虎。虽然我们学校还没有发生过什么极端事件，但也屡屡有家长反映学生心理压力过重，而导致学习效率低下。为了能让学生轻松迎接考试，我利用语文课的优势带领学生去刚修缮一新的西花园感受自然，呼吸新鲜空气，在教室外的阳台上领略喷薄而出的朝阳的灿烂，给他们信心，给他们鼓励……高三的学习尽管艰难，但每一位同学最终都能坦然地走进考场，这，就是他们的胜利、他们的成功!

学生们热烈的掌声把我的思绪拉回了现实。用一句很老套但是很经典的话来说，光阴似箭！三年的时光转瞬即逝，我的学生将要进入高一级学府继续深造，而我则会继续我的教师生涯。三年的经历让我体会到了做一名教师的酸甜苦辣，让我看到了“人类灵魂工程师”光环背后的辛劳；三年中，我失去过很多，但也收获了不少；选择教师这份职业，甘苦自知，乐此不疲!

追寻教育的幸福

英语组　赵雯娟

时间飞驰，转眼间到了三年期考评的时候，不得不惊叹，我已经有三年的教龄了！匆匆回首我在十中每一个忙碌的日子，有成功的喜悦，有失败的感伤，有成长的快乐，更有收获的幸福！三年，短暂而又漫长，忙碌而又充实。

自工作以来，我积极参加学校组织的各种学习活动。在政治思想上也要求进步，在日常工作和生活中严格要求自己。作为一名新教师，我以最大的热情投入工作，不仅严格遵守教师守则及日常规范，爱岗敬业，更注意用良好的师德修养感染学生爱护学生，做到教生爱生。

我自从工作以来一直担任两个班的英语教学工作，面对不同风格的班级，各有特色的学生，教学的难度真是不小，因为现在的学生和我们那个时候真的是大不一样了，所以对于学生的心理真要好好地研究，但我不畏惧，我相信功夫不负有心人。备课环节，我投入大量的时间和精力，研究学生，深入教材，考虑教法，因材施教，并精心准备了相关的材料和影音资料给学生，以提高教学的效率。三年下来自己也总结了点经验，知道何种教学手段适合何种教学内容，慢慢地也有所感悟。当然，作为一个新教师，除了在自己亲身的实践中摸索教学规律外，向老教师讨教学习经验也可以起到事半功倍的效果。我也非常庆幸自己进入了一个团结又互助的教研组，组里同事的真诚帮助让我备感温馨，也给予了我极大的动力，我经常与他们一起钻研教材，讨论教法。

所谓初生牛犊不畏虎，三年前初登讲台确实有那么一股什么也不怕的闯劲，气势十足的样子，人家所谓的怯场在我身上好像从未发生。但是慢慢地随着时间的推移，我似乎反而越来越胆小起来，开始对自己不那么自信了，因为我发现知识确实是不容许一丝含糊的，我对自己不负责可以，但是每当我望着下面一双双渴求知识的眼睛，我就觉得一丝也马虎不得。很多东西我会查阅各种资料并且反复询问经验丰富的教师，这是一种退步么？我觉得不是，甚至我觉得这是一种在教学上有所进步的表现，所谓严谨治学确实是有一定道理的，会使我受益匪浅，所以我越来越觉得自己慢慢成熟了，好像离学校的“一三五七工程”这个目标迈进了一步。真正踏上教师这个岗位方知其中的艰辛和责任重大，面对许许多多的学生和他们背后更多的家长，若不想被淘汰，不想辜负他们对你的信任，你就必须不断严格要求自己，不断地提高自己的知识水平。有人问我为什么好像每天都有用不完的精力，其实也没有什么秘诀，我其实真的非常热爱我的学生，看到他们我的动力就来了，所以教师这个职业真的是值得我为之付出、为之努力的。

今年我担任高三两个班的英语教学工作，还担任了一个史地班的班主任，可以说任务真的是非常艰巨，特别是对于我这种第一次上高三的新教师更是如此，我每一步都战战兢兢如履薄冰，因为这对于学生可是最最关键的一年，对于他们来说是人生一次重大的转折点。虽然教龄已经有三年但是担任班主任却是一点经验也没有，所以我凡事都多问问多关心，尽量做到对学生负责对家长负责。今年我们班上有个学生从去年开始就断断续续一直不来上课，还在外面结交很复杂的朋友，导致她根本无心学习，家长也无能为力无从管教，最近经过我和年级部老师的反复教育，她有所转变，能够按时上学不迟到。我觉得这点对于她来说已经是一个很大的进步，而且我相信通过她自己的努力一定能够取得更大的进步。

教师的岗位是平凡的，只有真正把自己的满腔热情和全部精力投入到教育事业中的人，才能真正体会到教育的幸福。我深知，平凡如泥土，绝不意味着荒凉。我就是一个平凡的人，一个在自己的岗位上默默奉献的人。我不要求有什么大的回报，我只求能够学有所用，能在自己年轻的时候多多积累，能够多多地帮助到学生。

我能问心无愧地说："我是一名合格的人民教师！"宝剑锋从磨砺出，梅花香自苦寒来。以此自勉。

四个“第一次”

——三年教学生活回顾

物理组　程之颖

从大学毕业踏上工作岗位，一转眼已经到了第四个年头，回顾整整三年的经历，似乎有许多东西可以总结，提起笔来却又不知从哪里说起。回首往事，发现自己在三年里已经有了不少变化。还是撷取脑海中三年经历的几个片段吧。

第一周的工作

记得 2000 年 8 月我兴冲冲来学校签约，在领到新学年工作任务时着实吃了一惊，满腔的热情仿佛被兜头淋下的一盆凉水冷却了下来：初二（2）班、（3）班、（10）班，从大学毕业到实习到找工作到签约，我从来就没有这样的思想准备：教初中。我几乎傻了，还记得当时袁校长对我说了一句话：“好好锻炼。”

正式上班时我才知道，初中有地段班和择校班之分。（2）班、（3）班是择校生班，生源较好，（10）班是地段生班，生源较差。初二一共有十个班，只有四个择校班，学校把其中两个交给了我，另两个交给了我的师傅薛成洲老师。我感到了一些压力，也看到了学校对我的期望。

第一天上课，对我和我的学生来说都是第一次。我第一次正式教物理，他们第一次学物理。第一节课下来几个班反差很大，有的班异常活跃，有的班却像一潭死水。这时我才真正意识到什么叫因材施教，什么叫备教材、备学生还有备方法。看来教书真不是件容易的事。

在师傅和同年级组、备课组老师的帮助下，我的教学工作迅速进入了学校的轨道。只是感觉一周九节课似乎多了点，几天下来骨头好像散了架一样，累得不行。听说以前还有人教过五个班，我吓了一跳，怎么受得了，莫非他们都是超人？师傅说："你现在的任务还是轻的，以后会有更重的任务交给你。"我行吗？这就是我当时的想法。

第一次座谈会

十中的工作作风很务实，很少有空谈的会议。到今天，三年前的一次座谈会我还记忆犹新。那是新教师座谈会，袁校长主持，三名三年期满的年轻教师作了发言。我知道了学校有个帮助青年教师成长的"一三五七工程"，看到了进校三年后年轻教师的风采。我在想，三年后，我会像他们一样发言镇定自若，在教育教学上独当一面吗？

会议结束前袁校长的一席话令我有醍醐灌顶的感受。"教育无小事，你在班里的一言一行学生都会看在眼里，记在心里。稍有差错，损失可能就会无法挽回。像十中这样的学校，老师在课堂里讲的一句话，可能几天后就会在苏州市的大街小巷里流传。一个老师好不好，学生是会有自己的评价的，一届学生认为你不好，可能几届学生都会对你有看法。因为学生之间会有相互交流，亲戚朋友之间会有交流。一锅饭做夹生了，再想烧熟就难了。”

在台下我暗自庆幸，幸好座谈会开得早，我还没出什么问题。从此以后，每天备课、上课，我都会想起这一席话，提醒自己每节课都不能马虎，一百天里九十九天认真，只要有一天不认真，那另外九十九天的辛苦也会大打折扣。

第一次带毕业班

初二的一年过得很快，转眼到了初三，学校减轻了我的负担，只承担两个择校班的教学任务。毕业班的中考成绩是人们关注的热点，一届学生考得好不好会直接影响到学校下一年的招生，而十中的择校班是要与立达、草桥、平江、景范、十六中这样的学校比较的。第一届毕业生，我一定要教好。

初三的生活紧张有序。备课、复习、讲评、答疑。随着中考的一天天临近，我的心情却越来越轻松，所谓胸有成竹大概就是这样的吧。中考成绩公布，学生们终于没有辜负我的期望。

送初三毕业后，我升到了高中部。到今天，还经常会有毕业的学生来学校看我，跟我通电话，告诉我他们的得失、困惑。因为跟我同一年级，有时还会来问问题。

每当想到这一切时，我都有一种辛勤耕耘收获果实的喜悦。教书不是我的谋生手段，是我为之奋斗的事业。

第一次让我震惊的学生对话

我认为自己是幸运的，一开始认为自己教初中有点冤，后来就很快意识到这是一个难得的锻炼机会，后来的事实也证明确实如此。从初二开始有物理课，我从初二开始教，学生升一级我也升一级。学生在一天天成长，我也在一天天进步。看得比较清楚，学生有多少水平，什么是难，什么是容易也比较清楚。几年下来，好多学生跟我的关系不错。有的学生甚至至今所学的四年物理都是我一个人教的，还有学生对我说：“如果你教到高三，那我整个中学物理都是你教的，真难得。”看到他们从什么是物理都不知道的小孩子，长成会观察、会分析、会计算、会动手，物理思维基本建立的小大人，我也感到很自豪。

一次在跟学生闲谈时，听到他们之间的对话。学生不经意间说起的一些话让我很震惊。他们竟然还记得几年前我第一次上讲台时穿的是什么样的衣服，可以一字不差地复述我讲过的一些话。有的是他们觉得很有道理的，有的是我说错了令人发笑的。其实所谓一字不差并不是我的判断。有些话我可能是随口说的，现在根本一点印象都没了，可是几个人一口咬定我当时肯定是那样说的。

说者无心，听者有意。我一下子感到肩上的担子重了许多。随口说的话呀，他们竟然都记得！到那一天我才真正体会到新教师座谈会上袁校长讲话的意义。什么是误人子弟？不认真备课，随口说的一些错误内容可能会影响学生一辈子，也可能被学生记一辈子。我还能说什么呢？幸好那天说的话只是口误，也无关教学，如果是一句有科学性错误的话，当时的反应恐怕就不只是震惊了。

结语

一步步，不知不觉中，肩上的担子越来越重。从一周九节课三个教案到今天的一周十五节课五个教案外加班主任工作。我相信肩上的担子重了，走起路来脚步会更加坚实，少了许多许多浮躁，脚踏实地让我更加自信。

我很感谢能加入十中这个奋发向上的队伍，很感谢学校为青年教师成长提供的帮助，压力也好，动力也好，都是为了我们的成长。

在许多方面我做得还很不够。“要想成为一个好的班主任，首先必须业务要好。书都教不好的老师，做班主任学生是不会信服的。”我觉得自己书教得还不够好，学校信任我，让我做班主任，我觉得在班级管理上还有很多东西要学。

表面上看任教几个班的成绩还不错，但实际上这很大程度上归功于其中有一批我一手带大的学生，有很好的群众基础。因为我年轻，所以有亲和力。学生是我教学上的一面镜子，我讲得快了慢了、板书是否看得见、上课是否听得清，学生都会直言不讳地向我指出，甚至在我一连几天上课太严肃板着脸以后，晚上都会有学生发短信给我：“程老师，你能否上课多点笑容？”我很感动，有这样的学生在帮助我成长，我备课、上课、批改作业都更有动力。当“神舟五号”上天后，有学生兴奋地发短信给我：“程老师，我在用你讲的物理知识向妈妈解释飞船运行的原理，我好高兴啊。”是啊，我又何尝不是这样呢？

静下心来的时候，我又在思考。学生是我的镜子，在这面镜子里我会一直看得清自己的样子吗？当教下一批学生的时候，当我不再年轻的时候，镜子还会那么清晰吗？还会有学生像告诉我脸上有脏东西一样告诉我教学上存在的问题吗？我在思考，一定要让镜子一直干净下去。

三年来，我很少有固定的下班时间，每天都会有学生放学后来问问题。六点半回家是常有的事，面对这样一群好学的孩子，我还能奢求什么呢？能对他们说“对不起，我下班了”吗？我做不到。

一周下来，如果有处理不完的工作，我就周日来学校做。学校布置的课外活动任务，我再忙再累也要负责到底。既然做了，就要做好，决不能敷衍了事。不管是在初中还是在高中，我都积极帮助年级组长开展各项工作。因为我知道，不是每个人都有这样的机会，每一项工作任务对年轻人来说都是难得的学习和锻炼的机会。在磨炼中成长，我相信这一点。

长江后浪推前浪，在我的前面，有经验丰富的老中青教师，有许多教育教学的骨干。在我的后面，新的年轻教师也在迅速地成长。

一年站稳讲台，三年独当一面，五年成为骨干，七年形成风格。三年期满，后面的路还很长。三年只是一次单元测验，我希望以后交出令人更加满意的答卷。

淡淡的芬芳

数学组　史艳

转眼间回到母校工作已经满三年了，母校烂漫的樱花、纯洁的玉兰、芬芳的金桂和傲然的蜡梅伴随着我这三年来的成长，见证了我从一个茫然无措的大学生毕业生，到现在小有所成的青年教师的蜕变。

记得刚参加工作的第一个星期，心情忐忑慌乱，也不大懂得怎么上课，只是一味地跟着师傅冯祖杰老师听课，自己上课时再将师傅的教案照搬过来。当时冯老师既是年级组长，同时又有自己的教学任务和班主任工作，工作非常忙碌辛苦，但是他对我这个小徒弟十分尽责，督促我要独立备课，每天都仔细分析我的教案之优劣，给我讲评，不厌其烦。每周还专门抽出时间听我上课，课后点评分析，告诉我哪些是闪光点，值得保留，哪些讲解不够精简到位，要加以改进。我逐渐领悟到师傅的良苦用心，如果照抄教案，就没有任何自己的思索过程，对很多需要注意的地方并没有深刻的体会，上课讲解的时候也就不会把各个知识点相互联系。通过努力和学习，我渐渐脱离出师傅的节奏，走出了自己的步伐，形成了自己的风格。最让我佩服的是冯老师思维缜密，解题严谨，虽然他是老教师，但办公室中永远都是他第一个完成所有习题，第一个发现参考书上哪里有错。师傅这种一丝不苟的工作态度对我也是一种鞭策，使得我对待工作也不敢有半点的懈怠。

更值得称颂的是，我所属的高中数学教研组是一个非常温暖团结而且勤奋的集体。教研组长丁麒敏老师给了我很大的帮助，他总是不断地给我机会，敦促我写论文，指点我开展科技创新活动，还给我提供了开公开课，交流课件、文章以及到各地听课学习的机会，使我能够更快更全面地掌握教学本领。现在我教高三了，又遇到了我自己上高三时的恩师徐玉卿老师。从我进入十中开始，徐老师基本上每学期都会抽空来听课，给我提出很多建议，并且一直鼓励我要多向其他老师学习，要突破自我，争取更大的进步。现在我向徐老师学习的机会更多了，也更加感到自己尚有许多不足，需要努力，而组里其他各位教师对我这样的年轻教师也都是毫无保留的，教师之间团结互助，让我觉得工作虽然很辛苦，但是很开心。母校这种友好和谐的工作传统和氛围对年轻教师的成长起着良好的作用。

在我工作的第一年，我的班主任指导老师是风趣的许宇容老师。他经常教导我，管理高中班级，班主任需要有亲和力，不能一味压制责骂学生，而应该和学生进行诚恳良好的沟通。这对我产生了极其深远的影响。有一次小测验，班中同学考得很差，红灯一大片。我没有训斥学生，但是要求他们在当天的试卷订正后面写上一些随想，主题不限。我以为他们会写上一些保证好好学习天天向上的话来敷衍我，但是没有，大多数学生都十分诚恳，向我袒露心声。有一位女生写道：“……史老师，我们都知道你很努力，很着急也很担心我们，其实我们自己也对这种成绩感到愤怒……”从他们的字里行间我看得出，其实每个学生都是有好好学习的良好愿望的，也愿意接受老师的正确批评，所不能接受的往往只是批评的方式。如果我尊重他们，也必定能换取到他们对我的敬重。

在工作满一年，刚刚积累了一些教学经验和一些浅显的对班主任工作的认识时，我遇到了参加工作后的最大挑战——从一个班教学变成两个班教学，并且担任高一（17）班的班主任。老实说，当时我可真紧张啊，尤其冯、许两位指导老师都不和我在一个年级了，离开他们，我真怕自己像刚学步的孩子，摇摇晃晃，一不当心就摔个大跟头。所幸，我周围有着一大批经验丰富的教师，他们并不年长，但同样热情友善，给我许多帮助。比如年级组长阙红芳老师，分管德育的李丹老师，如果没有他们的指点，真不知道第一节班会课、第一次家长会该怎么办。

从军训到选科，从分班到高三，两年过去了，渐渐地我也在摸爬滚打中找到了一些班主任的感觉，有了一些心得，以下就浅谈一下我对班主任工作的认识。

在班集体建设方面，良好有序的制度是十分必要的。记得刚接手高一（17）班的时候，虽然好几位老教师都对我强调了班级制度的重要性，但我总是不以为意，并没有严格地制定，只是口头上对同学们说说。一学期下来，班级管理总是不尽如人意。比如班级卫生，到最后似乎只有劳动委员一个人在为班级卖力。从此，我会亲自制定合理的值日安排，责任落实到人，使每一位同学都有使命感，在值日期间都能尽力为班级服务，且保证质量。这样不仅班级卫生大大改善，连我也轻松省心了许多。

而对良好的制度、有序的班风进行维护，除了我班主任要做很多努力之外，还需要班级成员的共同配合，所以，选拔出热情团结能力出众的班干部至关重要。通过观察，我大胆试用了一些以前从未当过小干部或者学习成绩一般的同学，而事实证明，这些同学都能出色地完成任务。比如前任班长毛君健同学、现任班长黄晖同学，虽然学习成绩欠佳，但工作极其负责认真，很多我没有想到的细节他们都能留意到，及时提醒我，替我解除后顾之忧。又比如前任体育委员朱学谦同学、周成圆同学和现任体育委员浦天辰同学，从未有过经验，但对班级活动极度热情。由于他们的积极参与，详尽准备，虽然也许各项比赛我们并不能名列前茅，但班级上下团结一致，充分感受到集体的力量和温暖。在此，我也要衷心地谢谢这些小干部们。高二下学期我精简了班干部的人数，只保留 8 个人，其中多人兼职，还担任着课代表的工作。别看人少，工作效率反而更好，力量集中，优势明显，本届校运会我们班还史无前例争取到了名次，全班为之振奋。

我始终认为，成人比成才更重要，而要成人，首先要有一颗正直美好的心灵。那么怎么走进学生们的心呢？我借助的是周记这个非常坦诚的载体。我对周记要求不高，不需要同学们绞尽脑汁地写在学习上如何如何努力，因此我班的周记氛围十分轻松。时间长了，很多同学也乐于通过周记告诉我班级里的一些情况或者向我传达他们的心声。我在周记上跟同学们聊天，跟他们一起讨论一些班级甚至是社会现象，对他们提出的学习或情感上的一些问题阐述我的观点，鼓励他们的斗志。通过周记，我还进一步了解到一些同学的家庭状况，有的来自离异家庭，有的来自单亲家庭。这些我以前不曾留意到的细节，都提醒我要进一步当好这个班主任，因为我责任重大，我是他们的朋友，更是他们的师长，要爱护他们，更要引导好他们。

在一些突发事件的处理上，周记也能很好地体现出班级风貌。比如高一上学期的校歌比赛，当时所有的同学都第一次真真实实感受到我们的集体是多么令人骄傲，可最后我们却并没有获奖，那个星期周记上出现的热烈讨论至今令我感动难忘。又比如高一下学期的张丰同学打人事件，对于张丰同学的处分，很多同学在周记上表示，是张丰错了，但相信他仍然是一个真诚坦率学习优秀的好同学；还有一部分当时围观而没有制止他的同学表示，他们对自己当时的袖手旁观感到懊恼后悔；而张丰同学本人更是发自肺腑地与我谈了许多许多……周记这个良好的沟通平台我一定会继续坚持下去。

毕竟，学生在校的主要任务是学习，而我除了班主任外更是一名任课教师，因此关注学生的学习情况是我工作的重心，而这显然不是周记上一星期一次的交流所能承担的。除了上好我所任教的数学课外，班主任还必须时刻了解每一位同学其他各学科的掌握情况。在从任课老师那了解之后，我会根据学生的平时表现，找一些起伏较大甚至反常的同学谈心，督促鼓励，必要时与家长联系。进入高二后，我利用寒暑假期走访了几位同学，跟他们的父母一起与他们畅谈。家长、老师都坦率诚恳，没有了往日的严肃呆板乃至指责，与学生换位思考，体谅他们的辛苦，但也提醒他们认清现状，对他们提出要求。家访收效很好，这是我没有意料到的。比如谢冰清同学，通过家访，我不仅了解到他家庭的真实情况，而且与他长年在外地工作的父亲进行了他进入高中以来的第一次长谈，互相交换意见。本学期开学后，该同学刻苦努力，一改以往散漫颓唐的精神面貌，班级名次迅速提升。以后我也要坚持利用假日假期走访学生和学生家长。

三年里，我在各方面都有了不小的收获，但离一个优秀教师的目标还差得很远，这需要我在今后的教学生活中不断总结经验，争取更大的进步。三年过去，我的第一批学生经常会回学校来看我，我的第二批学生正在为理想奋斗。虽然只是淡淡的，但我已嗅出了那就是桃李芬芳，我想，教师这份工作的乐趣应该就在此吧。

初为人师的苦与甜

数学组　徐恺

时光匆匆，转眼间，一年的教育教学工作即将结束，和所有新老师一样，初为人师的我激动不已，望着美丽的中式校园，带着那份刚踏上工作岗位年轻人所特有的热情与憧憬，我暗下决心要教好每一个学生，爱每一个学生，希望能成为学生心目中最喜欢的老师。带着这样的心情，开始了我的教学事业。

我第一学期的工作是担任高一（4）班的班主任兼数学老师，这样的工作安排让第一次踏上教师岗位的我既兴奋又担心，兴奋的是我一进校就有机会做班主任，这样的机会很难得，也很具有挑战性，同时我也担心，担心第一次踏上讲台的我由于教学经验浅薄，既要兼顾班级管理，又要兼顾数学教学，会顾此失彼，因此，在这一年的时间里，我对教学工作不敢怠慢。

记得开学第一天，学生来报到，听到“老师好”这几个字时，我突然真正感觉到自己的担子不轻，一下子从老师的学生，变成了学生的管理者、教育者，看着一张张看似成熟却又略显稚嫩的脸庞，一双双充满求知欲的眼睛，我感到了压力，同时也有了动力，我相信凭自己对这份事业的热爱，一定能开辟出我的一片天地。

回想起这一年的工作，真的是有苦有乐。走上讲台第一天，有人告诉我一定要“凶”，可我却凶不起来。心中涌动的爱的潮水让我板不起面孔。我希望我的课是个思想开放、自由的所在，我渴望我的学生和我一起在愉快中学到每一点知识——没有畏惧，没有恐慌——共同感悟学习的乐趣。于是，我坚持了自己的微笑。因为我相信“没有爱就没有教育”。爱，让我无法摆脱微笑。我把自己对理想的执着、自己初为人师的热情都融入到教学工作中，融入到我的学生身上。作为班主任，和同学们在一起的日子让我收获了不少感动。9月初登讲台时，我为了和同学们的第一次见面准备了两个晚上的开场白，也在开学之前亲自把教室打扫了一遍；为了我的第一堂数学课，我用了三个晚上的时间制作了一个PPT，把我自己对数学的理解和对他们的期盼都表达在了里面；开学后为了迎接教师节，我利用周末和同学们一起策划教师节的活动和布置教室，为每一个任课老师准备了学生亲手绘制的贺卡；为了开学后班级的正常运作，我和班干们一起讨论制定班级规章制度和班干部职责，让全班同学签字认可；为了高中的第一次家长会，我精心准备了PPT展示我们的班级，也向家长们阐述了我的管理理念，和家长们沟通交流；为了运动会，我们全班一起努力，为班级呐喊助威，我也为班级的运动员及啦啦队员们准备了小礼物；为了迎接高中的第一次期中考试，我和同学们一起奋斗，开了班会为大家加油打气；为了校歌比赛，我和同学们一起坚持每天中午练习唱歌，我们班俨然成为北门前的一道风景线；为了迎接2013年的到来，我们聚在一起，包饺子，做游戏，为新的一年埋下希望；30千米阳光行走那天，我和全班同学一起，忍住疲倦，忍住疼痛，在汗水、泪水中坚持了 8 个小时一起走到了终点……这样的点点滴滴细数不尽，然而最令我感动的是，开学两个月后，同学们居然在我生日那天特别为我准备了惊喜和礼物，为我庆祝生日，这是第一次有这么多人为我过生日，也是过得最有意义的一次生日。这些事情确实让我感受到了和学生们在一起的快乐，也让我对教师这个职业更加热爱。

但是，一个多月的工作也让我着实体会到了“万事开头难”，几节课下来我就深切体会到为人师者光有一腔热情是远远不够的。对于新老师来说，有时像赶时间一样，在黑板上东画画、西画画，没有条理，有时还可能写完就擦，学生根本来不及看。虽然这是无意识的，可是效果差。而老教师都很讲究板书。一手流利、工整、优美的粉笔字；七尺黑板，布局合理，版面清晰；设计精简，画龙点睛！课堂教学快结束时，这些老教师或设置疑点，给学生留下悬念，以便思考；或适当练习，使学生当堂巩固；或布置预习，提出要求，培养学生自学能力等等。他们总是有条不紊，把时间控制得很好。不像我们新老师有时为赶进度草率收场，或不按时下课，使学生感到厌倦。所以作为新教师，应明白求知是新教师成长的先决条件，实践是新教师成长的中心环节，反思是新教师成长的飞跃。这些都要靠平时去积累、借鉴，学习优秀教师的方法。因此，我每天一有空就去听我们组各位老师的课，每次听完课我都深刻感受到我与优秀教师之间的差距，也使我认识到教师仅有学历是远远不够的。

短短一年的时间，我付出了很多，也收获了很多，虽然我的工作还不能尽善尽美，但是我感受到了自己的成长。回想第一周上课的时候，我虽然能很流利地把课本知识讲授完，但就好像一个人在表演一样，我似乎忽视了学生的存在，讲课时不能面向全体学生，而且组织课堂的能力也不是很好。经过历练与学习，在学校领导和有经验的老师的帮助下，我有了很大的进步。我有幸能得两位教学经验非常丰富特级教师作为指导老师，一学年的时间里，听了很多教师的课，尤其是我师傅罗校长的课，每节新课是必听的，还有就是苏高中王思俭老师的课，从他的课中我学到的最重要的方法就是如何选择上课的例题。通过不断地听课，不断地比较，不断地改进自己的课堂教学，逐渐地我发觉了一件可喜的事情，在我的课堂中，我与我的学生有了互动，而我在设计教学中也会充分考虑到学生的接受能力、认知水平等。我现在上课时，能以学生为主体而把自己摆在一个组织者、参与者和引导者的位置上。经过这一年的工作我觉得要想做一名合格的教师，必须在教学方面做到以下几点：

备课

从开学初，我就积极参加教研组组织的教研活动，认真备好每一课。作为一名年轻的教师，我积极去听老教师的课，认真地向老教师学习，学习他们的经验以及那种对学生认真负责的态度，不断地提高自己的教学水平。可以根据要求，课前认真备好课，写好学校规定的标准的教案。备课时认真钻研教材、教参，学习好大纲，虚心向同年级组老师学习、请教。力求吃透教材，找准重点、难点。为了上好一节课，我经常上网查阅资料，集中别人的优点确定自己的教学思路，时常和有经验的老教师研究教学环节。为了向学生准确展示函数图像、数学原理等，我积极地制作多媒体课件，使学生理解概念形象化。

上课

上好课的前提是作好课前准备。上课时认真讲课，力求抓住重点、突破难点、精讲精练。运用多种教学方法，从学生的实际出发，注意调动学生学习的积极性和创造性思维，使学生有举一反三的能力，培养学生的学习兴趣。因材施教，用学生的喜爱教学方法，引导学生积极地回答问题，能够和学生积极地融合在一起，教学的任务顺利完成，学生的学习效果比较理想。

辅导

我利用每天课间及中午的时间对学生进行辅导，学生不明白的地方耐心讲解，及时查漏补缺。同时补充一些课外题让学生多练。此外，还与家长保持联系，及时和家长沟通，共同督促学生的学习。对学习比较差的学生进行个别辅导，给他们进行强化训练。

作业

作为高一学生得学九门功课，作业量很大，所以我把每天的作业经过精心地挑选，适当地留一些有利于学生智力发展的、思维提升的作业。对学生的作业仔细批改，对认真完成且正确率高的学生进行表扬，对抄袭的学生进行教育，对存在的问题进行集中的讲解。作业及时的批改与讲解让学生及时认识到自己的错误并在原有基础上有所提高。

工作期间，我积极学习各种教育理论，不断地充实自己，以便在工作中以坚实的理论作为指导，更好地进行教育教学。我参加了初任班主任培训及班主任专业化培训，将一些比较好的教学理念，应用到自己的教学之中。我还利用业余时间认真学习电脑知识，学习制作多媒体课件。当然作为新教师，在教育教学中仍然存在许多不足，教学经验不足，得多向老教师请教学习；在课堂教学中，不能很好地引导学生探索发现，某些例题等细节处理不好，还要采取多种方式调动学生的积极性，还有课堂上一些“意外”事件的处理等等，所以得多多地听课。在班级管理中，我很容易被学生“牵着鼻子走”，被学生认为是好说话的老师，导致学生很懒散，比较难管理，在这方面我也经常与办公室其他班主任研究讨论和学习。我知道在日后工作中要学习的东西有很多很多，碰到意外的困难是在所难免的。只有通过反复地研究和领悟，才能真正成长为一名合格的人民教师。选择了教师这个职业，就要怀着一颗为学生无私奉献的心，带着对学生全部的爱走上讲台。这一信念不仅是促进新教师成长的内在动力，更是作为一名教师应当时刻谨记不能丢弃的精神支柱。

初为人师的日子，苦乐参半。刚开始，我或多或少有些不适应，每天修改教案直至深夜，上班时心情紧张，如此快的生活节奏一开始还不能适应，在此过程中，我有过犹豫，更有过迷茫，“苦”字在心中不断涌现。可是，学校领导的热切关怀，老教师的悉心教导，同事间的相互鼓励，使我很快适应了角色的转变，不再有刚开始的手忙脚乱，做事情也有条有理了。每当我站在神圣而庄严的讲台上，面对无数双渴求知识的眼睛，一种满足感、一种职业的优越感、一种无尽的愉悦就会油然而生。路在脚下延伸，而我刚刚起步，我也仍然坚信“一分耕耘，一分收获”，我愿倾其所有换来桃李芬芳。相信在不久的将来我会换来很大的回报。

成长——我的三年

数学组　毛东良

不知不觉中我在十中已经度过三年的时光了，三年前来十中面试的情景好像就在眼前，陈旧的教学楼，特别是那个铁皮门，差不多要掉下来，给我第一印象并不怎么样，终于笔试完了，接着就是面试了，在战战兢兢中讲完了课，接着还见了校长，很惭愧的是柳校长问我知道十中的名师有哪些，我竟然答不上。

三年中，学校发生了翻天覆地的变化，现在已是一所享誉国内的园林式学校，每天都有来自全国各地的兄弟学校来参观访问，这是我们学校的光荣，更是苏州教育的成功。每当我漫步在古色古香的校园中，就会情不自禁地被眼前美景所吸引，绿树成荫、鸟语花香、亭台楼阁、奇峰怪石。身处这样的教育教学环境，先前的一丝失落早已烟消云散。

更吸引我的是学校深厚的文化底蕴。通过学习，我了解到百年来，名园办名校，名校出名人。学校于1906年由王谢长达女士创办，时称“振华女校”。学校创办伊始，就得到了堪称现代教育的奠基人如章炳麟、蔡元培先生的鼎力支持，并亲任校董。此外，社会贤达、各界名流李根源、叶楚伧、竺可桢等出任校董，过问校政。1917 年王谢长达三女王季玉硕士由美学成回国接管校务，学校成绩斐然，声誉日蒸，中外著名学者如章太炎、胡适之、吴贻芳、贝时璋等以及美国教育家杜威夫人、法国孟纳博士、美国陀开大学教务主任罗素博士及夫人、英国剑桥大学院长佛莱女士先后莅校指导讲学，对学校成就倍加赞誉。陶行知先生曾评价说："振华是数一数二的学校，是振兴女子教育最早的先锋。"如今的十中在柳校长的带领下正朝着多元化、本土化、精品化、国际化的一流品牌学校迈进，他提出的"真水无香，质朴大气"的办学理念已深深融入到教学的方方面面，影响很是深远。

记得工作初回到我的母校常熟中学看望老师的时候，我高兴地说："我也要做老师了,我的目标是将来能成为和老师一样优秀的人。"老师用复杂的眼神看着我，无奈地说："我开始和你一样充满着激情，但是五年后所有的棱角都被磨平了。"我很是不解。告别时老师留给我一句话："如果五年后你还能保持激情，以后就能成为一名优秀的教师。"

现在三年过去了，我可以很自信地说，我还是保持着对教学和学生的热爱，更多了一份淡定。

三年的时间真的可以使人改变很多，记得开始和学生相处的时候，过得好开心，感觉自己和他们是那么地有共同语言，也许是我本身开朗乐观的原因。甚至有学生敢和我称兄道弟，确实和学生走得近些可以有助于教学。成为学生喜爱、尊敬的老师是我的目标。

在如何与学生相处、如何提高自己的教学水平的问题上，三年的时间我都在不断地学习、探索并加以实践，有了很多的体会。比如说以前在课堂上有学生注意力不集中，我就会停下来当面批评，有时可能会伤害学生的自尊；现在，我会换种方式，下课了和他交流，问问他的近况，和他一起来发现问题解决问题，多了些鼓励，少了些批评，我发现效果很好。像这样的改变还有许多，我也慢慢进入教师这个角色了。在班主任工作这方面，我也希望学校能多给我机会，我相信别人能做的我也能做。

在这里我还想感谢一下徐玉卿徐老师，当我遇到挫折时，他便会开导我，使我越挫越勇，同时对我在教学上的帮助是无微不至的，无论是如何备教材、备学生，如何在新的学习阶段培养学生对数学的兴趣，如何在课堂上引导学生积极地思维，如何教会学生数学思维，他都一一详细指导，帮助我制订出切实可行的方案。每次和他谈话都能让我茅塞顿开。他常常教导我，上课要注重引入，要设置符合学生思维特点的问题，这样才能启发学生思维，引导他们主动地学。“莫道桑榆晚，为霞尚满天。”他就像一匹奋蹄的老骥，继续奔驰在充满生机的教育园地。我在这里祝他一生平安。

由于我的热心助人，我被选为工会小组长、工会经审委员，委员中只有我一个青年教师，这对我来说是种荣誉更是种责任，我会一如既往地为大家服务。

当然，我才刚刚起步，以后的路还很长，现在我们高三数学组在领导的带领下正有条不紊地进行着复习工作，我们组里有着雄厚的师资力量，面对着新一轮的高考改革，我们会全力以赴，预祝 2008 年高考，十中再创辉煌！

如茶般的三年教学生涯

英语组　汤晴瑜

在人生成长的历程中，我经历过许多个三年。有的三年如同甜甜的蜂蜜，有的三年如同苦苦的咖啡。如果这三年的教学生活也可以作比喻的话，那么我愿把她比作一杯色、香、味俱浓的新茶：她清新的香味糅合着校园色彩斑斓的生活，不断给我带来新的快乐与惊喜；她的苦涩夹带着校园的清苦和奉献，磨炼了我的意志，增长了我的才干；她的香甜伴随着校园的春华秋实，让我回味与陶醉……

说她带着茶的清香，首先是因为十中这座百年名校不仅熏陶培育了一代又一代的社会栋梁，而且我在三年的教书育人的实践中，亲身感受了她质朴大气、充满人文气息的氛围；其次是因为我的前辈老师们不仅开拓创新，屡创佳绩，而且奖掖后进，对我这个教育战线的新兵勉励有加，鼓励我探索突破传统教学模式的思维定式。在三年的教学中，我不断学习、实践让学生“快乐学习英语”的教育理念。我先从激发和保持学生对英语的学习热情方面着手，结合高中生的学习特点，认真研究教材，挖掘其精华。为了上好每一堂课，我经常去听其他教师的课，并虚心向师傅请教，学习新的教学理念与方法；为了提高业务水平，我不断地看书、充实自己。在学习、钻研的过程中，我深深地感受着“快乐学习英语”教育理念的神奇。令我印象特别深刻的一次，是带领学生学习“The Detective（侦探）”这一单元。这一单元讲述了福尔摩斯探案集中一则名为《斑点带子案》的故事。虽然学生都知道福尔摩斯这个名字，但对与他有关的故事并不了解。所以，首先我通过学生所熟悉的日本动画片《名侦探柯南》的故事引起他们的兴趣，然后要求学生课后查阅有关福尔摩斯的资料，并选择一些故事阅读。在课上，同学们积极地交流了他们所收集到的材料，从而对故事的文化背景有了较深刻的了解。在这个“快乐学习英语”的过程中，他们组织语言、表达语言的能力也得到了锻炼。过后，我还和学生一起分享了一部关于福尔摩斯探案的电影，从而通过增加信息量来加深理解，拓宽学生的视野，同时这也是换一种方式来感受语言环境和训练听力。通过这样的学习过程，学生感受到学习并不局限于书面和课堂作业，他们可以在快乐完成任务的过程中学到新知识，提高自己的学习能力。学生在课堂上活跃的表现，良好的反馈，不仅使我越来越深刻地体会到这种快乐的氛围是需要我不断努力去思考、发现、引导和创造的，而且让我尝到了创造与探索的乐趣，越发地热爱这份工作，热爱自己的班级。

说她带着茶的清香的又一个原因，是三年的教学生活改变了我对传统学生的定义，并且通过教学我也摸索到一些恰当地与学生沟通从而正确引导他们的方式。在与学生不断的交流中，我发现了他们个性中的许多优良品质和特点。我意识到我的学生并不只是“书蛀虫”，他们对新事物的认知和接受能力很强，但同时吸引他们注意力的外界事物也多。所以，一方面，我和他们有很多东西可以共同分享；另一方面，我可以正确地引导他们的人生观和价值观。比如说，我喜欢看 NBA 篮球比赛，我的学生爱打篮球。我在讲到有关运动这一话题时，就与他们分享我所知道的篮球知识及运动精神。在年级篮球联赛中，我尽可能每一场都去为他们加油鼓劲。当我们班通过艰苦的努力，获得全年级第一的好成绩时，我为他们感到自豪与骄傲。借助于比赛，我鼓励他们在学习上也要拿出这种拼搏的精神，同学之间也应团结友爱、互帮互助。通过这一活动，我与学生更贴近了，我们之间也相处得更融洽了。我也意识到我的学生都是“准大人”了，都很有自己的想法，因此，与他们交流时，我必须采用婉转的方式，不可能要求学生一定要接受我的观点，我和他们互相倾听和学习，并多多思考。记得有一次上课时，我发现班上有个学生玩文曲星里的游戏，但当我走到他身边时，他就把文曲星塞进了课桌。课后，我找他谈话，他回答我说上课时没有做其他事情。他是班干部，我当时想他肯定不想承认的，所以我笑笑说：“那也许我看错了。如果是我看错的话，我应该向你道歉。不过我希望你一如既往地保持上课认真听讲的良好习惯。”之后，我没有在课上再发现他玩游戏。我想，这应该是我采用了迂回的谈话方式的结果吧。在这样的尝试过程中，我经常与学生分享学习的心得与经验，从而对他们的学习状况及思想动态也有了较多的了解，慢慢地找到了与他们进行良好沟通的切入点。在这一个摸索与实践的过程中，我发现了许多对我来说未知的事物，因此我快乐，我享受着教学给我带来的这份惊喜。

这三年的教学生活中也有苦涩，且不说教育工作者的清苦与辛苦，就说在教学过程中我也有困惑，也遇到过挫折，曾感到疲惫。

在对教学方法的探索中，我不断思考用什么样的方法处理教学的每一个环节才能让学生真正掌握知识，一堂课我该怎样安排才能抓住学生的注意力，讲语法、讲练习又该如何设计和安排，教学内容的难易程度该如何把握和处理等等。每次备课，我都要花很多的时间去思考，去查资料，在教授过程中我也会不断调整，但并不是我所想到的每一种方法都行之有效，并不是我所付出的努力都有回报。在高三的复习中，我非常注重前后知识的融会贯通、联系和归纳。每遇到相关的知识点，我都会要求学生举一反三，学会分析，但当学生在讲解过后仍然连续犯同一个错时，我真的有点灰心，挫败感油然而生。

在与学生的交流过程中，我也了解到英语基础扎实的同学与不扎实、成绩较差的同学对老师的教学方法、手段、要求都不一样，这让我感到关注教学对象层次不同的重要性和必要性。作为教师，我当然应当关注全体学生，但在如何调节这一问题上，我还要继续思考与摸索。

最让我感到疲惫的是培养学生良好的学习习惯这一工作。新高一的学生常常感到高中生活与初三紧张的学习相比，要轻松许多，所以他们常会有意无意地放松了自己。学生对高中强调自觉性的学习方法的认识本身就是有困惑的，而学习习惯较差的同学在这种相对轻松的氛围中更不知如何度过这个转折期。三年中，我坚持与学生探索学习方法、经验，对于一些适应能力较强的学生，略加督促就可以了，但对于一些学习习惯较差的同学，就不是稍加辅导就可以，我反复地开导、督促他们，但有时收效一般。我深知良好的学习习惯对学习成绩的影响，所以，在新一轮的教学中我仍在不断地改进。比如说，我也在尝试对一些学习习惯差的同学单独布置作业，任务稍微简单一些，希望通过这样的手段来增强他们的自信心和积极性。我亦感到坚持督促学生对我自己的恒心与毅力也是一种考验，因此，我颇感任务之重。

在这三年的教学中，虽然我遇到了许多新问题，但我在尝试发掘问题根源，思考解决问题的过程中锻炼了意志，获得了许多宝贵的经验。通过三年的教学，我深切地意识到教育教学中与学生情感交流的重要性，意识到教学相长的深刻内涵，也充分意识到通过发掘学生的优秀品质从而鼓励其克服不良习惯的方法的优越性。

说她有茶的香甜，感受最深切的是今年教师节的时候，我刚送走的那一届学生中有好多同学寄贺卡或回母校来看我，我第一次真切地感受到了作为一名教师所特有的那份激动、快乐与满足。细想这三年中的点点滴滴，许多事都让我终生回味。“制服”班上最调皮捣蛋的学生让我感到骄傲。有一次上自习课，这个男生跟我说要去卫生间。过了十分钟左右，仍不见他回来。我估计他去打球了，因为我看到他是换了球服再出去的。于是我到操场上去看，果然他在打球。他看到我很不好意思，急忙走过来跟我解释为什么他会在操场上，并好奇地问我怎么会知道他在这儿。我故作神秘，只是督促他回教室上自习。那一年他再没有逃过自习课。帮助学生让我感到快乐。还记得高三的时候，班上有个女孩内心蛮好强，但由于英语基础差，学习慢，跟不大上，所以信心不足。我很诚恳地和她聊了几次，提出了一些解决方法，并给了她一些复习材料。在最后一阶段的学习中，她心态稳定了许多，学习成绩也有所提高。看到她有进步，我由衷地感到开心与欣慰。

让我感到高兴的还有，在做好本职工作的同时，我也努力学习提高自己的业务水平。我的两篇论文《“四管齐下”，让英语教学走出课堂》和《浅谈“大脑风暴”与英语教学》分别在学校的第五、第六届青年教师论文评比中获得了二等奖。三年中，我参加了苏州市英语教师基本功竞赛，获得了二等奖；参加了苏州市 2005 年市区评优课大赛，获得了一等奖。

三年前，带着“初生牛犊不怕虎”的那股劲，我踏上了讲台。秉着“德高为师，身正为范”的治学信念，我走过了三年的教学生活。

在这个付出、努力、收获的过程中，我感受到了教学教育工作的“苦涩”，但也感受到了“苦涩”之后获得的“香甜”。三年的教学生活给了我新的启发、新的希望、新的起点。三年的教学生活教会了我如何品“茶”，我希望在未来的岁月里，我能品出更清香醇厚的“茶味”。

学习·摸索·交流·成长

——三年教学生活回顾

物理组　罗志恒

2003年夏天，我大学毕业，来到了苏州市第十中学高中部工作。一转眼间，三年的时光匆匆过去了，在这三年的教学生活中，我体会到了不同的滋味，现在想起来感受很多。

拜师学习

刚到十中，我担任了高二年级两个理科班的物理教学工作。十中有一个优良的传统，那就是新教师和老教师结对子。我拜老教师顾钧和作为我的物理学科师傅，每当顾老师有课而我没有课时，我就到他的班上去听他的课，顾老师上课总是不慌不忙的，在上新课之前先复习一下相关的已经学过的内容，然后再顺利过渡到新的内容，给学生一种比较连贯的感觉。在分析问题时，顾老师也是一步一步，丝丝入扣，有条不紊地深入，让学生跟着他的思路顺利地走下去。这两点顾老师给我留下了深刻的印象。在碰到教学难点、重点时，顾老师也常常给我提出宝贵的意见，让我能在短时间内熟悉教材，站稳讲台。

孔子说过："三人行，必有我师焉。"其实，在这三年中我还有一些其他的师傅。比如每当我在制作多媒体课件时遇到了问题，我就会向我们组的王辉老师请教，他总能给我一些好的建议；再比如在2004—2005学年中，我和沈平老师同在一个办公室，趁着这个有利的时机，我有空就去听沈老师的课。沈老师的课有独特的风格，那就是思维比较跳跃，上课时有很多内容不是他自己讲的，而是让学生们来讲的，沈老师则起到一个引导把握课堂全局的作用。在沈老师的课上，演示实验让学生自己动手来做，实验现象让他们自己观察后讲，其中的道理让他们自己来分析，讲错了也不要紧，实在不行了最后由沈老师来分析。在这样的潜移默化中，学生的动手能力、思维能力都得到了很好的锻炼，素质教育的要求也得到了很好的体现。当然，对于我这样一个新教师来说，要做到像沈老师一样是不现实的，但是沈老师的课至少给我今后的教学目标指引了一个努力的方向。沈老师讲过这样一句话："演示实验的现象一定要明显，要让每个学生都看清楚，因为这可能是学生一生中唯一的一次机会。"讲者有心，听者有意，他的这一句话一直深深地印在我的脑海中，每次我准备实验时，我都要事先做一遍，看看现象是否明显……

不断摸索

除了正常的物理教学工作外，我还担任了课外物理竞赛辅导的工作。物理竞赛辅导针对的是对物理感兴趣的优秀学生，时间安排在周六下午。竞赛辅导的内容源于课本，但又是高于课本的，因此这对我一个初入教坛、对教材不甚熟悉的新教师来说，具有很大的挑战性。为了上好竞赛辅导课，我只能不断地摸索，与其他同事交流切磋，通常都是提前一周将教案准备好，对于一些自己不了解的内容，向组内经验丰富的老教师请教，尽可能用学生易于理解的方式来讲解物理竞赛的内容。2004 年、2005 年我三次带领高二学生到南京大学参加江苏省中学生物理冬令营和夏令营活动，让学生们有更多与外界交流的机会，我自己也得到了锻炼。学生们的努力迎来了可喜的成果，在第 21 届全国中学生物理竞赛江苏省复赛中一位同学获省二等奖，另一位同学获省三等奖；在第 22 届全国中学生物理竞赛江苏省复赛中三位同学均获省二等奖。

2005 年秋季，江苏省高中学校全面采用新课程，我除了担任高一年级物理教学工作以外，还承担了一门新的课程——通用技术学科的教学工作，这对我来说又是一个挑战。

这门课程在我省是第一次开设，在没有任何经验的情况下，我和其他老师充分利用了网络的优势。海南、广东等省的高中在 2004 年就全面采用了新课程，通用技术课程已经开设了一年，在中国基础教育资源网上广东、海南等地的学校老师发布了他们在教学中的案例和经验，给了我们很大的启示。我校高一通用技术学科的教学工作就是这样，在我们不断借鉴、不断学习、不断摸索中走了下来，虽然走得不是很扎实，但也为今后的教学工作探索了一点经验。

2006 年暑假，我有机会到南京参加了江苏省通用技术学科骨干教师培训班的学习，在此期间聆听了这门课程的设计者——南师大教科院的顾建军教授的报告，也有幸和来自全省各地的同行一起交流研讨各自的做法，并且参观了南京第二十七中学刘海林老师的通用技术教室，对这门课程的认识也更深入了一步。技术是人类文明的有机组成部分，随着时代的发展，各种各样的新技术正在时刻地影响着人类的生产和生活方式，与此同时，技术发展中所带来的负面问题也日益显现。高中的通用技术学科主要以提高学生的技术素养为目的，注重学生对技术的思想和方法的领悟与运用，培养学生技术设计和技术应用的实践能力。

自我研究

有句古诗说得好：“问渠那得清如许，为有源头活水来。”作为一名教师，如果完全把在大学中所学的知识作为今后教学的依靠，只是借助已有知识来教育学生，就好比是把水的源头堵住了，那么这水也注定会变成一潭死水，毫无活力可言。

只有不断地从外界汲取营养，才能保证自己的知识水平与时代同步。学校的图书馆、阅览室是我经常光顾的地方，在溢满书香的图书馆里我阅读到了大量的最新资讯，不断地更新自己的知识结构，碰到感兴趣的内容，我用本子摘录下来，带到组内与同事一起研究、探讨，这也是每周我很高兴做的一件事情。

对于师生来说，课堂教学是基础，把握好课堂的四十五分钟很重要。现在多媒体技术发展十分迅速，使用的范围也在不断扩大。如何在课堂教学中引入多媒体技术，提高教学效果，这也是我一直关注的一个问题。好多学生反映高中物理难学，即使花了工夫也还没有学好，我想问题的关键可能在于高中物理的知识比较抽象，课后需要你的大脑来还原课堂上所学过的物理知识，而很多同学抽象思维能力不是很好，因此在这方面就遇到了困难。如何将抽象的物理知识、物理规律形象生动地反映出来，我发现几何画板这一教学软件是一个不错的工具。

几何画板是由美国 Key Curriculum 出版社授权、人民教育出版社引进并汉化的教学软件平台，它不仅比较小巧（大小只有 2MB 左右），操作简单，而且还有一个最突出的特点——能够动态地保持几何关系，这一特点在中学物理中有重要作用，能够较好地揭示物理过程中一些物理量间的关系，让学生们能更容易地寻找其中隐含的物理规律。

我自己平时对几何画板也作了一些研究，结合课堂教学内容，我写了两篇教学论文《何处场强最大？》《以45度角抛出去最远吗？》，参加了学校第六届和第七届青年教师教育教学研讨会，分别获得三等奖和二等奖，这对我来说是一个很大的鼓励，也促使我不断地在这一方面继续研究。

师生交流

学生是年轻的，学生是多样的，不同的学生有着不同的想法。在教学过程中，怎样把握好学生的思想动态，正确地加以引导，促进形成良好的学习习惯？在这一点上，我的班主任师傅陈忆心老师给我留下了深刻的印象。2003—2004学年，我是高二（14）班的副班主任，班上有几位后进生，学习习惯不是很好，上课听讲、回家作业等方面的表现与一个重点中学学生的要求相差很远，我在午自习时和他们谈了几次，但都没有明显的改观。陈老师是他们的班主任，也为这几位学生在操心。在陈老师的建议下，我和陈老师一起利用放学后的时间，分别到这几位学生家去家访。在学生家里，我和陈老师、学生家长、学生本人三方一起面对面，分别把问题说出来，我们介绍学生在学校里的表现，学生家长介绍学生在家的表现，学生本人谈他自己的实际情况，大家一起心平气和地讨论分析，看看问题究竟出在了哪里。通过这种面对面的直接交谈，我们相互都了解到了更多的情况，学生本人也更进一步地认识到了我们以及家长对他的真心期望，最后我们一起商量提出了改进的意见，学生本人也保证要在我们和家长的共同监督下不断进步。家访这种传统的教育方式，还是有着它独特的作用的，但我想这里面最重要的是我们的真心真意，只要真心地对待每一个学生，即使是寒冰也会有被融化的一刻。

这三年的教学工作只是我教学生涯的一个开始，虽然我还没有取得多大的成功，但是它让我看到了差距，让我看到了奋斗的目标，我会继续努力，不断摸索，迎接以后的挑战。

与学生一起成长

——三年教学之体会

物理组　居万峰

时光飞逝，转眼我的教学生涯已经悄悄走过了三年。三年来，我由一个在讲台上还有点心慌的大学毕业生，逐步成长为基本能站稳讲台并且能在讲台上激情演讲的青年教师。三年来，我将我的学生从高一一直带到高三，带着他们进入高一级学校，我随着学生的喜而喜，随着学生的忧而忧。今天，我就结合我这三年来教育教学上的一些事例，写下我与学生一起成长的思考和体会。

首先，教育的精要在于朴实无华。我们从事的工作的目的就是教育出人格健全、品格高尚、知识完备的文明人、健康人、聪明人、现代人，这是最实在不过的工作目标。一切应以此来衡量教育的优劣。这就要求我们的教育必须是朴实无华的教育，只有朴实无华的教育才能真正培养出质朴大气的学生，才能真正使我们的学生将来走上社会后成为可为国家为社会做出贡献的人。

其次，教育要遵循教育规律。一切从学生的实际出发，一切按照教育规律办事，这样才能真正做好教育。我记得本学期我的一个学生在周记里给我写过一首诗："很多时候 / 我觉得很忧郁 / 很多时候 / 我觉得很失落 / 困难总是很多的 / 我不怕困难 / 但我总在困难面前无所适从 / 有指引的航灯 / 但太遥远了 / 有指路的老人 / 但听不懂他的语言 / 我没有办法 / 我只好用我的双手捂住我的耳朵 / 闭着眼向前冲。"从这首小诗中我见到了高三学生彷徨的一面，这是一个普遍的现象，有的失落，有的忧郁，因为困难重重，尽管有老师的指引，但他们也是不太跟得上老师的步伐，所以他们只有"捂住我的耳朵，闭着眼向前冲"了。这是一个十分要上进的学生的心理思想，看了他的诗句，我反思了很久，作为老师，我们都在认真备课，都在想方设法让学生多学点东西，而学生根本"听不懂他的语言"，我要反思为什么，是不是我们的教育教学工作太过模式化、公式化了，是不是我们的高三复习工作脱离了学生的实际，以至于学生在很多的"困难面前无所适从"，只有没办法的情况下，"向前冲"，甚至是没有目的地"向前冲"。我想大概也脱离不了这个可能吧，现在的教学在繁重的课务负担下，已变得机械重复，毫无生机，要打破这个僵局，作为授之渔者，我们必须要创新，要在教学特别是课堂教学上创新，一切要从学生的实际角度按照教学规律去大胆地改革，要让老师的教和学生的学有机地结合起来，这样才能让学生的学有幸福感，让老师的教有幸福感，最终让家长和社会都有幸福感。

第三，教育过程是充满着爱的过程。这种爱包含着对教育事业的爱，对学校的爱，对同事的爱和对学生的爱，特别是对学生的爱是我们工作的基础和出发点。只有对学生充满爱，我们才能将心真正放在对学生的培养上，只有对学生充满爱，我们才能与学生民主相待、和谐共处，才能认清教师和学生间的矛盾本质，才能使我们的工作朝有利于育人的方向发展。这过程本身也让我们明确教育的主体是学生，老师仅仅是作为主导的角色出现在学生的面前。爱学生就要承认学生的实际情况，就要从学生的实际出发，不搞题海战术，不搞疲劳战。在现行的高考制度下，学生真的很苦，每天学到晚上十一点已经是很正常的事情了，作为老师，特别是班主任老师要经常给学生减压，如可以通过各项活动、短程旅行等方式给学生减压，让学生在轻松愉快的氛围中接受知识，接受教育。本学期每一次考试前我都要组织学生进行一系列的活动，如篮球赛等，这些都是为了给学生减压，给学生锻炼身体，让学生以最好的状态投入到复习和考试当中去。事实证明，我的学生大都用优异的成绩回报着我付出的爱。

第四，教育过程也是老师不断学习的过程。如今的社会在发生着日新月异的变化，每天都有许多新的社会现象、新的学科知识出现，这就越发使我们以前的教育内容显得有些脱离学生的实际生活，为了使学生保持对学习的兴趣，为了提高学生各方面的能力，我们老师必须要每天学习，要向课外学习，向新的知识学习，特别是要向学生学习，现在学生接触各种新事物的渠道都很广，学生接触到的东西有许多都是我们不知道的。我们老师要与学生有共同的话题，与学生和睦共处，就要向学生学习，这也体现了老师与学生间的民主原则。这一点我的体会很深，刚刚毕业的高三（4）班的物理课是我从高一一直带到高三的，可以说没有这一个班级就没有我的今天，这个双语班级的学生很团结，学习氛围非常地浓厚，他们只要遇到不懂的问题就会立即问老师，即使在上课过程中也是这样，有几次我甚至都被问倒（我认为对于新老师，这也是正常的事情）。为了满足学生的求知欲望，也为了能及时地给学生解答，我在过去三年的时间里几乎每晚都要备课到很晚，我的备课量很大，只要是跟教学内容有关的我都要自己先搞清楚，还尽量推敲我备课的各个细节，在各个细节上我要提前想到学生可能问的一切问题并将这些问题和答案整理成文。三年中我使学生养成了勤学好问的品格，反过来学生也促进了我不停地学习不断地进步，我应该感谢学生。

第五，当代教师的角色也在悄然发生着变化。以前，师者，即传道授业解惑者也，然而，这个角色已经逐步与当代的学生要求不相适应。我经常这样跟我自己打比方：我班上有五十个学生，每天他们每人接触一个不懂的问题来问我，我每天就要有五十个他们不懂的问题的答案，一天可以解答他们，两天可以解答他们，或许三天四天也可以，然而十天二十天我就肯定不能够完全回答他们的问题了，这是“传道授业解惑者”所无法办到的，这就决定了我们老师的角色在必然地发生着变化。因为社会变化得很快，特别是网络时代的到来，学生接受新事物的能力也是惊人地强大，当他们遇到不懂的问题来问我时，我也经常有不能立即回答出来的时候，这个时候我除了自己拼命学习外，我还会给学生提供一个方法、思路或手段，引导学生自己去思考，自己通过网络等手段去查资料，让学生自己去寻找问题的答案，我想，这样既能锻炼学生的能力，也能给我自己节约很多的时间。这个过程本身就预示着老师的角色已经在变化了，由原来的传道授业解惑者逐渐变为学生学习的引导者、促进者甚至是参与者和合作者，这也是新课程赋予中学教师的使命！

以上几点是三年教学工作给我的一点点体会，也算是我对教育的一点点想法。有些观点可能还不太成熟，渴望前辈和同行指正，谢谢。

起航

英语组　周怡

这是个老套的开头，但是，来到十中走上讲台的这三年的确过得非常地快。回想当初在教室里给学生上课的情景还历历在目，如今我已经是一个有着三年经验的教师了。三年多的工作经验，说少不少，但对于一名教师来说却只是一个开始，因为教书育人是一项崇高的工作，也是我一生的事业。因为三年的工作体验，让我更加明白，做一名教师不容易，做好教师的工作就更是一件需要我尽心尽力去做的事。

教师，不仅仅是简单地教授知识和技能，还要能启发学生，激发学生学习的积极性和主动性。教学就是教与学，两者是相互联系，不可分割的，有教者就必然有学者。学生是被教的主体。因此，了解和分析学生情况，有针对地教对教学成功与否至关重要。最初接触教学的时候，我还不懂得了解学生对教学的重要性，只是专心研究书本、教材，想方设法令课堂生动，学生易接受，但一开始我就碰了钉子。在讲授第一课的时候，我按照自己的教学设计，上了一堂自认为直观易懂而又不死板的课，认为教学效果如预期的理想，怎知小测出来才知道不尽如人意。后来听同学们反应，才知道我讲的口语大部分同学听不懂，而教学的部分内容同学们以前从来未接触过。从而可知，我在上课前根本没有了解清楚学生的实际情况。有不少学生在初中时上的英语课老师是用中文讲课的，因此高中的第一堂课我全部用英语上给他们造成了不小的困难。另外，初中所学的英语知识是很简单的，一个单元翻来覆去只是很少的内容，但到了高中，每一堂课的输入量就大了很多，以至于不少学生一下子无法适应，他们甚至不知道什么是重点，哪些要做笔记；当然其中还包括很多学生连笔记的重要性都还没认识到。针对这一点，我改进了方法，上课首先放慢了语速，并在重要的地方多停顿和重复，有必要的时候会使用中文进行解释，另外还加多了板书的内容，并时时提醒他们多记笔记，怎么记笔记。慢慢地，学生开始适应了，我再加快语速，并要求他们对我所说的有所反应，这个在英语中叫作“feed back”。时间久了，课堂教学效果就好多了，学生们也觉得用英语来学习英语是很有趣也很有效果的。

教学中，备课是一个必不可少、十分重要的环节，备学生，又要备教法。备课不充分或者备得不好，会严重影响课堂气氛和积极性，曾有一位前辈对我说：“备课备不好，倒不如不上课，否则就是白费心机。”

例如，在高二上半学期的第八单元，我们学习的是有关艾滋病的内容。这堂课，可以说很枯燥，因为艾滋病毕竟离我们大部分人的生活很远，大家所有的了解也仅仅局限于各类的宣传文章和图片，若单纯地照着课文学习，学生一定会觉得枯燥又无聊。为了上好这个主题，我花了很多时间准备。我首先把任务分派给学生，让他们先主动地去找资料，主动地去了解艾滋病的有关知识。同时我自己也去阅读很多书籍，网上查找各类信息。到了上课时，我先要求学生自己进行交流，相互补充各自已有的知识，然后我再进行总结，并且我准备了大量图片给学生，他们不只有了文字上的信息，更有了视觉上的冲击。当他们看到可怕的艾滋病病毒的图片以及那些饱受艾滋病折磨的非洲儿童的照片时，不禁都产生了很多感触，然后我就顺理成章地进行我下一个步骤——要求学生讲述对于艾滋病人应该采取的态度，然后提出切实可行的帮助计划。最后再要求学生分组合作，每组创作一幅宣传海报。学生整堂课都积极主动，表现出强烈的兴趣，并且都表示从中学到了很多。而这堂课的每一个步骤、每一个活动内容都是我事先花了很多时间和心思精心准备的。

从这次的经验我更加明白备课的重要性，因此，每天我都花费大量的时间在备课之上，认认真真钻研教材和教法，不满意就不收工。虽然辛苦，但事实证明是值得的。备课充分，能调动学生的积极性，上课效果就好，但同时又要有驾驭课堂的能力，因为学生在课堂上的一举一动都会直接影响课堂教学。因此上课一定要设法令学生投入，不让其分心，这就很讲究方法了。上课内容丰富、现实，教态自然，讲课生动，难易适中照顾全部，就自然能够吸引住学生。所以，老师每天都要有充足的精神，让学生感受到一种自然气氛。这样，授课就事半功倍。回看自己的授课，我感到有点愧疚，因为有时我并不能很好地做到这点。当学生在课堂上无心向学、违反纪律时，我的情绪就受到影响，并且把这不好的情绪带到教学中，让原本正常的讲课受到冲击，发挥不到应有的水平，以致影响教学效果。我以后必须努力克服，研究方法，采取有利方法解决当中困难。

英语是一门外语，对学生而言，既生疏又困难，在这样一种大环境之下，要教好英语，就要让学生喜爱英语，让他们对英语产生兴趣。否则学生对这门学科产生畏难情绪，不愿学，也无法学下去。为此，我采取了一些方法，就是尽量多讲一些关于英美国家的文化、生活故事，更鼓励他们用英语自编对话和短剧进行表演，让他们更了解英语，在使用中更喜欢学习英语。一开始的时候学生们会害羞不敢讲，但时间长了，多练习了之后，他们渐渐放得开了，每次这样的活动都有很精彩的表演。他们从中获得了乐趣，就更喜欢以这样的形式来学习英语了。

英语是语言，更是工具，所以应付考试不应该是我们唯一的目标。我更希望中国的学生在掌握好基础知识的同时，更能学会去运用它。在这一点上，我将继续努力地去帮助我的学生们。

以上就是我对三年工作的一点小小的总结和回顾。由于经验颇浅，许多地方存在不足，希望在未来的日子里，能够在大家的帮助下取得更大的进步！

为师者，传不习乎？

化学组　玛威

时间过得真快，一晃走上讲台都已经第四个年头了，犹记得，当初踏上讲台的些许紧张，到现在张弛有度的课堂控制，四年的时间让我悟到了很多，也得到了许多的经验教训，趁这个机会，对自己的教学过程作一次回顾，把自己领悟到的经验作次总结，也通过这个回顾的机会对自己今后的努力方向作些规划和调整。

兴趣是学生学习的第一原动力

有些学生有畏难情绪、不想学习是我在教学过程中遇到的一大难题。有些学生——特别是高一下半学期和高二上半学期——存在着敷衍了事的心理，学习上抱着一种得过且过，说得难听一点就是“死猪不怕开水烫”的态度，这样学习成绩自然不可能很理想。

如何把学生的注意力都吸引到一堂课的教学过程中，让他们不走神？为了解决这个难题，我通过广泛地听课，注意听很多校内外著名老师的授课，最后在 2007 年百家讲坛的“易中天现象”中得到启发，为什么他的讲座普通大众爱听爱看而很多学者存在争议，是因为他用评话的方式去传播历史知识，用贴近普通大众的语言表达深奥的历史规律，再把正史或野史中记载的各种趣闻作补充，再加上适时的设悬疑（评话中常用的吊胃口手法）把普通大众的兴趣吊得高高的。有鉴于此，我在授课时通过以下的几种方法进行探索。

（一）增加授课时的语言活力

那么哪些语言才是学生喜欢听且能引起他们共鸣的呢?

首先是生活中的口语。书本上的知识描述由于惯例，很多表述都过于书面化，从而影响了学生的记忆和使用，因此我在授课时有意识地引入许多口语化的描述，例如把“无水硫酸铜”叫作“没有水的硫酸铜”，这样他们一下就把“无水硫酸铜”和“五水硫酸铜”区分开来了；再如把“熔融态”叫作“熔化成液态的”，方便了学生的记忆和理解。

其次是吴方言。由于我校招生的范围为苏州大市，因此学生大多都能听懂苏州话，但在学校授课中要求以普通话授课，因此，在授课时，偶尔来一两句苏州方言，可以起到调节学习气氛，调动学习情绪的作用。

最后是网络用语。现在的学生，没有一个不在网上聊天的，因此他们比较熟悉网络用语，如果在上课时使用网络用语，不但不会影响学生理解，而且他们的兴趣还很高，比如“菜菜”（指水平很差）之类。

（二）引入化学史上的趣闻和书本上所没有的小知识

如果一堂课的内容书本上都能找到，学生在学习时就会提不起劲。这时候适当补充些书本上所没有的东西，让他们惊奇一下，就能达到“抓住”学生的效果。比如我在介绍氯气的时候，补充了我国近代化学的先驱人物徐寿的贡献，让学生知道氯元素当初在造字时就体现出它的某些性质，这样学生立即记住了氯气是黄绿色的气体这个物理性质。

（三）巧用比喻

化学上很多微观的知识学生不可能看见，所以理解起来很费劲，一旦他们觉得理解费劲，就会产生厌烦心理，这时候，用他们能看到、感受到的作比喻，能方便他们理解，这样他们学习的兴趣也就上来了。例如讲解化学反应中混乱度是趋向于无序时，我就举了个例子，我问他们下课铃一响他们是乖乖有序地坐在自己的座位上还是很随意地到处走，他们回答当然是到处走，我就说这样就理解了为什么条件一成熟（指能发生化学反应的条件），混乱度就趋向于无序，学生哈哈一笑也就把这点记住了。

（四）多做实验

化学授课时实验很多，我发现，不管是简单的，还是复杂的，不管是现象明显的，还是现象不那么明显的，只要是做实验，学生就显得特别地兴奋；哪怕是失败的实验，对于学生来说也是很有兴趣的。所以，只要是书上有的实验，我肯定都做，有时还要结合所讲的内容，适当补充几个实验来验证自己的观点和加深学生的记忆。

教学方法是学生学习的强大推动力

如何不断提高班级的学习水平，是我在教学过程遇到的最大难题。在通过对学校部分优秀教师的观察和对兄弟学校开课教师的观摩，我发现了如下几条规律。

（一）适当地引导学习

学生对化学实验的兴趣非常大，但不少学生是处在“外行看热闹”的阶段，所以，在教学中引导学生去看、去想、去讨论是非常重要的。在做一个新实验前，特别要让学生注意观察起始状态，要明确告诉他们，只要与起始状态不同的，都可以看作是实验现象，哪怕是很细微的现象都必须记录下来，然后要根据学过的知识去尝试解释每一个现象并总结规律。

例如：在做电解氯化钠溶液时，很多学生只注意到了两极产生的气体，对阴极产生的少许混浊现象视而不见（而且这个现象也是很多书本和参考书上所没有的），这时候我就会引导他们去看去想，让他们逐渐体会如何去观察实验现象和解释实验现象。

（二）完善的系统归纳

化学知识体系很庞大，线索很多，而由于化学教材编排思路的改革，现行的化学教材中，很多知识点是前后联系的，这就要求我在一个阶段后要进行一定的归纳和总结。这样有利于学生及时地将前后知识贯通，也能起到一个及时复习的作用。

（三）及时的错误提醒

对于学生来说，每一个知识点都是新学习的内容，所以错误是难免的，但对于教师来说，同样的知识点学生有可能犯什么样的错误我们心里都有底，在授课时就可以有的放矢，让学生少走弯路，也可以让学生在后续的学习上课时注意力更加集中。

例如在阿伏伽德罗常数的学习过程中，我就告诉学生这个概念中“mol — 1”这个单位非常容易漏掉，在实际做题时还很容易写成“mol —”，虽然在后续的学习中还有一部分学生会犯这两个错误，但数量已经明显比上一次没做提醒时错的比例要少，说明效果还是明显的。

作业和复习是学生学习的坚强保障

学生课后时间的分配是一个需要学生、家长和学校三方参与讨论的大课题，可以毫不夸张地说“谁掌握了学生的课后时间就掌握了成绩的钥匙”。怎样布置作业和复习任务才能达到最大的功效，这是我一直在思考和实践的问题。我对作业和复习有以下几点理解。

（一）作业量要少而精

因为对于化学学科来说，一般也就每天一节课时间，一节课时间内主要的知识点不可能太多，那么当天的作业只要做到能熟练掌握当天的知识点就可以了，不需要用大量的题目去堆砌，所以我一般控制每天的作业量为 10 题左右。

（二）作业的形式可以多样化

不一定每天都要完成书面作业，除了书面作业形式以外，还可以采用订正、背诵、思考、归纳、整理等其他形式或以这些形式加以补充，但要保证能掌握当天的知识为基础。

（三）每作必评讲

如果作业做了不评讲的话，学生就可能对作业产生轻视，从而影响学生对知识的掌握，所以我每次作业最晚在隔天必然讲评掉，基本不拖到第三天。

（四）注重学生的自我复习

我在开学第一节课就明确对学生声明：今后每天作业争取不超过 40 分钟（节假日除外），但要保证最少有半小时完成化学作业，不光是书面作业，而且还要去看笔记复习。我觉得如果学生能每天用好这半小时，对付高一是完全足够了，对于高二和高三来说，只不过是复习时间上有所增加而已，方法是基本一样的。

（五）及时的作业和复习反馈

对于学生课外时间的分配，教师能做的是督促和教育学生如何做而不可能真正监督学生去完成。因此，及时的反馈是必需的，我所用的反馈形式主要有笔记的检查、默写和让几个学生讲解以往的错题。

以上就是我这三年来的教学回顾，不足之处望各位领导和老师指正。

三载春秋，求索教育路

语文组　金泓

子在川上曰：“逝者如斯夫！”没想到，三年时间竟然如弹指一挥般过去了。从高一时的入学，到高二时的分班，再到高三时的高考，一切都历历在目。那些我所教过的学生，我还能清楚地记得他们的绰号；那些我所上过的课，我还能清楚地记得它们的细节。

都说“十年磨一剑”，不过在这三年里，我那把教学的剑也得到了充分的锤打。三年前的自己，初出茅庐，踌躇满志，豪情万丈，却又毫无经验，经常好心办错事，与学生感情融洽，却又没大没小就像哥们一样；三年后的自己，有了点经验，有了点理性，虽理想不变，却懂得合理安排教学进度，懂得合理处理与学生的关系。总之，从“新手上路”渐渐成为“杏坛小葩”。

回顾三年历程，酸甜苦辣咸，五味俱全，但给我印象最深的，还是下面三点。

书籍：开启智慧之门的钥匙

有人认为中学语文教师无非就是念念教参，让学生记记答案，再不就是找点题目让学生做做，然后再念念参考答案。那些其实是教书匠的行为。作为一名称职的教师，他应该不断给自己充电，他应该不断地学习并成长。

工作后，我依然坚持阅读。不仅阅读古今中外的名著，还加强阅读教育方面的书籍。叶圣陶、钱理群、朱永新等这些教育家，都是我的最爱。特别是从2004年起，我开始接触教育在线网站，从此有机会与其他的一线教师，与那些不曾谋面的专家学者有了交流的机会。

从书籍中，从网络中，我汲取到大量的知识，也结识了不少教育界的朋友。由此，开阔了视野，开拓了胸襟。热心的网友们还寄来了他们的著作，《没有孩子是差生》《青春无悔》《一位教师和女儿的网络故事》等优秀的书籍，都给了我很多的启迪。

各种各样的教育文章，提供给了我很多先进的教育理念，也提供给了我很多先进的教学方法。我不断地学习着，不停地思考着。他山之石，可以攻玉。借鉴别人的经验，我站在了巨人的肩膀上，所以三年来，我的教学方法并没有越来越僵化，而是越来越多样化。

在阅读中，我学会了更好的思考；在思考中，我写下了一些文字。后来发现网站上还有不少期刊进行约稿，于是进行了尝试。2004年9月，我的拙作有幸被《师道》选用。从此，我更加笔耕不辍。天道酬勤，后来我的一些文章又陆续被《中国现代教育》《中国教师报》《教师报》《苏州日报·教育周刊》等多家刊物刊用。

教师身上的书卷气越来越浓，对学生而言，也是件好事。所谓言传不如身教，在我的影响下，我的很多学生也喜欢上了阅读与写作。那些书中所传承的人类精神文明，足以使他们受益终生。每念及此，便甚感欣慰。

实践：通往成功的必由之路

实践是检验真理的唯一标准，此话一点不假。当我将书上的理论经验搬到了现实课堂上后，便发现“只有适合自己的，才是最好的”。因为在具体操作过程中，我有过成功更有过失败。

还记得一年期的一次公开课，我讲的是《声声慢》，由于我精心准备，加之借鉴了不少其他老师的经验，课讲得很成功，师生反应都挺好。

然而高三的一堂公开课，听课老师给我的评价就不高。那天上的是《将进酒》，事先也进行了大量的准备。那天又是引经据典，又是条分缕析，又是当场朗诵，又是互相问答，总之我使尽了浑身解数，结果却出乎意料，无论是听课老师，还是我的学生，反应都不太好。后来张老师一针见血地指出，我那堂课就像一位农民本来想去锄草的，结果为了显示自己家里农具多，把锄头、铁锹、镰刀等都带了去，结果是吃力不讨好。讲课其实也一样，为达到某个目的，采取相应的手段即可。我听后茅塞顿开。张老师的话，书里不曾见到，若非那次实践，想必那个道理我至今也不会明白。

其实，类似的事情还有不少。再比如刚开始我上课时，遇到有个别学生在座位上顺口提问，我也几乎每问必答。后来有学生反映这样一来，上课的节奏会被打乱，其他学生的听课兴趣会受干扰。于是，再遇到有人提问，我则会分辨一下，如果确实是大家都感兴趣的，我就在课上回答，如果只是关系到个别人的问题，我就在课后回答。这样一来，上课的效率就提高了许多。这些也都是书上不曾提及的，需要自己在实践中摸索，在实践中总结。

实践虽然需要靠自己，但一个人的力量毕竟有限。好在我身处一个团结进取的集体中，可以经常从别人那里得到帮助。我们备课组以及教研组经常要开会探讨一些具体的教学问题。老教师在其中起了很好的传帮带作用。

记得自己第一篇发表的教学论文就是在徐老师悉心的修改下写就的。徐老师非常细致，甚至连我的错别字、用错的标点符号都不放过。正是在她的严格把关下，我的那篇论文才有了质的提高。

而沈老师则让我进一步领教了老教师的严谨。就是出一个通知，他对版面设计甚至文字的字号、字体都有严格要求。他还经常直言不讳地向我们这些年轻教师提出一些中肯的批评，那些谆谆教诲也让我受益匪浅。

至于年近退休的张老师，不仅教学经验十分丰富，而且又有自己独特的见解。他经常引导我们自主思考，引导我们高效率地上课。他一直提倡上课要做减法，不要增加学生的负担，而要提高老师的效率。在他的帮助下，我们这些毫无经验的年轻老师也挑起了重担，顺利地带完了高三毕业班，而且在高考中，学生们在语文学科中也都取得了可喜的成绩。

如果有一个目标在远方，你必须前行，否则它终究是水中月、镜中花，教育也同样如此，正是靠着不断的实践，我才得以前行，我才得以离自己的理想越来越近。

爱心：教师与学生沟通的桥梁

著名教育家夏丏尊曾将教育比作一个水池子，他强调教育要有爱，否则，便是一个没水的池子。当我真正踏上讲台时，我才充分感受到这些话的意义。

为师三年，尽管也与学生有过误会，闹过矛盾，但扪心自问，我还是爱自己的学生、尊重他们并爱护他们的。

为了更好地与学生们沟通，在高一时，我让他们写信给我，与我交流。后来，差不多有四五十位学生给我写了信，我则每信必复。在来信中，有学生向我询问如何学习语文，有学生向我质疑我的教学方法，有学生向我表达他对我的敬意，还有学生向我倾诉自己家里的琐事，甚至有学生把自己暗恋某女孩的秘密都告诉了我。那些信我都珍藏着，那是我与他们交流的痕迹，那是我教学最宝贵的财富。

后来，我还让学生写班级日记。每天都有一位学生负责记录班级发生的事情以及他自己的感受。那些发生在学生间的趣事，那些发生在老师间的口误，还有那些班会活动，那些篮球赛，都化为了文字，铭刻在了他们记忆中。通过观看班级日记，我更加充分地了解了我的学生。在我的眼中，他们不是一个个制造分数的机器，而是一个个鲜活的有个性的人。

正因为有了爱，我的眼里便不再有差生。因为我知道即使他学习成绩不好，他也有自己可爱的一面，将来到社会上，他也同样有可能成为有用的人才。比如，班上有个来自台湾的学生，成绩十分糟糕，但我从不嫌弃他、看不起他，反而经常鼓励他，鼓励他追逐自己的梦想，所以他对自己对将来从来没失去信心。他现在正在学习唱歌表演，说不定将来还能成为歌星呢。还有一个学生，或许是天资差了些，学习成绩老上不去，家长很着急，甚至还经常埋怨、责骂他。我告诉他家长，条条道路通罗马，他对读书的悟性确实不高，但他动手能力很强，将来往技术工人那方面发展，未尝不是一件好事。如今社会上紧缺技术人才，他父母对孩子又充满了希望。

著名教育家叶圣陶曾说过，教育好比是农业，需要对学生精心培育，而不是工业，可以批量生产。我觉得非常有道理。桃李不言，下自成蹊。只要用心去耕耘，用心去浇灌，收获的又怎会是一片空白呢？

“师者，所以传道授业解惑也。”为人师者，任重道远。为师三载，自知才疏学浅，也误了不少子弟；自知愚而好学，也有了不少长进。回顾过去的脚印，点点滴滴，值得记忆；抬头望前方，路漫漫其修远兮，吾将上下而求索。

为师三年

生物组　郭晴岚

其实好几次都想把这几年的日子写下来，但是每次刚开了个头就收尾了，总觉得和十中的缘分还有很多，还会发生更动人的故事，总想找一个更完整的时间来记录我和十中的故事，然而随时间慢慢变长，我开始害怕会丢失了寻找往事的钥匙，害怕原本感动的人和事也失去原来的鲜活，于是不能再等，趁三年期考核的机会，把三年的经历用文字记录下来。

从第一次懵懵懂懂抱着一大叠书本、讲义、教案、习题踏进课堂，到现在两手空空还能如鱼得水地和学生分享前沿科学，在省苏州十中已经工作一千多个日夜了，其间我也一直在问自己："十中给了你什么？"最多的答案是：感动。

江苏省苏州第十中学在苏州人的心目中一直是个金灿灿、遥不可及的金字招牌。本来认为这么牛的学校里的老师应该更是高不可攀的，然而第一次来十中，接待投递简历的老师就给了我"回家了"的感觉。正式签合同的那天，又有一位同事亲自把我送到了瑞云楼的三楼，我都不敢相信这是我在十中受到的待遇。十中老师的善良、体贴、温柔在我内心留下了深深的印痕。刚到十中这个陌生的环境里，是那些素不相识的同事给了我家一般的温暖。

刚到十中那年，我才22岁，用大众的眼光来说22岁根本就不能做老师，因为连起码的生活经验都没有，除非是天才，然而我又不是天才，唯一可以弥补的就是勤奋再勤奋。我还记得刚进十中的时候，同事带我去图书馆领教材和教师用书，翻开课本觉得一点感觉都没有，压根就不知道重点难点在哪里，再看看教师用书依然是一片茫然。于是请教办公室其他老师，老教师告诉我，进课堂就是你发挥的地方了，每个老师有每个老师的特色，只要重点难点讲全讲透了，怎么上，以什么方式上都没问题的。我的同事们还告诉我“新教师的必胜法宝”：认真备课。用充分的备课来弥补年龄的劣势，把备课当作生活的一部分，把备课当成自己的事业来做。聊天、看报纸、读新闻、听广播、看电视等等，所有接触到的事件都有可能作为非常吸引学生的课前导入。更关键的是备课还可以提高人的思考能力，丰富人生，增加人的阅历。在经历了将近半年的最不适应的时期之后，慢慢地我开始习惯教师的生活。在这最艰苦的半年里，是善良的同事一直在默默支持照顾我。在十中工作的最初半年里，除了体会到一个教师应有的压力之外，更多的是来自各方面的关心和温情。

现在回想起三年前幼稚的自己，都会觉得很好笑。那时会不认识学生的名字，于是同事就把新华字典借给了我；那时会累得在课堂上失声，学生从后面传上来金嗓子喉宝；那时会在并不大的校园里迷路，还歪打正着地被善良的赵书记带着我熟悉校园；那时会在教室里拿着课本手发抖，幸好有热心的同事教我怎么面对紧张。面对困难想退缩的日子，是师傅们的信任和同事们的鼓励才让我顺利度过。

领导对我们这些新人也非常地关心，不定期的谈话和活动，定期的一、三年期青年教师考核，“一三五七工程”，每次交流活动都会有很温馨的感觉，我还记得当时年级部的沈主任特意走到我办公室问我：工作还顺利吗？适应不适应？虽然就短短的几个字几分钟，但却让我感觉到这个年级部的领导在关注我的成长，我不是单兵作战。

我曾经把和我一起共事过的老师列了一张名单，满满一张纸，虽然现在很多都不在一起了，但是我依然记得一起度过的美好时光和点点滴滴的感动。路过小卖部，回想起和同组老师挑灯夜战之后集体去买的萝卜丝饼；遇到烘山芋摊，又会想起谁谁谁总喜欢在冬天带几个香喷喷的山芋给我们暖暖胃；走过烧饼店，又想起谁谁谁总会在大家饥饿的下午开车为大家去买烧饼；甚至在我写三年期回忆的现在，我还能清晰地记得和大家一起在西花园草坪上参加拓展训练，摔坐在地上之后真的就累得不想再站起来；也曾经和年轻的任课老师一起去“欺负”同样第一年做班主任的年轻的某某。我们一起笑过，哭过，奋斗过，累过，疯过，抱怨过，但是再苦再累，也付出得心甘情愿。

也许这就叫成长吧，经历了才知道路途的坎坷，熬过去了也就成熟起来了。对于依然属于青年教师的我们，将来的路途还很长，每经历一次痛苦的蜕变就会更进一步成长，有梦想的地方是地狱也是天堂。

爱教育，“爱”的教育

——三年教育教学生活回顾

数学组　秦晓龙

“三”，何其小的一个数。三年，亦是如此。而这三年有 1096 天，有 26304 个小时，这又是何等漫长。正是在这短暂而又漫长的岁月中，我完成了从一个青涩的大学生到一名合格的人民教师的蜕变。

还记得三年前来十中面试，首先认识了一位慈祥的长者。我们俩一见如故，说了会儿课，聊了会儿天。后来才知道，他就是我们数学组里德高望重的特级教师——徐玉卿老师。还记得在面试的最后，柳校长问了我两个问题：为什么要当老师？为什么要来十中？仿佛一切就在昨日，到今天我的回答依旧是如此地简单而肯定。

回顾三年的教育教学生活，学到了很多，也思考了很多。这其中有收获的喜悦，也有失败带来的迷茫和遗憾。

作为一位年轻教师，刚踏上工作岗位，首先想到的自然是把教学工作做好，但刚开始没多久，发现仅仅是教学工作就有点让我疑惑了。在大学里，习惯了自己讲课时的滔滔不绝，习惯了导师随时抛给你个问题让你措手不及，从不用去顾及自己的课上得是否有条理，内容是否能被接受，是否能够调动听者的积极性等等，但当我面对一群求知欲旺盛、学习方式又是以被动接受为主的高中生时，如何提高教学质量，如何在课堂上与学生建立良好的交流关系，如何利用自身的主导作用，充分调动学生学习的主动性等成为了悬在我心中最大的问题。毕竟作为教师，最基本的是要把课上好。学校也考虑到了这一点，专门给我们每一位年轻教师安排了指导老师。我的第一位师傅——施开明老师，上课温文尔雅，平和中透露着智慧。特别是在讲习题时，犹如在玩转魔方——千变万化，令听者大呼过瘾，每一位学生包括我都受益匪浅。我深知没有十几年的不断积累和思考，是很难像他那样挥洒自如的。他让我有了很多启发，他指引了我前进的方向。到了高二，我遇到了我的第二位师傅——徐青老师。她的课堂内容结构清晰，思路严谨，表达简洁清楚，似乎有点“循规蹈矩”，但学生的学习效果正如预期那样令人满意，一切都是那么自然。我更是学以致用，改善教学方法，提高教学水平，学生的成绩就是最好的体现。

高二快结束时，年轻气盛的我已经开始憧憬高三的教学生活。毕竟对于一位年轻教师而言，“高三”有着特别的意义，所以当我被安排回高一时，惊讶、失落、迷茫，一一在脑海中回荡，但我没有被挫折打倒，我决心重新开始。正如我的第三位师傅——徐玉卿老师所说：“你们的路还很长，你们的机会还很多。”而从徐老师身上，我更是感悟到，要成为一位优秀的教师，仅仅有一流的教学水平是不够的，全身心地投入，一丝不苟地付出，脚踏实地，兢兢业业，以奋斗不懈的精神感染学生，使每一位学生自发地追随着老师共同进步。这是一种境界，也是我的追求。有了奋斗的方向，有了进取的动力，挫折算什么，失意又奈我何？

今年有幸荣升为高二（4）班的班主任，惊喜之余亦有些忐忑。接手一个普通班，班级管理必定不会轻松；接手一个文科班，对作为数学老师的我来说，教学压力可能更多偏向我这边。一个优秀的班集体，首先要有良好的班级氛围，宽容和谐，有凝聚力，心往一处想，力往一处使，才能促进全班同学的学习，所以刚开始，我把工作重点主要放在了班级的常规管理上。有些同学老早就养成了自由散漫的不良习惯，要“拨乱反正”，并不是一两句说教就可以解决的，只有通过相互的不断交流，让学生感受到你的耐心、真心，并以自己的实际行动为榜样，促使学生主动地调整自己。我们班的学生在学习上的困难相对多一些，这是不争的事实。有些同学有了畏惧、退缩的心理，作业拖拉、抄袭，甚至不交作业，简单的训斥和惩罚也无济于事。我没有理由对此置之不理，怎么办？我和这部分同学进行了推心置腹的交流：“你可以不完成作业，但是一定要自己认真思考过，并且按时交作业。只有这样，老师才能清楚地了解你们的问题，教学才更有针对性。老师评讲后一定要及时订正。只要这样日复一日地坚持，你一定会看到自己的进步。”有些学生这样做了，也就看到了前进的方向和希望，但有些人缺乏毅力和决心，如何帮助和指引他们，需要我更多的思考。诸如此类的事很多，其实班主任的工作就是这样，细致而烦琐，班级的一举一动都牵动着我的神经。不过还好，学生还是质朴善良的，所以只要你真心诚意地为了学生，他们是能体会到的。课上是师生，课后是朋友，因此班主任有着家长所不能比拟的一些作用，这也算是一点工作成就吧。

工作三年，要总结和反思的太多太多。但不管自己的教学水平、教育方法如何，对学生来说最重要的是老师对学生的爱，“用微笑引导学生，用热情感染学生，用真诚打动学生，用爱心温暖学生”，让他们在我们为之创造的天空中朝着未来展翅翱翔。

那些人，那些事

语文组　孙洁

战战兢兢

“战战兢兢，如履薄冰，如临深渊。”（《诗·小雅·小旻》）2004年江苏省命制的高考试卷有这样一道默写题。

入校培训时袁校长说的话，犹在耳边：“当一个老师，要‘战战兢兢，如临深渊，如履薄冰’。”

是的，如临深渊，如履薄冰。初听起来似乎有些恐怖，然而，教师这个职业，就是那样一个需要全情投入的职业。

棒喝与广长舌

初见我的师傅张文虎老师，就从他黧黑的脸推测，他是一个严厉的人。这一点，在日后的教学工作中时常得到印证。无论是备课还是命题，若是有人想蒙混过关，张老师都会当众呵斥，把人骂得抬不起头来。备课组集体命题，大到试题的科学性，小到每个题干的表述，甚至试卷的字体、格式，张老师都要一一审阅，如有问题，随时推翻题目重新来过，所以，命题是我们最“怕”，也最能学到东西的工作。

张老师是最严厉的、最较真的，也是最“啰唆”的。“备课要有一定的提前量，最好能提前一周”“老师要清楚高考考什么不考什么”“不要‘以其昏昏，使人昭昭’”之类的话，他常挂在嘴上。我这个人有时比较懒散，他就总是督促我：“做事不能拖沓。”说得多了，令我想起佛家“广长舌”的典故来。

跟随张老师学习两年，我从仅凭一腔热情教书到站稳讲台，到关注高考、明确教学方向，成长了很多。张老师的“啰唆”和他凌厉的目光时时鞭策我。

春风化雨

2004 年，我回到高一，拜了第二个师傅——我们学校的语文特级教师徐思源老师。

在此之前，我就听过徐老师的课，接触到了徐老师的讨论式教学法。2004 级在高一上半学期试用苏教版新教材，我就在徐老师的指导下开始了对讨论式教学的探索。

刚开始，只能得其形——组织学生分小组就座，一篇课文提几个问题大家讨论。渐渐地，在教学过程中体会到了讨论式教学的优越性，既激发了学生的学习兴趣，使他们学会了协作，也使自己在参与学生讨论的过程中得到了提高。

徐老师是有丰富经验的老教师，但是，她从不故步自封，她的教学理念是不断更新的。我们这些年轻人和她相比，倒显得“保守”了很多。

徐老师在教书育人方面提倡“尊重学生”，令学生感受到春风般的温暖，她对待年轻教师也是和蔼可亲。无论是自己的徒弟还是其他年轻教师，她都一视同仁，倾囊相授。她尊重每个人的意见和建议，我们有什么缺点错误，徐老师总是指出得很委婉，顾及我们面子的同时，也教我们警醒。

徐老师温和的注视，是一种鼓励。对于我来说，更是一种别样的激励。

后浪推前浪

也是在 2004 年，在二次拜师的同时，我有了一个师妹——袁佳。

袁佳是我们这个组年纪最小的，也是最积极上进的一个。她提出的问题是最多的，她的备课笔记是最详细的，她的课本是写得最密密麻麻的。常常在晚上收到她发来的短消息，内容也多半和教学有关。

今年袁佳一年期满，要开一节公开课。她向徐老师请教，向程洪老师请教，向我们的前辈庄颖请教，反复说课，反复打磨，力求完美。程洪老师指出她课堂上对文本的阅读不够，她就在办公室一句句读给我听，向我征求意见，和我商量朗读中语速、语调、重音的处理。

她是如此认真地对待工作，我这个先入门的师姐自然不能甘于人后。在和袁佳的共同探讨中，我们都收获满满。

水涨船高

学生是教学的主体。不同层次的学生，对教学有不同的要求。我所带的两个班，一个是实验小班，一个是普通班。实验小班的学生层次较高，在普通班需要花一节课的内容，在小班也许只要 30 分钟就能解决问题。把课堂内容开掘得更深更广，是我的任务。值得庆幸的是，我有一个强大的后盾，在师友同事的帮助下，我赢得了学生的信任。

走在校园里，学生看见我，如对朋友般向我挥手打招呼，是让我最骄傲的事。

第一天到十中参加新教师培训，袁校长要求大家说说感想，我是这样说的：“十年前，我在十中的教室参加过奥数竞赛培训；七年前，我在十中操场参加过体育中考；四年前，我在十中的考场参加高考。十中，是我一次次接受挑战的地方，现在，我将在这个地方走上讲台，开始接受人生又一次重大挑战。这一次，不能输，只能赢！”

转眼三年。

我身边的那些人，我经历的那些事，历历在目。感谢语文组的老师们，教会我“认真”二字。

痛并快乐着

——三年教学生活回顾

英语组　宋蕾

一转眼在第十中学的工作已经进入了第四个年头了。这些天为了完成这篇回顾小结，过去三年的点点滴滴在我的脑海里不停地闪现，或喜或悲，或淡然一笑，或眉头一紧。突然想起了齐秦的一首歌《痛并快乐着》，对，就是“痛并快乐着”，我三年的生活。

对于一个新教师来说第一年是最重要的，这一年包含着对自身角色最大的转变，从一个一直坐在课堂里听课的学生到一个站在讲台上给学生传道解惑的老师；从以前只要管好自己的功课就行了，到现在你要对一百多个学生的学习负责。新的学习生活环境逼迫自己只有勤奋再勤奋才能稳稳地站在三尺讲台上。

还清楚地记得 2002 年 9 月 1 日我第一次站在讲台上的情景，因为是第一节课，所以我决定让学生用英语来进行一下自我介绍，原本想学生们每人说几句的话一堂课 45 分钟应该没问题。可是让我没想到的是，大概半个小时不到，学生们的自我介绍就结束了，幸好我之前已经把新课的单词备了一下，我故作镇静地开始了新的课程，可是额头上的汗却是大滴大滴地往下掉，还好有惊无险。我不知道我的学生还记不记得这一天了，可我是会永远记得的。这次经历也给了我一个教学上的教训，要充分地考虑到教学过程中的任何一种可能，只有作好充分的准备才能从容地站在讲台上。

第一年作为新教师的我在英语教学上的师傅是徐红老师。徐红老师虽然年纪不大，却有着丰富的教学经验和新的教学理念，更难能可贵的是，她总是很乐意把她教学的体验传授给我们年轻的老师。我记得徐老师第一次听完我的课后和我交流了一个多小时，仔仔细细地分析了我在课上暴露出来的一些问题并告诉了我现在一些新的教学理念。我记得当时我听到她指出的那些问题时真的很灰心，我不知道自己原来还有这么多没有发现的问题，而且对于她提出的很多要求我当时觉得真的做起来很难。可是徐老师真心地鼓励我，主动要求我去她的课上听课，还逐字逐句地帮我修改备课笔记，提出合理的修改方案，之后她还经常来听我的课，虽然当时我真的很“怕”她来，每次都要紧张好几天，并且为没有更好的方法处理教材而吃不香，睡不香，但是在每次积极地准备过程中我却获益良多，想来这就是她来听课的又一个“目的”吧！

第一次命题，我是既兴奋又紧张，兴奋的是一直做惯了学生，做惯了别人出的试卷，想着这回我也能够自己出卷给别人做；可是紧张的是自己从来没有出过卷子，真的一点都不懂。还是徐老师她告诉我出卷的一些具体要求，哪儿是考查的重点，一张试卷应该包含的基本的考查点。最让我印象深刻的是她的严谨，我记得她在校对的时候连试卷上的一个标点都不放过，哪儿是该用逗号，还是该用句号，她都要仔细斟酌；某个单词的用法是否妥当，学生是否能接受，她还会和我们进行商量。一张英语试卷有几千上万个单词，要想不放过任何一个部分确实是件不容易的事，但是考卷是考量学生学习的一个重要组成部分，它指挥着学生学习的方向，同时也是家长、学校最关心的，所以作为出卷的老师，再仔细都是不为过的，也正是因为徐老师的榜样，在之后的出卷过程中我一直记着这些，本着对学生负责的态度，认认真真地出好自己的环节，审查好试卷，把可能出的错误降到最低。

在接下来的教学工作中，我一直以这样的标准严格要求自己，当然现在的我和徐老师还有很大的差距，但我相信好的开始是成功的一半，我总有成功的一天。

在班主任工作方面我得到了指导老师吴锷老师的很多帮助，吴老师不仅教学很出色，在班级管理方面也很有经验，在那一年的时间里，我跟随他参与班级的日常管理，从他身上学到了很多的东西。班主任的工作是琐碎的，但是却很重要。吴老师告诉我针对来自不同家庭有不同个性的学生要用不一样的方法，比如对于性格比较内向的学生，作为班主任要多多地鼓励，也许你的一句鼓励会影响他很多。而对于一些学生犯的有原则性的错误，作为班主任的你一定要狠抓到底。记得当时班里有个学生沉迷于网络游戏，后来甚至发展到旷课的地步，吴老师无数次地和这位同学交流，一次又一次地到学生的家里进行家访，从源头上改正学生错误的思想，让他重新回到班级中来。还有一件小事也给我留下很深的印象。冬天的时候有位同学用班里的纯净水冲热水袋取暖，吴老师知道后，在班会课上从这件事入手给学生们上了一堂很好的思想教育课，教育学生要懂得节约，要有公德心，不仅要会学习，更要学会做人，同学们自那以后很自觉地养成了节约教室纯净水的好习惯。现在我也走上了班主任的岗位，因为有了那一年的工作经验，我在工作的时候更加充满信心。注意班级里面的一些琐事、小事，关心学生的细微变化，真诚地做学生的朋友。这是我从吴老师身上获得的宝贵经验。

工作的第二年没有了第一年的紧张感，但是工作仍然充满挑战。在那一年里的两堂公开课让我至今无法忘记。第一堂是在上学期，作为一年期评定的公开课，我很仔细地准备了，同时我的学生们也很配合，在大家的努力下公开课比较成功，我为此也高兴了好几天。第二堂课是在下学期，学校调研我们高二的英语教学，虽然我在之前也作了准备，可是开下来我自己的感觉很不好，主要是课堂的气氛，整堂课没什么兴奋点，教法比较老套。课后我郁闷了一段时间，是胡明老师开导了我，他教授了我一些课堂的技巧，虽然是些小的技巧，可是却非常实用，后来我在课上用了，很是成功。胡老师鼓励我要大胆地使用一些新的手法和技巧来进行教学，青年老师应该有创新精神。没有批评只有鼓励，谢谢胡老师！

真心地感谢十中优秀的“传帮带”传统，它让我们年轻的教师能够迅速地成长起来。

高二结束的时候我已经作好两手准备了，一手是下高一从头开始，另一手是上高三和我相处了两年的学生们共同奋战迎接高考。从内心来讲我当然是想上高三了，毕竟能够完成三年一个完整的循环是每个新教师的愿望。就在我心里的疑问越来越大的时候，我接到了教务处的电话告诉我下学期我教高三，说实话我当时真的是非常高兴，也决心一定好好地教，不辜负学校的期望。

高三一开始我就发现大部分学生的学习热情确实比高一、高二要高，这就要求我们老师要更加努力。高三的一年我和学生们每天在一起的时间比以前多了很多，一起做了无数的试卷，一起探讨了无数的题目。我清楚地记得当我教授新知识的时候，学生们全神贯注的眼神，那时候我觉得自己的工作真的很神圣，自己对他们真的很重要。可是当我发现有的学生还是如以往一样吊儿郎当，而且屡教不改时，我真的是很生气，尽管我知道他们只是我暂时的学生，可我还是有恨铁不成钢的感觉。我真的是希望他们都能好一点，再好一点。可是他们有时真的还不太明白老师的用心，也许毕竟他们还是孩子。我的工作还会继续，但愿我能永葆这样的热情和激情。

高三的生活真的有点像是战场一样，而与学生同甘共苦所结下的友谊就更为可贵。学生们毕业离开学校了，可他们留给我的是一笔宝贵的财富。以前我一直羡慕老教师，他们有毕业的学生回母校探望他们，现在我也享受到了这种待遇。当然作为老师我们并不只是为了追求这些，可是学生们这种真情实感确实是对老师最好的回报，同时也是我们工作最大的推动力。

痛并快乐着，我不知道在我今后的工作中我到底是痛比较多还是快乐比较多，可是有一点我很清楚，我真的很喜欢和学生们在一起，喜欢分享他们的快乐和悲伤，喜欢看他们稚气却略带成熟的脸庞。记得在高二的时候学校举行了一场英语演唱比赛，当时的比赛尽管有很多的洋相，但却是相当地精彩，那天比赛结束后我就告诉自己，虽然外面的世界充满诱惑，可我会一直坚守在这片菁菁的校园，因为在这儿有其他地方所不能看见的单纯和美丽。这也是为什么我每当在上班下班的路上看见学生模样的人骑车过的时候，会不由自主地低头看看他们的车子后面有没有贴着十中的标志。祝福我的学生永远快乐和幸福！

三人行，皆为我师

语文组　杨丽

还记得那是个阴雨绵绵的春天，还记得当时的我身穿借来的职业外套，也还记得当时踌躇、抑郁的心情……可转眼，二号楼后的银杏绿了又黄，凋落了又长，已经三载了。数完数字“三”，扳扳手指就够了，可是要说完三年的点点滴滴，恐怕再多的言语也不够，那我就撷取一些闪亮的片断吧。

那个失意的春天，我从考研的战场上溃败下来，踏进了十中的校园。试讲的课文是《黄鹂》，教室后排坐着严肃的“考官”，讲台底下坐着的是五十多个素未谋面的学生，我硬着头皮开讲了。原以为自己会很失败，可一开口，紧张感居然越来越淡，学生的配合也出乎我的意料，虽是初次“合作”，却有种说不出来的“默契”。

就这样，那些我没能记住姓名、长相的学生，帮助我留在了十中，默默地散发着芬芳的桂花和静静飘落的银杏微笑着“收留”了异乡的我，虽然办公桌还是老土的三合板制成的，虽然教室天花板上的石灰时不时扑簌扑簌往下掉，虽然电脑还只能 10 人共用一台，虽然当初的我并不是很喜欢教师这个职业……

可能我的长相天生比较严肃，适合教调皮的学生，再加上学校师资紧张，第一年，我面对的就是高二“小油条”。怎么办？怎么办？开学第一天的前晚我几乎一夜没睡，脑海中一遍一遍地回想备课笔记，一次一次地假想课堂上可能出现的让我难堪的情形。第二天的这节课几乎是“爬”过去的。那天讲的是《沁园春·长沙》，虽然我的备课笔记很详细，虽然我也设想过种种意外，可我敢说，这堂课能把学生听睡着——缺乏激情、教学方法老套死板、甚至害怕学生……因为十中有很多优秀的老师，他们已经把学生的“口味”养刁了，我这种三脚猫功夫怎能让学生满意呢？

强烈的挫败感让我有些慌。幸运的是，学校有新老教师结对子的传统，我的师傅是我久仰的徐思源老师。在接下来的两年中，她并不是手把手地教我这句话是什么意思、这段文字有哪些重点语句、每篇课文该向学生提些什么问题，而是告诉我怎样从整体上把握课文、语文课该教会学生的是什么、怎样把课文的教学和考试结合起来、怎样让学生以最大的兴趣思考问题、面对情况不断变化的学生群体该有怎样的教学理念，更重要的是她教我树立信心。在我班上有个傲气的学生，种种原因导致她对我有些不满，那段时间，我几乎没有勇气踏进课堂。徐老师得知后，没有怪我，而是帮我找缺点、找不足，更重要的是她告诉我，老师怎能畏惧学生，老师的出发点就是学生，没有自信怎样立稳讲台！我反复咀嚼着这些教诲，以我的年龄优势赢得了学生。

什么是“身正为范”，什么是“不怒而威”，什么是真正的以人为本，徐老师以自己的言行告诉了我。在我看来，教师仅限于教授知识那真是太悲哀了，这和一台机器没有什么差别，语文课同样不仅仅是告诉学生字怎么写怎么读，这话是什么意思，更重要的是在“授业”“解惑”的同时“传道”。以前做学生时，只是囫囵吞枣地背诵韩愈的名篇，而如今我从徐老师那里真正体会到了何谓“师”。

作为外地人，除了大学结识的同学朋友，可以说，我是孤身在苏州。病了，有时能独自挺过去，也有时，头晕这个老毛病一犯，我根本不能起床。那些年轻、可爱的同事一个个都主动帮我代课、陪我去医院，安慰我不用为课务担心。也因为独自在外，吃饭常常有一顿没一顿，又有同事从家里带来酱汁肉、炸大虾、洗干净的水果等，让我打足了牙祭。

这前两年我就是在民主、上进、温馨的备课组中度过的，孤寂时、伤心时，备课组就是我的家。

我一直觉得自己是幸运的。不仅能做徐老师的弟子，又因为学校教学需要，被安排和张文虎老师同在一个年级任教，这样使得我又成为了张老师的弟子。张老师治学严谨，在平时的教学中也以这个标准要求我们年轻人。至今我还清晰地记得一次考试，文言文部分的命题由我负责，审题由张老师负责。因为对高考命题研究不够深入，又是第一次命制文言文试题，张老师一眼望过去，在试题中发现了很多问题。他不厌其烦地让我改了一遍又一遍。眼见天已渐渐黑了下来，可张老师丝毫不肯“放过”我，让我一处又一处地修改。当时我的眼泪已经在眼睛里打转——天哪，我怎么这么失败！直至我含着眼泪将试题改至可以“见人”，张老师才发觉夜幕降临，该“放我回家”了。在这里，我丝毫没有埋怨张老师的意思（因为我本身就是个泪腺发达的人，再俗套的煽情故事我都会感动），反而要表达感激之情——因为我终于知道什么叫“学问来不得半点马虎”。这是张老师严厉的一面，其实熟悉他的人知道他也有幽默、可亲的一面。一办公室的人常常被他逗得乐不可支，我也常常随着张老师为我们紧张的教学生活加点佐料——采杏园的枇杷、品西山碧螺等等。

在这三年中，还有些人不得不提——那群可爱又可气的孩子们。所谓“教学相长”“弟子不必不如师”，从他们身上我也学到了很多。他们让我知道，人非圣贤，孰能无过，面对错误不能退缩；作为教师，要有责任有担当；教师不能高高在上，要学会倾听、学会理解；每个人有每个人的特点，“因材施教”的老话没错……转眼间，已有两届学生踏进了大学校园。我的手机常常会嘀嘀地响，那是他们关切的问候。我的办公桌旁也常常会有熟悉的身影，那是他们又想念纷飞的樱花、浓郁的桂花香和满地银杏。小时候的我常常猜想做老师的外婆到底有多幸福，桃李满天下到底是怎样的满足，如今，我已经渐渐闻到了桃李芬芳的气息。

2002 年的我踏进十中，2005 年的我写下这些文字，我想不管四季轮回多少遍，这一年又一年丰富充实的生活的点点滴滴我都会铭记在心。有句老话，“三人行，必有我师”，我想改一改——三人行，皆为我师。徐老师是我的老师，张老师是我的老师，年轻、充满朝气的同事是我的老师，可爱淘气的学生也是我的老师，现任教高一的我又遇到了程老师，我想，他也是我的老师……

我和我心爱的小兵们

数学组　陆峥

有人说，高考的那个夏天是黑色的。

日复一日枯燥无味的学习，高考的升学压力，难以避免的挫折失败，付出努力与收获成效的不成正比，让美丽的象牙塔之梦变成了大家心底的痛。看着学生们一张张疲惫的脸，真希望自己是动画片里的女战士希瑞，每当人们遭遇困境时，只要拔出背上的宝剑，振臂高呼："赐予我力量吧！"便化身为宇宙超级无敌女战士，解救人们于水深火热之中，而我可爱的学生便是我身后47位心爱的小兵，或许我还不够强大，但我要勇敢地带领他们去打赢那一场场艰难的战役，即便痛苦和泪水难以避免，至少我和我的小兵们在一起——一起痛并快乐着。

回想起来，第一场仗我打得异常孤单。那时我刚接手这个特殊的班级，由于选科分班的原因，年级里多出了这个生化班，在学校领导的信任和帮助下，我临危受命，担任该班的数学老师兼班主任。还记得和我的小兵们初次见面的场景，我一个人站在讲台前，有点忐忑，强作镇定，台下是 47 双充满怀疑的眼睛，甚至有的眼神还隐隐透露出几分敌意。我理解，真的能够理解，作为一个初出茅庐，工作才第二年的年轻教师，即便满腔热情、踌躇满志，终究没有足够的工作资历和丰富的工作经验，而我所任教的数学科目又是高考学科。站在他们的角度来看，好不容易在一年多的学习中适应了原先的老师，融入了原先的班级，而今又被抛入一个完全陌生的环境，确实很容易产生一种被抛弃的感觉。

或许是初生牛犊不怕虎，我相信只要我付出百分百的努力，认真上好每一堂课，以诚心对待学生们，便能赢得他们的信任与支持，带领他们一起去闯高考这一道难关。

最初的一个月，教室里总是异常安静，似乎大家都从心里排斥这个新的集体，更排斥我这个班级领头人。我试图拉近与他们的距离，但又怕离得太近难以树立自己在学生心目中的威信。一度，我和我的学生之间似乎有一堵看不见、摸不着的心墙，而且难以逾越，不过，我始终坚信时间会证明一切。庄子有言曰："真者精诚所至，不精不诚不能动人，故强哭者所悲不哀，强怒者所严不威，强亲者虽笑不和。"我清楚地知道，首先，只有先努力站稳讲台，让学生们喜欢上我的课，对我的教学有信心，才能让他们从内心接纳我、信任我。所幸，我身边的师长前辈们给了我无私的帮助和关怀。我所属的高中学生教研组是一个温暖、团结、勤奋、上进的大家庭，特级教师徐玉卿老师、我的两个师傅、教研组长丁麒敏老师和吴锷老师，他们就像大家庭里的家长，时刻关注着我的成长和进步。他们常常帮我分析我的教案，给我讲评，不厌其烦，每周还专门抽出时间听我的课，并在课后加以点评分析，告诉我哪些是闪光点，值得保留，哪些是讲解不够透彻、不够到位、不够深刻的地方，要怎样加以改进。他们总是不断地为我及其他年轻教师创造机会开公开课，交流课件及文章，到各兄弟学校听课学习，敦促我写论文，指点我开展科技创新活动，使我能更快更扎实地掌握教学本领。在师长前辈们的悉心教导下，我逐渐站稳了讲台，走出了自己的步伐，形成了自己的教学方法与风格，而师长们的关心、爱护，于我更是一种无形的鞭策，让我不敢有半点的懈怠。

慢慢地，在我的用心经营下，课堂气氛开始活跃起来，这种变化让我着实欣喜不已。我知道，作为他们的数学老师，我已经初步获得了他们的信任，而我有了这种信任，就可以在日常班级管理工作上下功夫了。

首先，从严导其行。尊重学生、关心学生是一种爱，严格要求学生也是一种爱，是一种更为深沉、更有内涵的爱，所以我尽量对学生从严要求，不迁就、不放松，正所谓：言必行，行必果。决定了的事就一定狠抓落实，贯彻到底，有大将的气魄，使他们对我交代的学习任务、纪律作风不敢有丝毫的懈怠。

其次，以爱动其心。一段时间后，我把自己接班以来的一些心路历程写成了一封信，以“小陆老师”的身份致全班同学，在信中，不管是我最初的忐忑、彷徨和无助，还是后来的小小快乐、满足和成就感，都毫不掩饰地一一表达。我像老朋友一样对他们讲述自己读书时的趣事甚至是糗事，我别无其他目的，不为煽情，不为讨好学生，只想平等地、心对心地向他们敞开心扉，告知他们自己一路从学生时代走来的点滴心得体会。没想到，这封书信的效果出乎意料地好，学生们看我的眼神变得温暖起来。原来，教师的爱就像火种，它能点燃学生们的爱。

罗曼·罗兰曾说过一句话：“让我们多散布点阳光给别人，温暖彼此的心灵。”我想我不能只看到学生的缺点，更应该看到他们身上的闪光点。对学生一味地指责和批评，只会造成他们的反感，从而产生逆反心理，所以，只要有机会，我绝不吝啬我的鼓励和表扬。一次中自习时间，大家都在埋头学习，只有一位男生大汗淋漓地抱着篮球跑进教室，我走到他身边，大概他以为这个时候老师的大声斥责才是故事正常发展的情节，所以当我递给他一张纸巾时，问他："这次篮球联赛有信心赢吗？要加油啊，是不是练球练得忘了时间了，记得下次要在规定的时间之前回来上自习，知道了吗？"他居然愣在原地，呆呆地看了我数秒，而后，重重地点了点头。意外的是，放学后他主动找到我，向我诉说他的苦恼，他说他很想用功，也了解时间的紧迫，却始终静不下心来，一有谁喊去打球，即便人不跟着去，心也早就飞向了操场，我笑了："这说明你是个心理健康正常的学生啊！每个人都有惰性，都希望生命里只剩下自己喜欢做的事，我也不例外。只是我们得学会用理智来约束、控制我们的惰性。也可以尝试在学习中寻找与投篮不一样的快乐和满足感，苦中也能作乐啊。"我告诉他，下次静不下心的时候，不妨找我聊聊天，看看我有什么能帮忙的。在不久后的期中考试里，我欣喜地发现他竟然是全班进步最快的男生。我的真诚终于有了收获：他喜欢上了学习。那个圣诞节，他亲自交给我一张卡片，上面说："小陆老师，我原以为我将会一直是个被忽略遗忘的学生，是你让我找到了自信，我喜欢自己现在的状态。您没有骗我，原来念书也可以很有趣，我只想说，谢谢您！或许我不是您最喜爱的学生，但您却是我最敬爱的老师。"打开卡片的一瞬间我感动得想哭。偶尔对教师这份职业的埋怨与不满，在那一瞬烟消云散。真教育是心心相印的活动，唯独从内心深处发出的情感才能打动到心的深处。没有教不好的学生，要的只是耐心和爱心。

逐渐地，高三（20）班这个新的团队、新的集体，凝聚成一股新的力量。这期间，年级部的沈郁菁老师、阙红芳老师、分管德育的李丹老师、和我搭班帮我“压阵”的张晓红老师，给予了我莫大的帮助和鼓励，很难想象，如果没有经验丰富的他们从旁点拨指导，我要走多少弯路。

三年如弹指一挥间，真的回顾起来，却似乎怎么也诉说不完其中的酸甜苦乐。我很想用华美的词藻营造一篇美文，无奈笨拙的笔头描绘不出我内心感受的万万分之一。

这一年的 7 月之后，我的小兵们纷纷踏上征途，各奔前程。我相信，刚刚展开人生蓝图的他们，一定会拥有各自精彩的人生。而我，想象着若干年后，若他们还记得这个喜欢给他们写信、喜欢在他们作业本上画笑脸符号，要他们加油的小陆老师，一起徜徉在秋日午后的阳光下，漫步在桂花芬芳的校园里，畅谈往事，该是多么温暖写意的事啊！然而铁打的营盘流水的兵，如今我的麾下又添了 50 位新兵，我深感肩头背负着沉甸甸的责任。人生就像是一列单程旅行的火车，沿途是无尽的美好风光。只是一旦错过什么，便再无重来的机会。花有果的责任，云有雨的责任，太阳有光明的责任，而我的责任就是要带领我的小兵们，一起经历漫漫旅程中或许是黑色的一小段。我们一起努力，一起拼搏，即便结果不尽如人意，至少回首往事的时候，我们能问心无愧地高唱《青春无悔》，至少，他们永远是我心爱的小兵！

三年

数学组　姚圣海

转眼之间我的第一批学生已经毕业，我完成了从高一到高三的第一次教学轮回。静下心来想想也许这一辈子就这么不停地轮回着，一遍又一遍重复叙述着自己熟悉而且将更加熟悉的知识，有时觉得挺不甘心，但是每天早晨当我踏进校门，感觉到整个学校都洋溢着一种生气，一种在其他任何地方都无法感受到的生机，我会肯定我的选择没有错。无论我的心情是好是坏，都会被这种氛围所感动，随后便立即融入新的一天的工作。当每周一国旗班的学生升完旗青春地从我跟前跑过时，我都会感叹年轻真好。未来每一个日子，我都可以和这么年轻、这么朝气蓬勃的学生一起，应该说我选择了最幸福的职业。

这三年里，我学到了很多。工作第一周，学校就开了一个拜师会，由徐玉卿老师担任我的指导老师。徐老师是一位学识渊博的特级教师，思维敏捷，解题严密，上课精彩，对我的指导也是毫无保留的。每问必答，不厌其烦。徐老师虽然已快退休，但是每一堂课他都认真地做好备课笔记，一丝不苟的工作态度使得我对待工作不敢有半点的懈怠。

从徐老师那里，我学到了很多东西：为人、为学、为师、为范，一生都受用不尽。另外，我也十分感谢吴锷老师，在我开始工作的三年里，吴老师也刚从外校调入十中。从高一军训开始，就给了我很大的帮助。指导我怎样与学生相处，怎样指导学生。他总是不断地督促我写论文，运用多媒体上课，还给我提供了开公开课，交流课件、文章以及到各地听课学习的机会，使我能够更快更全面地掌握教学本领。当然，还有很多其他的教师对我帮助也很大，鼓励我不断进步。这让我觉得工作虽然很辛苦，但是心情却很舒畅。十中这种友好和谐的工作氛围对年轻教师的成长起着至关重要的作用。

教师的工作对象是学生，这是教师职业的最大特点。只要你对学生充满感情，对学生有着高度的责任心和爱心，学生总会感觉到的，这也是令我很欣慰的地方。记得高三分班前，好几个学生跑过来问我分班之后教哪个班，我很奇怪他们为什么关心这一点。他们说，你到哪个班，我们就选哪个班，我们喜欢你上课。那时候，我觉得这两年来所有的付出都是值得的，不管学生的成绩如何，只要学生能理解老师对他们的好就够了。然而热爱学生是一回事，和学生之间应该保持一种怎样的关系又是另一回事，这也是我一直在思考的问题。我这个人不太批评学生，怕伤了学生的自尊心，但有时又会自问，不批评会不会放纵了他们，使他们放松了对自己的要求。在矛盾当中一直坚持了很久，如今做了班主任慢慢体会到：对学生该批评就得批评，该表扬也要不吝表扬。要“严”字当头，“软硬兼施”。有个学生跟我私下提到李丹老师，说：“李老师上课的时候严肃极了，但一下课他又很和蔼，还一直讲笑话给我们听，我真惊讶他的情绪怎么会转变得这么快？”我对他说：“这是教学的高境界。”要让学生觉得老师既可亲又可敬，这需要我在以后的教学生活中不断磨炼。

三年里，在教学理念上，我渐渐有了很大的转变。工作一开始我每堂课都设计了大量的例题，讲课速度也很快。我当时认为只要我把各种题型都让学生见过了，那学生就没有问题了，但每次去听老教师的课，他们每次习题课只有三至四个例题，而学生却接受得很好。于是我意识到上课的例题不在于多，而是要精挑细选，把题目挖掘透，培养学生举一反三的能力。在后来的教学过程中我也始终坚持这一点，并取得了较好的效果。开始的时候，我还过高地估计了学生的自觉性，认为高中生不用我去盯着，非常放心他们，但是后来发现这是我的失误，有些学生不去盯着他们，他们就放松了。而教学工作不仅仅是每天课堂上四十五分钟的教学，还需要课后作业的巩固。教师在课后也需要与学生交流谈心，知道他们学习上有哪些困难，还有哪些不足，并把自己的一些思想灌输给他们。根据每个学生的性格，老师还要采取不同的谈话策略，大部分学生都需要老师的不断肯定和鼓励，就像长跑运动员需要别人不断地加油鼓励一样。

对于试卷命制，我本来以为是件非常容易的事，还一度幼稚地认为，难度越高，试卷越好。后来看见老教师们出个试卷起码需要一星期的时间，然后还要和组里老师反复讨论推敲，每份试卷要修改三四遍才行。才知道要考倒学生是很容易的事，难的是试卷的均分要控制，还要有一定的区分度。要做到这些，首要条件是出卷老师必须非常了解学生。通过几次命题，我也确实得到了锻炼，对重点、难点的把握就更准确了。

三年里，我在各方面都有了不小的收获，但离一个优秀的教师的目标还差得很远，这需要我在今后的教学生活中不断总结经验，争取更大的进步。

一路上有你

——三年教学生活回顾

物理组　梁彩英

从满怀热情地走上工作岗位，到面对几十双求知的眼睛时满心的惊慌；从面对教材时无从下手的茫然，到能和同事大胆地讨论重点、难点；从为了四十五分钟而努力地设计课程内容，到为了课程内容而努力地设计四十五分钟，我屏着气，借助外力，一步步努力走向“三年掌握教材”这一目标。三年来，我尝到了挫折的酸涩，也尝到了成功的喜悦，更是感慨于三年中伴我一路走来的你们！

师傅——助我蹒跚起步的拐杖

工作第一年，我便接了初三毕业班三个班级的教学任务，无形的压力使我有点喘。这一年，我拜了王永老师为师傅。记得听完他的第一堂课我便傻眼了，书上一节知识点不到两页的内容，在我看来几句话就能解决的，他居然讲得那样有血有肉。可以说，王永老师游刃有余地处理每一堂课使我深受启发，短短的四十五分钟是建立在对教材透彻理解的基础上的，是建立在对知识体系间内在联系充分掌握的基础上的。

第二年进入高中部教学，我又拜了沈平老师为师傅。处理高中教材对我而言又是一个新的挑战。沈老师的教学风格深深地感染着我。自主、轻松的学习氛围，不经意间调动了学生的主观能动性，让学生想、让学生做、让学生说，顺着学生的思路，又掌控着学生的思路。在潜移默化中将新的知识与老的知识链接，一一传给学生，对教学内容的处理和对课堂气氛的调节掌握得得心应手。

应该说，两位师傅的教学风格和对我的指导都使我受益匪浅。我抓住了这有利的机会，尽量做到多听、多问、多想、多做。多听，即多听师傅的课，多听师傅对我的指导意见；多问，即在教学中碰到疑难问题时多向师傅和其他老师请教，听完师傅的课后多问自己在处理这节课时自己的方法与师傅的方法之间差距在什么地方；多想，即多总结每个阶段教学中存在的不足和收获；多做，即脚踏实地地认真钻研教材，认真备每堂课，认真对待工作中的每一个环节，并不断充实自己。我想这些是我三年来逐步胜任教师角色不可少的拐杖，更是我以后不断成熟不可少的拐杖。

备课组、教研组——供我汲取养分的沃土

刚刚走上工作岗位，对整个教学内容还没有统筹安排的概念，备课组的统一行动，在讨论的基础上制订教学计划，使我们新教师在教学时能有章可循。对教学内容中存在的难点、重点，备课组一起研究讨论，尽可能找到最有效的方法来施教。每周的教研组活动，我有机会听到其他老师的课，学他人好的方法为己用；有机会向组内老师上公开课，听到老教师们宝贵的指导意见，不断弥补不足；有机会学习

到对新教材、新大纲的剖析，学习到新的教学理念、新的教学模式；有机会一起参与讨论高考形势、命题走向……可以说，三年来教研组中的所有老师都给了我莫大的帮助，让我知道了团结协作的重要性。

学生——推我不断向前的动力

三年的工作让我真正体会到了什么叫教学相长。因为是第一轮教学，所以我都会为备每一堂课而努力研究教材，看大量参考书，尽量注意到方方面面的细节，但还是会有因为教学经验不足而忽略一些东西的情况。学生的作业和学生的提问让我看到了这些遗漏，才能马上去弥补。有些时候与学生一起讨论问题时，他们的巧妙解法让我由衷地感叹“师不必贤于弟子”。更有些时候学生提的问题会让我无从下手，赶紧向学生争得一些宽限时间，回头自己好好钻研一下，或向其他老师好好请教一下，在给学生满意答案之时，自己也着实长进不少。每当此时，常是感动于学生对我的宽容，也默默对自己说：加油啊，你有义务让学生学到更多的东西。

压力——催我奋进的绳鞭

以前就知道，教师是一份特殊的工作，但直到工作以后才明白这种特殊性有很大的一方面反映在压力的无时不在。如今，社会竞争日益激烈，学生明天的前途如何建立在能否获得更高的良好教育的基础上。在绝大部分都是独生子女的家庭中，父母把他们唯一的希望交给了学校，交给了老师，他们希望看到自己的子女在老师的帮助下顺利地跨过中考、高考这道道门槛，所以第一年我接毕业班时明显感觉到了底气不足，年轻确实是资本，但年轻也无疑会经验不足。我时刻提醒自己，我的努力能换来自身的进步，更是对得起所有父母的信任。

那年，我以较满意的成绩送走了我的第一批学生。今年，我又面对高三毕业班的学生，高考的战鼓不单是为学生而擂，更是为我敲击，我想我会更努力地向学生、向家长、向学校交一份尽量满意的答卷。另外，与时俱进的环境氛围让人不进则退，身边所有的人都在拼搏，老教师们有着丰富的教学经验，但他们仍在不懈地钻研教材教法，尝试创新教学。好多我的同龄教师更是投身双语教学，致力于奥赛辅导，在教学中取得了种种成绩，所有这些都无时无刻不在鞭策我向前奋进。为了充实自己，我尽量抓住一些继续教育的机会，学习新的教学理念。努力地做好对学生的课外指导和竞赛辅导工作。我辅导的两名学生在青少年创新设计大赛中获了奖，也参加了青少年机器人设计大赛的辅导工作，取得了一定成绩，并认真地进行着物理竞赛的辅导工作，但这些方面仍需花更大的力气，这是我努力的方向。另外，今年暑假我报名参加了学校组织的非英语教师的英语培训班，收获很大。我想在各方面对自己提出更高的要求，有了目标才有进步的可能。

这三年的工作在我的教学生涯中肯定不是最精彩的，但肯定是最重要的，它使我有了一个良好的开端，让我看到了希望，更让我看到了差距。我会努力迎接接下来的挑战，努力走过一个又一个三年。

爱的感悟

——三年教学回顾

体育组　蒋明

三年了，时间过得真快啊！

这是不平凡的三年，是成长的三年，是收获的三年。在这三年里，我经历过挫折，经历过成功，学会了自信和坚强，懂得了理解和宽容。这三年是我不断向一名合格的人民教师努力的三年。

作为一名教师，一定要懂得爱，心中一定要有爱，只有爱学生的教师，才会全心全意地投入到教育教学中去，为学生的一切奉献他的青春、他的理想、他的智慧和他的热情。只有爱学生的教师，才会真正地站在学生的立场上去考虑问题，用自己最大的聪明才智去引导学生、帮助学生，开启他们的智慧、培养他们的能力、增加他们的才干、丰富他们的知识。也只有爱学生的教师，才能为学生所接受，为家长所接受，为社会所接受。

记得第一次上初二（9）、（10）班的课，单整队便用去了二十分钟的时间，整好的队伍也始终是歪歪扭扭的，同学们有的在讲话，有的在打闹，后排有的同学甚至直接绕着队伍跑一圈再回到自己的位置，然后再朝我做个鬼脸，让我哭笑不得，更让我感到不可思议的是，临近下课的时候，有几位同学摇摇晃晃地走过来，解释说因为上厕所所以上课来晚了……眼前的这一切把我镇住了，我无法想象这是一个怎样的班级，我不知道怎样才能使他们安静下来。就这样我开始了我教师生涯的第一个室外实践课的教学。

在接下来的日子里，每逢有（9）、（10）班体育课的日子（每周三、周五），那一天我都会感到压抑、痛苦，仿佛是世界末日。真所谓痛定思痛，一定要解决好这个问题，下定决心以后我便开始进行了大规模的“串门行动”，一有空闲就到各个办公室去向老教师们取经，请教解决问题的办法，此外还阅读了一些有关与师生沟通方面的书籍资料和班级管理方面的书籍，从中寻找解决问题的办法。

学有所用，对（9）、（10）班的学生我首先采用了各个击破的策略，利用课余时间把几个闹得最凶的、最有号召力的学生一个一个地找来进行交谈，对于会闹的则采用了“大棒加萝卜”的策略，对于有号召力而又不是很调皮的学生则采取正面教育和鼓励的策略。一段时间下来班级上课的风气有了明显的好转，但这还不够，在上课课堂纪律的管理上我又进一步加大了力度，而我个人的作风也变得更加地硬朗。而在课后，我则利用中午和其他的空余时间到班级里去找学生进行沟通、交流，了解他们的学习、生活情况，还主动地去帮助一些有困难的学生。功夫不负有心人，上课的纪律有了质的转变，基本恢复到了正常的状态，然而从他们那了解到的情况却让我感到一阵酸楚：他们当中有很多人是单亲家庭，有的和爷爷奶奶生活在一起，回家以后很少有人去管他们的学习，有的学生更甚至是自己一个人在外面租房子住……

他们得不到应有的关心和照顾，而在他们的脑海里有的可能是太多的批评、责骂甚至是殴打，他们当中很多人看不到希望，不知道明天的明天会是什么样子，所以他们自暴自弃……

这些情况的了解对于我来说无疑是对灵魂的一次撞击，让我不得不从更多的方面去反省自己，检查自己在教育教学管理过程中的过失；同时也让我明白了他们需要的不是批评，而更多是关心和鼓励。从此，我转变了自己的看法，开始走近他们，了解他们，并尽我所能去正确地引导他们，帮助他们。我知道，我个人的力量是十分微弱的，但我必须去做，因为我是他们的老师，我不能再去放弃他们，因为我从心底深深地爱着他们。

学生在课堂中的变化是明显的，一直到了初三毕业，班级里面也没有再发生什么大的情况，一切都很自然。虽然他们有时候也很调皮，可我知道那是孩子的天性，所以也只是提醒他们注意一下罢了，而不再批评他们，他们也会很快地作出配合的反应。

两年的时光很快就过去了，到了离校的时候，他们来找我签名，其中一位竟哭了起来，拉着我的手说："蒋老师，以后看不到你了怎么办呢？"我拍拍他的头笑着说道："想家了就回来看看！"他离去了，和他们一起。我相信他们会一路走好，因为他们都有一颗善良、勇敢的心。

（9）、（10）班是一个特殊的班级，是我所任教的七个班级中最难管理的一个，然而就是这样的一个班级，教会了我很多东西，是他们帮助我开启了心灵的窗户，是他们给了我爱的思考，是他们教会我坚强，是他们让我变得自信、勇敢，是他们让我懂得信任、理解和宽容，他们是调皮的，却更是可爱的，是他们帮助我从一名学生成长为一名教师（作为一名体育教师必须要有这样一种认识：你首先是一名教师，对人性的教育重于技术技能的教学；而对于单个技术动作的教授而言，帮助学生正确地认识和培养良好的锻炼习惯又显得更为重要）。

在初中部的两年，是我学习的两年，也是进行自我教育、考验的两年。这两年的教育教学生活给了我很多的启发，也正是这些启发让我在走进高中课堂的时候心中充满了自信和希望，我相信自己能够胜任高中的教学。在过去的一年里，正是这份自信和希望始终给予我信心和勇气，激励着我走到学生中去，了解他们、关注他们、引导他们、帮助他们，与他们建立亲密的师生关系、朋友关系。这一切对于我来说已经是一种快乐，而不是三年前沮丧的痛苦回忆。我知道以后的路还很长，还有很多的困难和挑战在等着我，但我相信我会用我最大的自信和勇气去面对它们，并努力战胜它们！

迟桂花开

——三年教学生活回顾

语文组　陈卫华

“人生有聚必有散，有合必有离，聚散离合，天理之循环，非人力所能强也。”还记得四年前手抄笔录这段《己巳亭记》时的激动与忐忑，也记得三年前身份转正，初为人师，踏上讲台那刻的踌躇满志。转眼又一个秋风起、硕果结的季节，我已成了实习生口中的“陈老师”。

“一年站稳讲台，三年吃透教材。”我只是基本合格，这一个“透”字怎是说说这样简单。且不言教材年年在变，单就这一篇篇课文来说，《离骚》《逍遥游》《归去来兮辞》《阿Q正传》，读透它们是远不敢说的，更何况是要授之于人呢？“‘以其昏昏，使人昭昭’，那是不可能的。”长辈的教诲时刻萦绕在耳边，翻阅资料、研读课文、反复修改教案是永远的现在进行时。看着身边的新同事结伴去听课的情形，想想当年自己不也是搬着小凳子在师傅身后跟进跟出的吗？记得有次去听沈大主任的课，却被他以“今天背古文”的理由婉拒在门外，还是看上去特严肃的袁校长“收留”了我们，让我们听了节《装在套子里的人》。忘不了那次被突击听课的经历，上的是《记念刘和珍君》，得到的评价是 :“你是不是怕考试考到啊，把每一个问题都讲那么仔细？你看看学生有没有动起来。”后来，一个人坐在瑞云峰前难过地哭了许久。也忘不了一年期检查时的那堂“教学评议课”，为了准备《归园田居》，定内容，找材料，写教案，做幻灯，忙了足足三个星期，自以为感觉不错，可还是被客气地 1、2、3、4、5 提了诸多条建议。那时脸皮厚些了，不哭了，而是脸红红地一条一条认真地记下来。“伤心总是难免的，关键是暴露问题后要解决问题。”这是我现在常对学生说的话，也是我自己的切身体会呀。没有一次次老教师的批评指正，没有一次次自己的反思总结，没有从最初的接受教育到现在的摸索提高，哪有今天站在讲台上的气定神闲。“三年吃透教材”，如实评价，我只做到了“吃准教材”，“五年创出风格，七年成为骨干”，更是“路漫漫其修远兮，吾将上下而求索”。前途是光明的，道路是曲折的，我将本着热情、严谨、踏实、创新的精神，在语文教学之路上继续前行。

写完了？当然没有。三年教学生活回顾怎能不提我可爱的学生！“毕业遥遥无期，转眼就各奔东西。”我教师生涯的处女作（学生自封的），如今最远的已在英国攻读心理学了。今年教师节，收到一大捧出国的学生托同学送来的鲜花，卡片上写着 :“陈老师，祝你节日快乐，桃李满天下。”真是感慨万千啊。高一时，语文课代表在随笔里写道 :“课代表就是老师的臭袜子——贴心。”后来那个大男生就有了“臭袜子”的雅号。第一本必读书推荐了《围城》，自己买了书和书架送给他们，并发动每人捐一块钱建立班级图书馆。第三天，同学们就用这笔读书经费买来了七八本必读书。还有同学在高三的最后一次随笔中写道 : 高中生活印象最深刻的两件事情，其一就是读了《围城》。记得临分班前的那堂语文课，“班级每周娱乐新闻快报”的作者眼圈红红地哽咽道：“这绝对不是最后一期新闻快报，因为高一（9）班永远不会散！”当时，很多同学都哭了，我本不坚强，当然要哭，难忘的事情太多太多了。那次开主题班会，同学们一定要副班主任唱首歌，被逼无奈，我只能声音颤抖地唱了首《明月几时有》。高考结束后，五个去飙歌庆贺的女生打电话给我，在电话那头一人一句地为我唱了这首《明月几时有》，还坏坏地问我：“陈老师，你是不是又感动得哭了呀？”难忘的事情太多太多了，叫我如何不想他们？！

这三年还有一样不可不提的就是我们可爱的文学社。从三年前学生冲着我问道：“同学，文学社是不是在这里活动？”到如今同学眼里基本上俨然一副“传道授业解惑”的师长模样。三年来大小活动数十次，经我手编辑出版，被我昵称为“孩子”的《瑞云》八本，来来往往三届社员，多少个“松松的周六”下午，暖暖的阳光下，与一群爱好文学的少年，激扬文字，尽述因文学而起的爱与痛。“小眼看鲁迅之争”“我看‘无知’又‘无畏’的王朔”“华山论剑——金庸与古龙的对话”“有趣的人是不会被忘记的——纪念王小波逝世五周年”……热火朝天的讨论历历在目。“流星花园——你凭什么流行”“说音乐——音乐背后的心情故事”“绣出来的传奇——参观苏州刺绣博物馆”……形式多样的活动精彩纷呈。周庄的青石板砖、千岛湖的旖旎风光、雁荡山的渺渺白雾……一个又一个的文学夏天都装进了我们的背包里。通过一次次活动，原本互不相识的社员之间建立了深厚的友谊，老师和学生之间也变得亲密无间。在我们活动教室居中的墙上，有大大小小十个相框，中间最大的一幅是我们文学社的“全家福”，照片上的每个人都笑得那么灿烂。文学社是一个集体，是一个大家庭，这是我们通过文学社活动所得到的弥足珍贵的东西，是文学社让我们成了朋友，是文学社让我不断成长。

行文至此，烦冗赘叙，拉拉杂杂。三年来的点点滴滴，三年来的苦乐悲喜，不断翻涌，心潮激荡。“走得最快的总是最美的时光”，曾经的苦与累，回头想想，都是成长路上难得的砥砺。三年教学生活，是我工作的开始，也是我人生新阶段的开启。

徐城北先生，振华老校友彭子冈女士之子，参加振华九十周年校庆时，偶遇了十中的迟桂花开，那独特的香气“足可以让我记忆一生”。后来，干脆把书名也起作了《迟桂花开》，自序中写道：

> 清李渔尝言：“秋花之香者，莫能如桂。树乃月中之树，香亦天上之香也。但其缺陷处，则在满树齐开，不留余地。”予有《惜桂》诗云：“万斛黄金碾作灰，西风一样总吹来。早知三日皆狼藉，何不留将次第开？”
>
> 李渔所言“缺陷”，其实正是特点。桂花尽其所有热情奉献，这种轰轰然的精神，不是很值得学习？窃斗胆改李渔诗：“万斛黄金碾作灰，西风何惧总吹来。为防三日皆狼藉，故在清宵一刹开！”

桂花之于十中，可有些年头了。远，它延伸到振华的峥嵘岁月；近，又联系到新时期的般般光景。说教师是春蚕，是红烛，这桂花积蓄一年的精华，灿烂绽放一季的热情奉献不也正是教师精神的生动写照吗？我爱十中的桂花树，我愿做满园桂树中的一株，为传承王谢长达老校长兴学育人的精神，为培养诚朴仁勇的十中学子，为这所百年名校而热情开放，奉献我的一切。

时光太匆匆

信息中心　周洁

前些天在西花园偶遇几个刚毕业的孩子，他们即将离开母校，开启一段新的人生旅程。笑谈间他们踌躇满志，自信满满，回忆起入学时他们青涩的笑脸，时光的雕琢和磨砺真是惊人。

三年前初登讲台时的忐忑与不自信始终难以释怀：心跳渐渐加速，手心微微冒汗，身体些微地颤抖，紧张不堪！虽准备充分，内容也早已了然于心，课堂可能产生的突发状况也模拟应对了多遍，但依然抵挡不住那份对神圣讲台的敬畏和莫名的胆怯情绪。

信息技术学科，教师的授课班级多，同一课时的内容一周内要讲解好几遍，在旁人看来重复劳动、枯燥乏味。其实不然，正是这样的授课特点，创造了在教学上仔细打磨、快速提高的可能。同一内容在每一次实践过后，通过反思总会有新的感悟，记下课堂生成，记下精彩，记下败笔，记下灵感，在下一次授课前增减内容，增加迁移，调整教法策略，教学实效也就循序渐进稳步提升了。每天都是进步，每天都在成长，我感受到了教学的乐趣。

每周的信息技术课，虽然与学生相处的时间有限，跟他们的交流不多，但脑海中还是珍藏了几个记忆犹新的画面。高三学生参加英语口试，我被安排参与此次英语口试的组织工作。我担任了两年副班主任的高三（5）班是年级里的重点班，不出意外的话得A是没有问题的。放眼望去候考室里（5）班学生都流露出自信放松的神态。唯有一名男生神情紧张得不知所措。此男生平时功课不错，就是有口吃的小毛病。这个表达上的小缺陷，在平时放松的状态下并不明显，只是语速稍慢一些，但一紧张他就会失语。我观察了一会儿，默默地走近男孩，告诉他此刻已经站在了战场上，诚然这场仗是很难打的，但还是需要拿出男子汉的气魄来，前方已经无路可退！任何人，任何事都影响不了有决心的人！只要发挥出平日的良好状态，那就是胜利了。在小声的交流中男孩慢慢地舒缓了紧张的情绪，最终也取得了较为理想的成绩。

就在不久前，我的课堂上出现了一个小插曲。教学内容是自定义函数与递归算法，属于选修课程中偏难的部分。授课班级是高二（9）班，（9）班的学生也是年级里的佼佼者。课堂练习检验下来，这堂课的内容虽难但大部分同学还是掌握了。下课铃响后，学生基本散了，一个满眼通红的女孩跑来请我指导。我把两道实践练习分别又细细地讲解了一遍，伴随讲解的过程，女孩把布置的课堂练习都顺利地完成了。随后主动和女孩交谈起来。女孩很沮丧，认为自己太失败了。我告诉她人无完人，人的情绪、状态、心智总会有一定的波澜起伏，弦倘若一直绷得过紧也会脆弱、易断。不沉浸于过去的光辉，战胜自我比战胜任何人都可贵。如此一番生活对话后，女孩用浅浅的微笑给予我回应，离开时她倔强的马尾在阳光下左右摇摆，步伐格外自信。

三年的时光更离不开同事间的互助。组内采用集体备课的形式，这对于像我这样的年轻教师是最受益的。集体备课中不仅能听闻年轻教师的新鲜创意还能分享老教师的经验教训，一个轮回下来教材的重点、难点，分别适用于什么教法，都了然于心。组内的教师年龄大多与我相仿，有张扬的、内敛的、睿智的、活泼的，在这个大家庭中，工作上互相勉励，齐头并进，生活上互帮互助，相处融洽。正因为这样，才没有感觉到工作的繁重，反而是乐在其中。

当然，信息技术课的特殊性也给我带来了一些困扰。机房上课，远离了教学楼，远离了班主任，不少学生原本紧绷的神经就会不自觉地放松下来。各种各样的课堂问题也随之而来，如睡觉、吵闹、打游戏等等。有时到下课时，嗓子都哑了，如此费神费力，换来的教学效果还是不尽如人意，实在烦恼，但这种状况随着经验的积累以及及时的课后反思正一点一点地在好转。

与其他学科相比，信息技术老师的课时虽多但备课量相对是少的。因此很多老师会连带认为信息技术老师的工作还是挺轻松的。其实我们平时面对的工作量和压力还真不小。我们时常会接到各式各样从未遇过的任务，有时一个任务就需要仔细钻研上好半天，在反复试验和磨合中才能找到完成任务的办法。大学老师曾经叮嘱过："学习计算机是很辛苦的，计算机技术更新的速度实在太快，平时要时刻注意观察、思考、积累，只有孜孜不倦地学习再学习，才不会被淘汰。"当时觉得老师危言耸听罢了，工作之后才越来越感受到专业老师那番临别赠言的分量与真理。

三年的时光里，我既是老师，也是学生，经常主动要求去听前辈的课，前辈们无私地奉献出他们的课堂，耐心地解答我课后提出的问题，让我受益匪浅。在听课时，一边听一边思考比较，发现了自己的不足和与前辈的距离。每每听课后的直接感受是：酣畅淋漓，豁然开朗。

三年的时光，有收获的喜悦，有钻研的艰辛，有专业的困惑，有经历挫折的懊丧，点点滴滴溢满心头。青春抵挡不住岁月匆匆的脚步，这三年仅仅是个开始。

经历温暖，感受心酸

体育组　沈文艳

光阴似箭，日月如梭。转眼间，回十中已经一年多了。这一年多里，我感觉自己好似从一个刚出生的婴孩已然长成了一个蹒跚学步的儿童了。

还记得去年此时，11 月 6 日，学校的接待工作结束，我独自坐在办公室，开着窗，外面落叶沙沙的声音美妙至极，陶醉其中，时间、空间都静止了一般，忘却了自己是老师还是学生，只是深深地感到自己深爱着这个地方，时隔七年，没有任何的改变，这里有着如同家一样的感觉，让人觉得温暖。

如果说刚进校的“温暖”是自己学生时代埋下的种子，那么进校一年多后的今天，这颗种子已经慢慢发芽，茁壮成长了。一年多的时间中经历了太多的温暖、感动，又夹杂着些许心酸。

事件一：窨井盖事件

今天的天气格外地好，天很蓝，云淡风轻，而当我回想起这件事情的时候，还是五味杂陈。

先介绍今天的人物，她叫顾子泓，这是怎样的一个女孩呢？我特意查看了一下她的身高和体重——147cm，40kg。就是这样的一个女孩，让我瞠目。

2011年12月15日，排球垫球最后一次练习课，课前体育委员整队的时候，我照例检查了一下场地，竟发现场地旁边一块窨井盖掉在了窨井里（大概是上节课其他班的男生在这里练习实心球，砸坏了支撑窨井盖的水泥坯子）。因为我本人的身材也不是特别高大，窨井盖很重，窨井又很深，我只好跪在地上，试了好几次才把窨井盖取了上来，铺在了原来的地方。我以为这件事情就这样结束了，我以为并不会有多少同学看见我的这一举动。

直到快下课之前，一个孩子跑到我旁边说："沈老师，顾子泓去医务室了。"

"她怎么了？"

"刚才窨井盖又掉下去了，顾子泓也学着沈老师的样子，跪在地上去捡窨井盖，拿是拿上来了，不过指甲折断了，掀掉了半个指甲。"那个学生回答。

"窨井盖旁边还有血呢……"其他学生也七嘴八舌地凑了上来。

这个身材矮小的孩子啊，她没有"做苦力"的经验，却有着如此让人心疼的大爱，她一定是想："排球课，同学们的注意力都在球上，不会在意脚下，如果不弄好窨井盖肯定会有危险。"她可能看见我正在辅导其他同学，也许会想："沈老师正在指导别的同学垫球呢，我自己来把窨井盖复原吧。"然后，我也想象着，她弱小的身体，跪在地上，奋力地拿着沉重的窨井盖……

想着想着，百感交集。感动，作为老师，看见自己的学生为了其他同学的安全练习，做了这样的举动；心疼，作为一个老师都爱自己的学生，把他们看作是自己的孩子，倘若我是顾子泓的父母，该有多么神伤。

稍稍整理了一下情绪，把剩余的课上完，我冲进了医务室。

“沈老师，不好意思，我没和您说一声就跑到了医务室（开学初，我强调过，若实在有事，要离开我视线的，一定要经过我的同意）。”

“傻孩子，都受伤了，还想着我强调的纪律，伤得怎么样？”

“没事，没事。”一如往常的微笑再一次绽放。

这件事情在第二学期第一节体育理论课中，被作为“体育课的作用”引用出来。体育不仅仅是学习运动技能，体育锻炼中，还需要形成身体锻炼的兴趣和习惯，更重要的是我们在一种自然状态下，所体现出的素养和品质。

事件二：义卖中的意外收获

学校义卖，我正在找学生谈话，一个孩子跑来我办公室，拿着一个塑料袋，说道：“老师，送给您的。”

“不不，我不能收。”我并没有看是什么东西，但是很本能地觉得不能收。

“老师，你看一看呢，很适合您的，您一定要收下。”她边说，边朝办公室的门口后退着。

我看了看，是一包红糖，看着她真切的眼神，我也没有再推辞，连声说了几句“谢谢”，道别后，继续和另外的学生谈话。

等她们都走后，我看了看塑料袋里面，除了一包红糖外，还有一张白色的字条：“老师，以前你说你会肚子痛，给您送一包红糖，好好补补，希望有效。”

看见字条的那一瞬间，我突然就觉得自己是世界上最幸福的老师。这是一个平时几乎都不太说话的孩子，上课的时候总是安安静静地听我讲，然后练习。我之所以会觉得幸福，是因为我很久以前不经意的一句话，孩子竟然记住了，还这么有心，买了红糖。我一直认为自己是一个严格却又不失对学生细致关怀的老师，而在看见纸条的一瞬间，我发现，我也被这些95后细致关怀着……

事件三：太极拳中的哲学

她有着一个如诗一般的名字——千瑜，上学期的课中，我就已经注意到这个漂亮的女生，她总是和另一个女孩在一起，千瑜不爱说话，总是低着头，好像是在偷偷地看着我。以我的经验判断，这是一个并不十分自信的女孩。

本学期第一周，我没有见到她来上体育课，询问了她们班的体育委员，说是转学了，于是便没有多想。

第二周，一个同事找到我，问道："陈千瑜是不是你班上的？"

"是啊！（5）班的。不过听说她这学期转学了。"我答道。

"哎呀，哪里啊！她是不肯来上学，期末考试考砸了，上学期的好几次考试都是班级倒数，她父母是我的同学，上个星期怎么说她，她都不肯来学校，和她最要好的朋友也因为功课跟不上而转学了，她也吵着、闹着、哭着要转学，不过她父母不同意，这周她要回来了。你帮我注意一下她，多关心关心她。"

"好的，好的。"惊讶之余，我开始等待着下午她们班的体育课。

出乎我的意料，体育课前，她自己来到了我的办公室："沈老师，我忘记了今天有体育课，穿了牛仔裤。"

"怎么会忘了啊？"我故意装作什么事情都不知道。

“我今天第一天来上课，不知道课表。上周我生病了。”

“嗯，现在身体没事了吧？”

“现在好了……”

“牛仔裤，下不为例啊！”我边说边搂着她的腰。

“哦，不会了。”她露出了难得的灿烂笑容。

虽然知道千瑜有一些厌学情绪，但也不能将我的关心表现得太过明显。一来，孩子受不了；二来，我也做不出。

第二周的第二节体育课，课前我注意到千瑜穿着运动裤。和大家师生问好过后，我立即表扬了她：“上周，有一位同学穿了牛仔裤，来和我打招呼，她没有食言，今天我看见她穿着运动裤来了，非常好，这是一种可贵的品质——诚实、守信。有时候很小的事情上就能看出我们同学的素养。希望我们大家都能有这样的品质。”

那节课，教学内容是太极拳，其中有一个动作是重复的两手上下交错，这是这节课的难点，为了方便学生记忆，我归纳道：“高的手往低处走，低的手往高处走。”突然我想到：我们的人生不也如此吗？有谁能始终走在高点呢？

还是临下课，我提前两分钟整队，按照惯例，让学生们进行太极拳学习中的哲学思考。几个同学发言后，我提出了自己的看法：“下面是我的一点思考，不一定准确，供同学们参考：刚才我们的野马分鬃动作中，高的手往低处走，低的手往高处走，我想这和我们的学习、生活，甚至是我们的人生都有着相同的地方，我们可能会慢慢进入一个高点，但是随着身边的人和环境发生了变化，我们会不太适应，可能会有一个低潮，我们进入高中后的学习特别如此，而只要我们调整好心态，努力地适应，寻求解决的方法，我想慢慢地，我们还是会回到高点。而我们就是在这样的高高低低中，慢慢进步，逐渐成长。”

我望着千瑜，也看着全班同学，很多人若有所思。

对于千瑜这样的孩子，是需要用心呵护的，当然这不代表不要求她，她现在要融入集体，以后要融入社会，可能对她的要求要更高一些。当然适时地，需要开导她，这种开导绝对不能太明显，应该做到细水长流，甚至要隐于无声、无形，我总觉得千瑜是个敏感、善思、聪明的孩子，她在老师点拨之后，会思考，会积极寻找解决问题的办法。

后来几次看见她，她总是和其他同学三五成群地走在一起。她的学习成绩我没有询问过，但是对于千瑜，融入这个集体，让她在集体中找到归属感，这是更重要的。我想慢慢地都会好起来的……

做了 19 年的学生，在这一年中，我总是愿意和学生进行一种近乎朋友的交流，虽然以教师的身份去教授她们体育锻炼的方法和手段，但我也总是愿意换位思考，愿意回想以前自己做学生的时候，在遭遇各种情况时的感受，将心比心，在把握体育教学大方向，确保学生身体得到充分锻炼的同时，也能适当考虑学生的内心世界，不仅仅做好学生的好老师，也做好学生的好朋友。

在研究生的三年学习生涯中，我不仅完成了学业，也承担了苏州大学交予的各项教学工作，因此在进入十中后，在身边老教师的悉心帮助下，很快地适应了教师的角色。和以往一样，在教学中，我始终持有一种激情澎湃的状态，每每看见学生一双双渴求知识的眼睛，乐于参加体育锻炼的表现，我总有一种发自内心的安慰和喜悦，这是自我价值的极高体现。

我校一直将体育工作放在非常重要的位置，领导、同事、学生都非常重视业余体育的训练。在这一年中，对于训练我也不断地进行观察、反思，不断提高执教水平，做好学校健美操队的训练工作。考虑到安全问题，我们的训练安排在了每周一、三、五中午。在这一年中，我们的比赛成绩也是由低谷慢慢地在往上爬，我总是告诉健美操队的队员：“要么就别做，既然决定要做，我们不说做到最好，但一定是要尽全力去做。”还记得上半年期末考试过后，还有十几天的时间，我们参加“肯德基杯”的比赛，这次备战疯狂而快乐，10 多天的时间，每天训练平均有 3.5 小时，体育馆像桑拿房一样热，即便是不动也不住地淌汗，更何况大家要一遍一遍地练，要练动作定型，要彼此之间磨合，但是，我想这 10 多天，我们更多的是收获了快乐和归属感。我们一起练倒立，一起练素质，一起练力量，为了练表现力，我们相互表白，这每天的 3.5 个小时成了期待，因为我和大家都会为彼此准备惊喜，每个晚上，大家还会在群里各种八卦和调侃。这是一种怎样的幸福呢？在队员们的共同努力下，我们这个团体总是非常地团结，就像一家人一样，遇到问题，我们总会一起解决。

在见习期的一年，我还担任了高一（1）班的副班主任，协助正班主任的管理工作。其间张玉芳老师出差一周，我也就担任了一周近乎班主任的工作，班主任的工作确实很多、很烦琐，但是也有一种强烈的充实感和责任感，当张老师出差的最后一天，学生做完值日生，我看着空无一人却整洁的教室，关上门的一瞬间，突然就对班主任工作有一种莫名的不舍。

教育是爱心事业，作为一名体育教师，更应该时刻从学生的身心健康出发，根据学生的个性特点去进行指导和关爱。怎能让我不爱我的学生们？我点点滴滴的付出，他们都看在眼里，及时地反馈给了我。回想有的学生从一开学反感体育课，到现在喜欢上体育课，喜欢进行各种体育锻炼；有的学生喜欢有事没事来我办公室转转，询问我生理健康方面的问题，他们越来越关注自己的健康；有的学生学着我的样子，跪在地上把掉到窨井里的窨井盖奋力地放回原位；他们每次看见我的眼神，我能感受到一种温暖、敬仰甚至有一点依赖，这些都是我取得的最宝贵的成绩。

虽然成为正式的教师才一年，但陆陆续续近四年的教师经历，以及我作为学生一路走来遇到的许许多多优秀的老师，让我已经深深地爱上了这个光荣的职业，在今后的工作中，我会始终保持着这份热情，怀揣着更远的梦想，踏踏实实、勤勤恳恳！

回眸过去，翘首未来

历史组　王杰

2010 年 8 月，我怀着欣喜而又忐忑不安的心情，走进了苏州十中，这个令万千莘莘学子向往的“最中国的学校”。踏进校园，我的第一印象是学校很美、很典雅，到处散发着苏州园林的韵味。想想这里的学生真是幸福，能在这么好的环境中学习。初次领略了百年十中深厚的文化底蕴，心中暗暗期盼，在此环境的熏陶下，我也能成为一名出色的教师。“一年站稳讲台，三年形成风格，五年成为骨干，十年具有特色。”我立刻就铭记了这几句话，找到了工作的目标、努力的方向。从此我开始我的 1 年、3 年、5 年、10 年直至更长时间的职业规划。

三尺讲台的教学

至今还记得开学第一天，第一次站上讲台，我有种莫名的紧张，不知道该如何表达自己，将自己所准备的内容教给学生。那个时候我才明白老教师挥洒自如、意气风发、指点江山的风光背后，是别人所未见的钻研教材，认真备课，充分地准备，不断地反思、改进。在我迷茫之际，好在学校给我配了一位师傅，让我在教学初期有了模仿的对象。对于一个新教师来说，我深知听课是吸取经验和提高自身教学能力的最好方式，因此，我听了师傅吴苏晨老师的每一节新授课，认真记录，用心揣摩，并进行总结反思。她对我说："认真钻研教材，把握重点、难点，广泛涉猎学科知识和教育学、心理学知识，并以最能让学生接受的方式在课堂中呈现，想想你以前喜欢什么样的老师，就能知道学生喜欢什么样的课了。"这句话让我受益匪浅，一年来，我始终在寻找既能激发学生兴趣又能很好地完成教学任务的有效课堂。吴非老师说："让学生喜欢你的课，让学生喜欢你任教的学科，让学生有终身学习的意识。"我想一堂有效的课就是学生和老师均有所收获，老师不仅仅是要教会学生，更重要的是要让他们内化，自己去思考。教师要学会教书，首先应该学会读书，学会思考。教师不读书，就没有教育理想，就没有教育信念，就没有教育思考，就没有教育智慧，就没有教育活力，就没有教育创新，就没有了教育生命。"路漫漫其修远兮，吾将上下而求索。"这一年来我还开设了几堂公开课，接受其他老师的指点，对自己要求严格，精益求精，这是我教学生涯的起点。如今一年已过，我没有了紧张感，褪去了一丝青涩，我也明白了"一年站稳讲台"的含义，我喜欢静静地备课，与学生一起分享，与他们进行思想上的交流，也慢慢地喜欢上了站在讲台上的感觉，为学生似有所悟欣喜不已，也为一节课的失败而万分懊恼。这三尺讲台，既是教学的舞台，更是自己的人生平台，我将继续努力，立足三尺讲台，书写自己的职业生涯和无悔人生。

爱的指引

一年来，我从师傅和老教师身上学到的不仅仅是教学的技能和理念，四十五分钟之外，有太多的东西要去摸索。在他们身上，我看到了老师高尚的师德，让我深刻体会到了教育的爱，深深体会到了师爱是老师工作的永恒主题。教书育人不能没有爱，爱的教育不能没有艺术和智慧，只有融入教育智慧的师爱才是真正的爱。师爱能为学生在学习生活的海洋中亮起一座座灯塔，让他们航行得更远、更好。特别是对于刚走上工作岗位的新教师而言，在学生对教师还不是很信任的时候，只有用全部身心去爱学生，只有发自真心的爱，才能赢得学生的爱，才能让学生"亲其师，信其道"。

高一下学期，同学们之间的竞争愈发激烈，很多学生为此苦恼。那是一个很平常的午后，从办公室门口探出了一个小脑袋，我一看是班上的学生小蕾，赶忙示意让她进来。小蕾是一个很有上进心的女孩，从进高中的那一刻起她就给自己定下了目标，一定要以优异的成绩考上一所好大学。进入高中后，她每天都很刻苦地学习，基本上把所有的空闲时间都用在看书上了。可是，一次又一次的考试过去了，她的成绩却从未达到过她的目标，从未进过班级的前十，父母的责备，成绩的不如意以及自己那颗曾经骄傲的心……一切的一切让她觉得自己失去了方向。小蕾对我说："老师，我很痛苦，不知道该怎么办了。看到很多同学没我用功成绩却比我好，我觉得这个世界真不公平，付出是不一定有回报的，我那么用功地读书，为什么成绩还是上不去呢？我不想再好好学习了。"

现在的小蕾就像一只在海里航行的小船，没有灯塔的指引迷失了方向。感谢她对我的信任，把她的迷茫、无助告诉了我。作为老师，我有义务为她点亮灯塔，让她重新扬帆，找回航行的方向！我很肯定地对她说："你的成绩老师一直很关注，并不像你说的那么不好啊！每次都能保持中等偏上的位置，到了下学期我们学的东西越来越多也越来越难，但你的成绩没有下降，这不正是你努力的结果吗？不要轻易否定自己的付出，不要轻易放弃自己的理想。你有很多优点，比如说有毅力能吃苦，这是多么难能可贵的品质啊。你的成绩没有达到你想要的结果，估计跟你的学习方法有关，我们一起找到问题所在，然后去改正它，你的成绩一定会提高的，老师相信你，为梦想而努力的人是最值得敬佩的。”小蕾的眼神里又重新燃起了希望，“老师，我真的可以吗？”“当然！你一定行的！”

我为小蕾系统地制订了一套学习方法，明确指出她身上的不足并告诉她该如何做，鼓励小蕾不懂的就要向任课老师多问，多和班主任沟通。对于她取得的进步，我及时给她鼓励；针对她缺乏信心，我一直给她这样的心理暗示：我很棒，老师对我有很大的期待。渐渐地，曾经那个活泼开朗的小蕾又回来了。我相信，小蕾心里的那座灯塔已经点亮，她已经重新找到了自己航行的方向。

吴非老师在他的《不跪着教书》一书中写过这样一段话：“教育要有心，爱心、善良的心、同情心、感恩的心、纯洁的心；要教会学生善良，懂得感恩，懂得同情，懂得珍爱一切生命，懂得宽容理解，懂得真善美；要用情感沟通情感，用智慧启迪智慧，用心灵触摸心灵！”我想作为老师，就要找到开启学生心灵的钥匙，用爱来引导他们，用爱去做学生成长的引路人，让他们快乐地成长。

来到十中，我收获了师傅的教导以及各位同事的关爱，见证了学生的成长。十中既是培养学生的地方，更是培养老师的沃土。一年，时间短暂，却足以记录一段历程。在一点一滴中，我与学生共成长，回眸过去，我亦翘首未来。

我和我的学生

语文组　陈婷婷

前些天，看到高一新来的实习教师，一张张灿烂的笑脸飞扬着大四学生青春、灵动的神采，恍惚中自己当年迈出大学校门、走上讲台的情景仍在昨天，然而不知不觉中这已是我踏上教师工作岗位的第四个年头了。

只有当毕业了的学生不经意间走到你的眼前，和你侃侃而谈大学生活的时候，你才真切地感受到过去的三年已然从你的指缝间悄悄溜走了，但那时的每一个瞬间都是值得回味的，因为有这些可爱的学生……

可爱？作为一名中学教师，又有谁没有为学生操过心、劳过神呢？可是就在今夏高考阅卷期间，无意间听到几位老师在闲聊："嗨，送考的那天，见着每个学生我咋觉得他们个个都可爱了呢？""哎，可平时见着那些不认真的就来气啊！"我的学生呢，自然也没有人人都认真的，可是和他们在一起忙了三年，奋斗了三年，他们毕业了，留在我记忆中的却都是他们可爱的脸庞。

许也，一个充满朝气的高个子阳光男孩，无论何时何地见到我总会面带微笑一点头，郑重地大声打招呼："嗨，陈老师好！"我教了他整整三年，虽然他的语文成绩不拔尖，但课堂上踊跃发言并能滔滔不绝的就有他，我知道他的长处在这儿——喜欢慷慨激昂地发表自己的看法，所以每次都会给他一个赞许的眼光，即便有时也客观地指出他的见解中一些不合理甚至是错误的地方，但我从不会打击他的积极性，相反我鼓励所有同学都能在课堂上积极思考、畅所欲言，期盼着所有同学都能有这种创新的思维火花迸发。许也在语文课上找到了"英雄用武之地"，也起到了模范带头作用，若是全班朗读课文，那把全班同学的声音提高一个调的，功劳簿上就该记上他的大名，还有一个便是金焰。

一得知自己的高考成绩就来向我报喜的是他，一拿到录取通知书就发消息告诉我的也是他，到了南京换了手机号提醒我要更正的亦是他，冷不丁敲开办公室大门回来看望我的还是他——和我相处了一年多的学生金焰。在所有的学生中最爱提问的就属他了。他一进办公室，开场白总是："陈老师，你可有空？我有问题要问你。"很干脆，很直接。我的回答也没啥创意，总是千篇一律："好啊，那你先拿张凳子坐下来吧。"说这话的时候，往往我刚吃完午饭，在忙着拾掇呢。于是乎，他一闪进来，我常常有些措手不及，三下五除二整理完毕，立刻讲解起来。他有很多个"为什么"，而我的任务就是要让他心服口服地把所有的问号变成句号。

考前复习阶段，遇上疑难问题他会发短信来询问，当然还有其他好学的学生，我在解惑的同时也会加上一两句鼓励的话语，抑或劝他们要注意劳逸结合，因为知道他们是绝不会偷懒的，有时反而需要帮他们减去一些过重的压力。

记不清有多少次因为学生学习上的问题找他们来谈话了，可我却清晰地记得二模后有两个同学一脸沮丧地主动跑到我跟前来向我倾诉，那种不安与彷徨的眼神、那种有气无力的语调甚至是哽咽的哭声，让我深感作为一名教师的职责。我问他们：“做错的题目，老师评讲后你都听懂了吗？”在得到肯定的答案后，我说：“那你们该庆幸了，如果听不懂，则表明你们落下的知识很多，也难补；你们能听懂，说明你们只是在这些知识点上存在一些小漏洞，‘亡羊补牢，为时未晚’啊！再说，只要抓紧接下来的时间，高考中你们的上升空间还很大，一定要有自信，发挥出应有的水平！”

这两个学生，一个就是（17）班的金焰（从一模的全班第一名滑落至十五名），还有一个是（7）班的马莹（由中等成绩跌落至下游）。当时花了多长时间举了多少例子、讲了多少道理去劝慰他们已模糊了，但是我知道他们每一个人在走出办公室的时候，眼睛里有了光彩，说“谢谢陈老师”时的语调也是上扬的、有精神的。我悬着的心放下了。

在一年期回顾里，我曾这样写道：“要对学生负责，这是教师对学生最大的关爱。”无论是学习还是生活，我尽力去关心每个学生，不会放弃他们中的任何一个。教育学生的时候我常说“世界上怕就怕‘认真’二字”“你付出多少就收获多少”，其实对教师而言又何尝不是这样呢？

三年来，班级成员也变过好几回，不变的是班中总有那么一部分学习上怕吃苦、基础又薄弱的“困难户”。这些学生脾气秉性各有特点，“偷工减料”也各有方法，不过兵来将挡，水来土掩，对他们我的“杀手锏”就是耐心。比如说默写吧，就有那么一支重默的小分队。个别人重默一次还不能过关，那就两次、三次直到他掌握为止。来重默时，我会帮他们分析原因，循循善诱，所以往往这次重默的学生下次就会打个翻身仗。

王丽静却是这支队伍中的老队员，她平时大大咧咧，接受教育时态度诚恳，可就是学习意志不坚强，办公室是常来常往，篇幅长的古文甚至还要以“分期付款”的方式完成任务。不过即便如此，我在批评她时也不会疾言厉色，而她每次也最终能将学习任务完成。高考结束，最后一次在教室里集中，拿着数码相机，忙不迭地左一张右一张帮我拍照的就有她一个。

我想，很多时候教育与教学是不可分的，教学时处处都渗透着教育。对成绩不理想、学习态度不端正的学生我会谆谆教诲，坚持不懈，一次次鼓励他们、督促他们，因为我知道任何一个学生都希望老师看到他的闪光点，也都能感受到老师对他的关心，同时我也希望以自己的认真、执着去感染他们。

一个学生在给我的毕业留言上说：“陈老师，在大家眼里你就像朋友一样亲切，谢谢你这两年来的照顾，特别是对我，让你操了不少心，所以感到很抱歉，给你添了麻烦哟……”尽管当初为了这个学生我是费尽了心思，可当看到这些话语时，我却忘记了作为一名老师、作为一个班主任曾付出的所有辛劳。

还有一个学生写道：“您在我心目中是个好老师，敬业、细心，写得一手好字。”其实生活中的我有时挺马大哈的，可在教学上我真是不敢有一丝一毫的马虎大意。每一次备课，我都精心钻研教材，认真研究教法，积极开拓教学思路，力求做到准确、充分、深入，以期使学生能学有所获，自己能教有所得。为了调动学生学习语文的积极性，启发他们的思维，培养他们自主探究、合作交流、勇于创新的能力，三年来我也尝试了各种方法。有课前演讲、诗歌诵读会、美文推荐，课堂上组织学生分组讨论、代表发言，亦或让学生把疑难问题主动写到黑板上，再共同探讨解疑……反正是变着法儿不让他们在上课时“得闲”。本学期初，为配合诗歌单元的教学，在高一两个班分别举行了一次诗歌诵读会。学生热情高涨，会上主持人妙语连珠，选手们更是激情洋溢。过后一些同学在小作文中绘声绘色地将自己如何选诗、如何让父母帮着提意见、如何克服临场时的紧张心理都表达了出来。他们历经艰辛，但最终感受到了诗歌的魅力，也赢得了同学和老师的掌声，觉得有一种说不出的满足和愉悦。看到此，我想，快乐与满足的，又何尝只是他们呢？教师的喜怒哀乐怕是早已和学生融为一体了吧。

教师这个职业，的确是辛苦的，可回顾过去三年的教育教学生活，我却忘记了许多劳心费神的事情，跃入脑海、充盈心田的是一个个繁忙却又充实的片段，是一张张纯真而又可爱的脸庞。

当看到学生高考语文成绩稳中有升，当读到毕业留言上那一行行满载着真情的文字，当节假日收到他们诚挚的祝福，当他们考上大学回校看望你，当你离开才教了一个月的高一学生、他们流下了不舍的泪水时，作为人师的你会感到由衷的欣慰与幸福。

走过三年，我采撷了一些真实的片段来回味。杨绛的散文《我们仨》中说过，“我活得很充实，也很有意思，因为有我们仨”“‘我们仨’其实是最平凡不过的”，我把我的这篇三年期回顾题为“我和我的学生”，因为我们也是平凡的，但我们也是充实的。

在感恩中传承

历史组　吴苏晨

2006年10月22日，十中校庆一百周年，我们1999级的毕业生齐聚一堂，共叙求学往事，教数学的是谁，后来又换了谁，教英语的口语如何了得，教政治的老师如何潇洒，某某老师的一次苛责……说着说着，我不禁慨然，原来教师的教育生命会给人留下如此难忘的记忆，我必须时时鞭策自己：不能误人子弟。

弹指一挥间，回母校从事历史教学工作已三年有余了。每每被问及感受时，我言谈间流露最多的是感恩之情。曾在这么一个人才辈出的名校学习了整整六年，感谢母校；大学毕业后成就我为人师的职业理想，感谢母校；如今，赋予我做教师、甚至做人的自信，更应该感谢母校。试想带着感恩之心工作的人，还有什么困难不能克服，没有什么比这更幸福的了。三年来，每当我路过王季玉塑像旁注目“母亲”慈爱而又略带刚毅的眼神时，我的情感瞬间就会炽热起来：我为“母亲”做过点什么，该为“母亲”做点什么。

有自信的老师，才有自信的学生

我师傅曾告诉我："历史老师能把课上到学生毫无兴趣也不是一件容易事。"这话有些刻薄，但也不无道理。文史是有灵性的学科，教师不仅仅要传授知识，还要与学生交流情感产生互动。记得刚进校那学期讲汇报课，讲得倒是流畅，但现在回想起来，那却是一次大失败。满堂灌，课堂气氛十分沉闷。原来刚从初中上来的高一学生带着耳朵来上课，喜欢听轻松的轶闻趣事，于是我广泛阅读，不断搜集资料，在课堂上前征后引，娓娓道来，让学生沉浸于历史的长河中。一段时间下来，这种迎和学生口味的做法确实"活跃"了课堂，但后来我发现，这么做的缺陷很突出——不仅无助于培养学生的思维，而且使他们变成了知识的被动接受者。高中历史课的突出特点是理性思考，只听故事不动脑筋的课堂幼稚病会制约正常教学活动的开展。为了让学生更主动地参与学习，我大胆地实验，课堂辩论、历史短剧、研究性的历史小报……让学生在表现自我、品尝合作喜悦的同时，去感受历史，触动心灵。而我在这个过程中也积累了不少经验，有了更多的思路，为进一步改进教学奠定了基础。

高二带了文科班后学生重理轻文的心理有了本质改变，但部分文科生面临这样的尴尬：高一没把历史课当回事！分班后感觉积重难返了。基础较差的他们学习起来显得力不从心，更气人的是，有些"小鬼"考试不灵但个人主见颇大，没少让我操心。"现在的学生怎么这样……"灰心的我向我的高中历史老师取经，他笑着说其实在他眼里，当年的我们很多都不听话，但好在十中是一所有着浓厚的人文关怀的学校，考试的分数永远不是唯一的，十中的老师坚持因材施教的理念，善于挖掘学生的闪光点从而培养他的自信，有了自信才谈得上其他。

是啊，当年的我们虽然成绩有高有低，但几乎每个人都得到过关注和欣赏，丰富多彩的社团活动和各类竞赛为学生提供了施展各自才华的平台，而在这些自我体验、挑战的过程中，我们十中的学子养成了一种自强不息的进取精神，毕业后更是把这种精神带到工作中去。之后一学期我勇敢地尝试了双语历史教学，意外的是在这个第二课堂中，很多学习成绩并不突出的学生利用自己的英语优势表现活跃，思维敏捷，在中文历史课堂上的被动现象一扫而空。在我的及时鼓励后，他们开始重拾学习的信心。而后的双语夏令营、双语知识竞赛等活动中，我们班的学生充分体现出十中人的风采，活出了自信，学出了乐趣。

我想：有自信的老师，才有自信的学生！

一切为了学生

我是进校一年后做班主任的，中途从白老师手中接过这个双语班时，我的心情非常复杂。双语班是学校蛋糕上的樱桃，而我只是一个年轻教师，何况在高一很多学生和家长的眼中，历史是副科，地位不高。家长会上看到很多“长辈”，我在劝导他们时，总感到底气不足，有时竟不知道说什么好。问题很明显：我不懂父亲母亲的心，他们对我也没信心。有位家长因为孩子少考了几分耿耿于怀，她的理由很简单：女儿参加学校的西洋古典乐团影响学习。十多分钟的谈话一时无法磨合我们的分歧，于是我选择了妥协，答应她规劝女孩暂时放弃乐社训练。

或许一些家长忙于为生计奔波辛苦，找到老师总是先问分数名次。如果他们有时间或机会走进校园亲历十中形式多样的社团活动，上述的看法就会有所改变了。利用艺术节的契机，我再三恳请班里的家长来校观摩演出。那位家长事后这样写道：“女儿参加学校的西洋古典乐团的排练，我并不十分支持：一群稚气未脱的毛孩子能搞出什么名堂？

再说高中三年是人生中最重要的时期之一，乐队排练不会耽误学习吗？12 月 28 日，我应邀观摩校艺术节以亲自验收成果，整台文艺汇演结束后，我先前的担心顿时烟消云散。精彩纷呈的歌舞、器乐表演不仅在寒冷的冬日点燃了青春的火焰，更让家长们看到了孩子进入高中后的成长……”这篇文章经我修改后发表在《振华》校报上，虽然文笔并不算好，但是每一句话都发自肺腑，流淌着真情，我们班的很多家长读后都很感动。自此以后，我和这位家长的关系一直很融洽。

说实话，班主任工作千头万绪，偶尔我也有“做一天和尚撞一天钟”的时候，但正如文章开头所说，学校的一草一木总让我触景生情，怀想学校的昨天，并提醒我振华教育曾经负载“救国”的重任，怎容一丝懈怠！

怀着感恩之心在母校教书育人，我是幸福的。我要把这种幸福传递给学生，亦是师弟师妹们，让他们学会感恩，是我最大的安慰。

体验“师爱”

英语组　王明洁

“你的教鞭下有瓦特，你的冷眼里有牛顿，你的讥笑中有爱迪生。”这是著名教育家陶行知先生的一句名言。在师范大学的毕业典礼上，老师把这一句话送给了我们，希望我们能带着它走上自己的讲台。

转眼间已经三年了。这三年对我来说，并不是一个简单的时间概念，而是一次历经疑惑、思索、追寻、发现的心路历程。再次回想起这句话，它似乎比原来丰满了许多。老师的一个微笑、一句鼓励、一次表扬，都能给学生带来美丽心情。难怪“师爱”一再被教育工作者提起。

角色转换——做情绪的主人

2003 年 9 月，我带着美好的愿望和满腔的热情走上属于自己的讲台，期待着活泼可爱的学生。台下他们安安静静地坐着，目光专注，看起来一个个都是那么地勤奋好学。我庆幸自己的第一批学生会如此地理想。可是仅仅一个礼拜之后，不尽如人意的事情就渐渐冒出来了。

有的学生作业开始潦草了，课代表反映同学迟交作业了，午自习老师不在的时候热闹起来了，出去上课教室的门窗忘关了，值日生没做好就走了，课堂上有同学课桌里翻着另一本书……

渐渐我发现这些问题主要集中在几个同学身上。或许他们就是大家所说的后进生吧。我知道如果学生犯错误了，应循循善诱、晓之以理、动之以情、导之以行。对于后进生，教师要特别关心。争取成为他们的知心朋友，帮助他们树立自信心。用心关注，用爱交流，用情鼓励，后进生很可能变为班上的积极分子，也可能会转化为先进生。

一次，两次，可他们似乎过不了几天又会重犯。单纯的说教作用也好像越来越小，不得不想一些“惩罚”措施：练一页字，重做一天值日……有的时候回到家还在想怎么处理学生的事情，很多时间都花在这些事情上。这和原先想象中的教师工作不一样。我以为教师会全身心地投入到如何提高教学质量，让学生以最高的效率学到最多的东西上。想到这些，不由自主地觉得生气，甚至委屈。为什么花了那么多时间还是没有很好的效果。可越是生气，越是处理不好。

有一天看到这样一则故事：英国著名科学家约翰·麦克劳德上小学的时候，他想看看狗的内脏是怎样的，便偷偷地把校长的宠物——一只狗杀了。校长气得七窍生烟，决定“惩罚”这个无法无天的学生。怎么罚？他既没开除这个学生，又没使用暴力，而是罚他画一幅骨骼图和一张血液循环图。事后，约翰·麦克劳德被校长的宽容所打动，发愤学习，后来终于成为一名伟大的科学巨匠。校长生气，但并没有影响对学生处理的度的把握。想起办公室里师傅曾经告诉我“对学生‘生气’，不能是真的生气”。是啊，作为教育者或许就应该努力把自己的情绪和教育工作分开。

对学生的处理，哪怕是所谓的“惩罚”，其根本宗旨在于“治病救人”，出发点和终结点都是出于爱，一切都是为了爱护学生。罚以爱为中心，它不是讽刺、挖苦，让学生失去前进的动力和勇气，它要如春风，催人奋进，以情动人，让学生知道老师罚得无奈，老师也正为他着急、不安、难过。不仅仅要指出不足，更要给予学生以希望和方向。

每一个学生都有自己的特点，作为班主任要善于捕捉每一个学生身上的闪光点，虽然可能只是一个小小的闪光点，但很有可能通过这个小小的闪光点可以挖掘出埋藏在他心里头的大金矿。不要求每个学生完美无缺，只希望在原有基础上取得尽可能大的进步。这就是我们的工作。

孜孜以求——用方法解读师爱

高尔基说过：“谁不爱孩子，孩子就不爱他，只有爱孩子的人，才能教育孩子。”师爱是教师必须具备的美德，也是教师的天职。在教育工作中，我努力把信任和期待的目光洒向每个学生，把关爱倾注于整个教育教学过程之中，倾听学生的意见和呼声，和学生产生思想和情感上的共鸣，让所有学生的心灵都感受到师爱的温暖。

班里有一位学生发音吐字不清晰。课堂上从不举手发言，课后不愿和同学交流。如果被点名回答问题，他会急得口吃。他内向得都没有一个朋友。我怕他会因此而掉队。即使他的回答非常离谱，我也会对他微笑，希望能给他鼓励。课后我会不时地找他讲讲话，聊聊天。可惜这样的特殊关爱他似乎一点也不领情。

一次语文课上，轮到他上台发言，他在作了准备之后，居然完成得非常出色，老师让同学们为他鼓掌。学生把这件事告诉了我，说他也很开心。我想这或许是一个好办法，后来在课堂上，他正确回答了一个问题后，我也让学生为他鼓掌。出乎意料的是，他一点都没有开心，反而把头沉了下去。之后再请他回答问题的时候，他一句话也不说。

想了很久，我突然意识到自己可能伤害了他的自尊心。正巧没过几天轮到他作课前演讲，他仍然没有好好准备。这一次我没有对他微笑，而是严肃地批评了他，指出这是态度问题，要求他重新准备，第二天重做。学生都惊讶地看着我，不明白为什么一反常态，对他那么严格。第二天他讲得很棒，同学们情不自禁地为他鼓掌。我看到了他的笑容，同时也明白了之前他总是不领情的原因：不想被当作特殊学生。

课堂上我不再对他特别照顾，课后也不故意找他聊天了。我找的是他周围的同学，动员他们走进他的课余生活，适当的时候让他们给予认同和赞赏。终于，他在班里也有好朋友了。

有一颗爱学生的心，不一定能给学生他们所需要的爱。在了解每一位学生、理解每一位学生基础上，用恰当的方法教育他们，还要时时刻刻反思这样做是否合适，尽量避免失误。“师爱”需要方法。

注意细节——让春风化雨

一次找一个学生到办公室来，要跟他讲练习卷上存在的问题。我拿起桌上的卷子，想指出上面的错误，却发现找不到错误了。这像是魔幻电影里的场景，我一下愣住了。学生肯定看出了我的不解，提醒说：“老师，这是你的卷子。”他的卷子就在边上，下课前我就准备好了。把两张卷子放在一起，字还真的很像呢。两年多了，即使不看名字，看字我也能知道是哪个学生的作业，居然会没看出来！学生告诉我他们几个常模仿我板书上的字。哪些字母我喜欢连笔写的，他们都知道。再看他们的作业，确实如此，还有那个小写的“r”，也带着个小尾巴。

想起了魏巍笔下学生模仿老师写字的姿势。老师的一个眼神，一个手势，一句看似无关紧要的话语，都会对他们有影响，或许会给他们以前进的动力。当然教师的不经意中做过的一件错事（哪怕很小），或者说过的一句错话（哪怕很短），都会对学生产生负面影响。老师喜欢什么、讨厌什么，爱什么、恨什么，提倡什么、反对什么，即使不说，常常会通过仪表暗示给学生。学生接受这种暗示并不一定是简单的模仿，它是潜移默化的。

有经验的老师曾告诉我："班主任什么样，带出的学生也会是什么样的。"英国教育家洛克也指出：最简明、最容易而又最有效的办法是把他们应该做或是应该避免的事情的榜样放在他们跟前，一旦你把他们熟知的人的榜样给他们看了，同时说它们为什么漂亮或为什么丑恶，那种吸引或阻止他们去模仿的力量，是比任何能够给予他们的说教都大的。学生的模仿能力很强，对于他们来说，最大的最有说服力的榜样可能就是教师了。有人把教师通过非语言手段对学生施以强制性影响的现象，称作教师的非语言暗示。这种暗示，是教师思想意识修养、教育教学能力的自然流露和具体体现，反映了综合素质。严谨治学、努力工作、关心国家大事、关心爱护学生、遵纪守法、严于律己的师范行为，是学生效法的楷模。愿老师们时时处处严格要求自己，树立、提高和维护自己的威信，把更多的健康暗示带给学生。

教师是知识的化身，是智慧的灵泉，是道德的典范，是人格的楷模，是学子们人生可靠的引路人。我们愿意无私奉献、以德立教、以身示教，去赢得学生的尊重和爱戴。用实实在在的"师爱"做"润物"的"好雨"，用一颗真真切切的"爱心"去塑造学生的心灵，让这个世界充满浓浓的师生情。

教师的职业幸福感

——三年教学反思

数学组　陆佳

在不经意间，登上讲台已有三年了。记得刚毕业的时候，我满怀热情和自信投入教学，对未来的工作充满了期待，然而实践告诉我，教师工作并没有我想象中那么轻松那么简单，学生也并没有我想象中那么容易应对。大学教给我们的只是理论知识，而理论应用于实践，是需要自己不断摸索和探究的。回想三年来的工作，我忙碌着，紧张着，但同时也充实着，快乐着。对于一个新教师而言，将学生从高一带到高三 。三年一轮回，是一个非常难得的机会，完整的高中三年一轮教学经历对我个人教学的成长有很大的帮助。如果说这三年还有点成绩的话，我首先要感谢学校对我的信任和培养，把高三文科毕业班这一重任交给我。其次，我要说，很幸运，我遇上了一班好学生，虽然他们的成绩谈不上最好，但是他们对学习有一种坚持与执着，对老师工作的给予了尊重、理解和支持。

回顾三年的教学生活，我看到了很多，听到了很多，也思考了很多，对教学工作也有了一点自己的体会，借此机会把自己的一些粗浅的认识浅谈如下。

教学工作

作为一名教师，重要的职责就是“传道、授业、解惑”，归其根本——上好课。几乎所有的学生都毫无例外地喜欢和敬佩有真才实学的老师。老师是知识的传播者，要给学生一杯水，自己首先就要具有一桶水。而随着新课程改革的深入，新时代的教师，需要跟上时代的步伐，不断更新思想观念，树立教育新理念，开拓创新意识，优化知识结构，使自己的“一桶水”常满常新。这就决定了教师必须以积极的态度正确对待老知识，不断追求新知识，要努力做到学识渊博、业务精良，既有精深的专业知识，又具有广博的相关知识，且有坚实的理论功底和较高的业务能力，用真功夫去征服学生。由于我是一名年轻教师，所缺乏的就是课堂教学的经验。而学校提倡的多听课效果真的非常好，说真的，我每听一节课都有一种启示，都有一分收获，包括教学的方法、教案的设计、课堂的组织、学生的调动、练习的安排、作业的布置，知道了课原来可以这样上。真有“听君一节课，胜思一整天”之感。

班主任工作

作为一名班主任，我觉得建立和谐的师生关系是至关重要的。我对师生关系的形容是亦师亦友——课上是教师和学生，角色分明；课后，师生可以是交心的朋友。上一学年，我执教的两个班都是文科班，虽然学生的数学基础普遍不好，甚至有一部分学生对学习的兴趣不大，但是因为平时我经常和他们谈心，与他们的关系很好，上课时，他们都会很认真听课，对问题都积极参与，他们的学习兴趣也因此而调动起来了。让一个学生因为喜欢一门课而喜欢上教这门课的老师，那考验的是这个老师的教学技巧和经验，这方面正是我这个新手所不足的地方，但让一个学生因为喜欢一个老师而喜欢上他教的这门课，那考验的是这个老师对学生的真心。因为我尊重他们，帮助他们，所以才会赢得他们对我的尊重，才能让他们因为喜欢我而喜欢上我教的这门课。学校是一片净土，学生是纯朴善良的，只要我们对学生付出的是真心，他们感觉得到，同时也会回应老师的。

记得黄正平老师的《班主任专业化应关注职业幸福感》(《人民教育》2008 年第 15—16 期）一文中，有这样一段话：“公式可以淡漠，定理可能淡忘，而师生之间培养起来的真挚感情，却难以淡忘，甚至会越积越深。这是当教师，尤其是当班主任老师所体验和享受到的特有的幸福。”教育最基本的规律就是：要教育学生，首先就要爱学生，尊重学生。作为一名老师，作为一名班主任，我们要用微笑去面对学生，用爱心去对待学生，用诚心去打动学生，用热心去帮助学生。我们要给学生一个美丽的天空，让他们自由而轻松地翱翔，使他们成为明天最美的太阳，而我们就是太阳下最幸福的老师！

在沃土中成长

——三年教学生活回顾

物理组　邱勤薇

站在办公室的窗前，望着窗外百年古树的郁郁葱葱，嗅着空气中甜甜的迟桂花香，我真的有些陶醉了。庆幸于三年前能够走进这样一所美丽的校园，三年后我逐渐领悟到它的美不仅仅在于飞檐翘角、古树名木、假山秀石，更在于积淀了百年的深厚的人文内涵。无论是学校，还是身边的老师、学生都无时无刻不给我创造学习的机会。在这一方沃土中，我努力地汲取养分，渐渐褪去了青涩，快速成长起来。

学校历来重视对青年教师的培养，实施了"一三五七工程"，让我踏上工作岗位伊始就有了明确的奋斗目标，这既是动力也是压力，在接下来的每一天我都脚踏实地地朝着这一目标而努力。

刚接触教学工作，一切都是那么陌生，怎样把握教材的重点和难点？如何将一节课上得有血有肉而不是枯燥乏味？就在为这些问题所困扰的时候，我拜了沈平老师为师。这也是学校一贯的优良传统，从而将优秀的教学理念和方法一代又一代地薪火相传。

听师傅的课，总有一种豁然开朗的感觉，他的课犹如行云流水，思路流畅而清晰，更侧重于将处理问题的规律和方法传授给学生。课堂上他让学生多思考，多回答；课后充分发挥学生的自主学习能力，多作归纳和总结，让知识真正内化为学生自己的东西。沈老师大家风范的教学理念深深感染着我，每次听过他的课我总要寻找自己在处理这堂课时存在怎样的问题，并且不断地改进，这让我少走了许多的弯路。

在第一轮的教学过程中我常常会遇到一些疑难的问题，于是常向师傅和其他老师请教，他们总是很耐心地解答。师傅还建议我多看些大学的专业书籍，以提高自身的理论深度，正所谓“要教给学生一杯水，自己得有一桶水”。很遗憾的是没能跟着师傅走完一个完整的教学循环，但是这两年的收获真的能让我终生受益。

除了师傅的帮助之外，备课组和教研组也是我成长的坚强后盾。学校提倡备课组多开展集体备课。大家一起制定合理的教学进度，统筹安排教学内容，课前讨论教学中的重点、难点，课后研究习题，集体出卷，这对我们刚刚接触教材的新教师来说无疑是有莫大的帮助的。

每周教研组活动除了可以让我了解到最新的教育动态，对高考题型的剖析和对新教材教法的不同见解，还可以聆听其他老师的课，在欣赏不同教学风格的同时，学习其中有特色的东西。更重要的是，在这里我获得了一个向组内老师开设公开课的平台，可以听取其他老师的宝贵意见，促进自己不断提高。三年里我多次开设了公开课，其中印象最深刻的就是三人同课题的开课，当时觉得这几乎是不可能完成的任务，一堂简单的课怎能上出三种完全不同的风格，但是经过了精心的备课，我们三人用不同的原理设计了学生实验，完成了三堂各具特色的探究课，受到了组内老师的好评。

作为一名合格的教师，除了教书更要育人，我时时提醒自己每天面对的是一群活生生、有思想的人，这便是教师工作的特殊性所在，所以课备得再好，如果不了解学生的实际情况，不从学生的实际需要出发，不为学生所接受那也是枉然。为此，学校特意为我们安排了班主任指导老师，于是我又有了一位师傅曹冬梅老师。她是一个极其负责的老师，除了严抓常规管理外，还常常能看到她和学生谈心，用自己的爱感化他们，她班上的学生总是特别地乖。曹老师对学生的关爱深深地感染了我，让我明白要当好一个老师首先要有一颗爱学生的心，要真心实意地为学生着想。本着这样一种心态，我每天都认真备课至深夜，尽力上好每一节课，为的是对每个学生负责，让他们能学到更多东西。课后，面对学生的提问我耐心回答，遇到一时解决不了的难题，赶紧回来查阅资料或向其他老师请教，力求给学生满意的解答，而同时自己也获得了提高，可谓教学相长。军训的时候，我和学生吃苦在一起，让从没离开过父母的学生感觉自己并不孤单，还有老师的关心。真心的付出换来的是学生的认可，当一批曾经教过的学生来看我的时候，当他们送给我自己书写的对联“两袖清风栽万株华夏壮苗，一片苦心育千年中华英才”时，当他们说起很怀念那段我教他们的日子的时候，我觉得这就是做老师最大的幸福和满足。现在我做了班主任，在工作中遇到了很多新的问题，但我始终抱着一颗爱学生之心，在摸索中不断前进，我始终相信真心的付出总会有收获的。

为提高青年教师的专业素养，学校还提供了多个展示自我的平台。如35周岁以下的教师须参加青年教师论坛，三年来我将平时思考和钻研的问题作了整理总结，写了三篇教学论文，其中两篇均获得校园论文评比二等奖，一篇还同时获得2006年苏州市物理学年会论文评比一等奖。此外，我还参与了对学生的竞赛辅导工作，并于今年暑假报名参加了南京大学主办的奥赛教练员培训班，从而加深了专业知识，对平时的教学也起到了拓宽思路的作用。

浸润在十中百年文化熏陶着的沃土里，我顺利地走过了成长最初的三年，在接下来的日子里还有更多的养分需要汲取，我会一如既往地努力学习，迎接挑战，希望有一天我也能长成校园里众多参天大树中的一株，扎根于十中的沃土里，在洒下一片绿荫的同时，更将十中人的精神传承下去。

写给未来的自己

——记我的三年教师生涯

信息中心　肖颖

湖水是你的眼神，梦想满天星辰。
心情是一个传说，亘古不变的等候。
成长是一扇树叶的门，童年有一群亲爱的人。
春天是一段路程，沧海桑田的拥有。
那些我爱的人，那些离逝的风。
那些永远的誓言一遍一遍。
那些爱我的人，那些沉淀的泪，
那些永远的誓言一遍一遍。
我们都曾有过一张天真而忧伤的脸，
手握阳光我们望着遥远。
轻轻的一天天一年又一年，
长大间我们是否还会再唱起心愿？

再次听到这首歌，已经离我踏出大学校门有三年时间。准确地说，是踏出校门，又重回校园。歌声仿佛又把我带回到曾经的日子——那是一段快乐而鲜亮的日子。三年后的今天，日子依旧快乐而鲜亮，不同的是，三年的时间里我已完成了人生的蜕变。茧到蝶的蜕变是个美丽而艰辛的过程，三年的教学生活带给我的成长，同样充满了喜悦而又夹杂着艰辛，汗水与泪水是成长的印记。

还记得第一次走进课堂的情景么？还记得第一次上课的样子么？还记得那些与我一同成长的孩子们么？一切仿佛就在昨天，记忆是那样地清晰。倏忽间，三年匆匆而过，曾经的孩子们都已步入象牙塔，带着他们星辰般的梦想，开始了新的旅程。而我，在完成了蜕变之后，想要做一次华丽的转身，回头去望一望自己留下的足迹，好迎接下一个起点。过往之于当下，是一种曾经；当下之于未来，便也是曾经。想要给未来的自己留下一段美丽的回忆，于是，我重拾三年来的点滴，让思绪渐渐清晰，变成开启下一段旅程的钥匙。

难舍母校情

还记得那个在西花园散步的女孩么？还记得在西花园背书的样子么？还记得在西花园听广播的日子么？当然，当然都记得。这样的记忆又怎会忘记？“你们知道西花园几时最美么？”“几时呢？”这是曾经的我们和老阙的对话。“当阳光穿透薄雾，一缕缕从树叶间照下的来的时候，西花园最美。”

还记得么？曾几何时，朋友们让你讲苏州，除了吃与玩，你把十中的样子给好好地形容了一遍，于是，你的舍友、朋友和学长学姐们都羡慕你有一个园林般美丽的母校。还记得么？曾几何时，你上一门叫作《苏州园林》的选修课，写论文的时候，你让妈妈从苏州寄了一张瑞云峰的照片，附在了论文的最后，自豪地告诉老师，瑞云峰就在你的母校。

很高兴我又回到了这里。回到这个有我们太多太多美丽回忆的地方。因为这里，学生时代的我们拥有了一段共同的记忆；因为这里，我们又走向各自的远方，去开创属于自己天空。而现在我的远方，在这里。

一起走到

曾和孩子们一起开过一堂主题为“一起走到”的班会，灵感源自孙燕姿的歌：“是否还记得，从前美丽的天色。那时天很蓝，我们的未来都在不远地方晴朗着……在我心中我知道，这是永恒的长跑。好不容易来到这里，明天还要追更多荣耀，把自己角色扮演好，全力以赴每一秒，和我的家人和我的朋友，向着目标手牵手一起走到……”

这节班会课我至今难忘。我带着孩子们怀一颗感恩的心——感恩青春路上与他们一起走过的同学与老师，也带着他们满怀憧憬——憧憬美丽的象牙塔与充满期待的未来，而学生们青春的模样、纯真的笑脸把我带回到我的学生时代，曾经的我们和眼前的他们是如此地相似，又那样的不同——同样的青春年华，怀着不同的梦想。在感恩与憧憬之中，我融进了孩子们中间，而他们的笑脸也深深印进了我的心里。班会结束的时候，孩子们的掌声让我感到无比地幸福，那一刻我向孩子们深深地鞠了一躬，感谢他们留给我这一段美好的记忆。直到现在，回想起当时的情景，心里依然温暖无比。

爱的回报

三年的时间，有欢喜也有泪水。曾碰到过一个异常不安分的班级——学生上课迟到、早退、玩手机、说话、神游、睡觉……每次上课对于我来说都是一次痛苦的煎熬。直到有一天，我把几个调皮的男孩请了出去。从此，他们和我“开战”了。百般纠结与郁闷之后，我自己首先作了反思，分析了自己的问题与学生的情况。之后，我把他们找来，用平等的方式作了一次谈话。渐渐地，他们的防备变成了敞开心扉，他们说了很多班级里的事给我听，告诉我他们未来的打算，还悄悄告诉我一些“不能说的秘密”。最后，一个男孩代表他们所有人对我说了一句“老师，我们以后上课再也不捣乱了”。

谈话结束，我原本忐忑的心情变得轻松愉快。曾经我眼中的“坏”孩子其实一点也不坏，他们需要的是尊重与理解。青春期的叛逆谁都有过，我们需要给孩子们的叛逆一个出口——一个认同的目光，或者一次真诚的交流。

从此，那几个男孩果真不再捣乱。他们常常还会说一些班里的事情给我听，有时候哪怕是些抱怨我也会认真地听他们说。一次偶然的巧合，他们发现他们中的一个是我弟弟的初中同学，于是和我更亲近了一些。我和这些孩子的缘分就始于那一次谈话。

当我不再教他们的时候，他们依然会和我联系。也许他们的成绩在别人看来并不理想，也许在其他人眼里他们也不优秀，然而我知道，他们是一群可爱而善良的孩子，率真、仗义是他们的本色。

暑假里，我忽然收到一个孩子的消息：“老师，我考上上海外国语大学了，谢谢您！”那一刻，说不清是怎样一种心情，只记得当时我激动了好久，好久。

爱与被爱，都是一种幸福。

春风化雨

偶然的机会，我听了一次徐思源老师的课，内容是诗歌解读。那是连着早读的第一节课，学生分成几个小组围坐在教室里。整堂课，大部分时间是学生在讨论，徐老师作最后的点评与总结。我很惊讶学生能把一首诗分析得那么透彻，并且各自的观点又那样地鲜明。听课的时候，我在记，也在想：如果是我，我能说出什么来呢？想着想着不觉有些汗颜，然而并没有太多的时间来汗颜，因为徐老师的总结太过精彩。渐渐地，结着愁怨的、丁香般的女子仿佛撑着油纸伞从悠长的小巷款款而来，小巷的雨丝仿佛要落到我的发梢。《面朝大海，春暖花开》这一首有着美丽名字和忧伤故事的诗歌也被细细解读，一个年轻生命的凋零是那样令人惋惜。

不知不觉，一节课就这样过去了，好像只过了一小会儿。课后，我开始思考。思考着我自己的课堂，我自己的课。在教学上，我还有很长的路要走，有很多东西要思考。

已经不是春天，然而春风依旧可以暖暖地拂过脸庞。

感恩的心

在此，我要深深地感谢我的家人、朋友和曾经的老师们，尤其要感谢我的师傅陈怡韶老师、我们信息组的全体成员以及我所有的学生们，你们每一个人都是我成长的见证人，并且在我的成长路上给予我很多的帮助，因为你们，我才更有前行的力量与信心。

教师是一个幸福的职业，因为快乐的园丁可以用爱去浇灌幼小的心田；教师是一个崇高的职业，因为无私的蜡烛会为孩子照亮前行的道路。我很幸福，所以感激。

花开花落，三年的时间不长也不短，我的回忆里会细细珍藏工作的前三年——这一段美丽的岁月。转身，我看到自己成长的足迹；抬头，我望见前方的路。三年的经历我会好好珍惜，未来我会更加努力。

既然选择了远方，便只顾风雨兼程。

幸福的符号

——三年教学回顾

数学组　王光宇

今年暑假，三五好友茶馆小聚，一位弃教从商的同学感叹："教师这工作是少有的净土，如果能在光荣感之余再多点幸福感，是值得一直干下去的。"说起来，教师这职业到底给了我什么，是一份可以矜持一些的心态，一种相对安定的生活，还是一个三餐准时的习惯……那些多年不见的朋友听说我做了老师，往往都会问："薪水高吗？待遇不错吧？"可是，即便是挚友，也无人问及，你幸福吗？

幸福是什么？也许我们记住了许多快乐的场面，可幸福却是一种自己灵魂的问答。于是，我问自己：你因为爱学生而幸福过吗？

《假如给我三天光明》的作者海伦·凯勒身受盲聋哑三重残障，七岁以前一直生活在无声无息、没有光明的混沌世界里，直至遇到了生命中的天使——她的老师沙利文。沙利文老师毕生陪伴这可怜的孩子，将她由一个无知、粗鲁、暴躁的动物，变成了一个勇敢、博爱、伟大的作家。如果不是有爱，如何创造这么巨大的奇迹？如果不是有爱，怎能在黑暗的心中灌注光明，在残缺的躯体上播种健康的灵魂？

当自己走上三尺讲台之日起，就有了一份以爱为主题的职业。班里学生生日时，定会收到我的祝福卡片；我也会在下雨的某个傍晚，叮嘱一句："天雨路滑，大家回家注意安全。"学生在班级日志里写道："'老板'的只言片语让我们觉得很温馨。"爱别人，是一种发自灵魂的芬芳，一种深入骨髓的甜蜜，日子久了，它就会萦绕成一团幸福，紧紧裹住你的心灵。

你因为被学生爱而幸福过吗？

工作累了，父母来电话，朋友来短信，如果不是做老师，这也许就是全部。而教师这份职业，让我获得了额外的关爱。工作三年来，我教过的学生也有两百余人，我从他们那里收获了尊敬、信任和感激。嗓子哑了，学生会在讲台上悄悄放上两卷薄荷糖；刚送走的一届毕业生在奔赴各地高校求学之前还坚持再陪我过一个教师节。收获别人的关爱，这是一笔旷世的财富啊！

你因为付出而幸福过吗？因为失去而幸福过吗？

身边年轻的朋友，崇尚前卫的生活，酒吧是他们热衷的场所。其实，我也向往这样的浮华。可作为一个老师，每天下班后，想想第二天课堂上几十双眼睛，我无法忘情于享受。一样流逝的青春，可以用来虚掷，也可以用来奉献；一样翻转的年轮，可以碌碌无为，也可以永远被铭记。这样的付出，这样的失去，我愿意。当自己的工作日见成效，当发现学生每一个小小的进步，这样巨大的幸福感难道还不够吗？

教师的幸福，可以体现在课堂教学的每一个环节，可以体现在一举手一投足之间，可以从一串串数字、符号上折射出缤纷的光彩，使学生置身课堂，于眼观、耳闻、手书之中感受到一种美的情趣。

开场锣鼓不能老一套，缺乏变化的教法激不起学生学习的兴趣。或开宗明义，单刀直入；或承前启后，复习引入；或设疑置问，勾起悬念……课堂教学是师生的双边活动，老师讲，学生练，老师是主导，学生是主体。主导与主体必须各得其所，讲与练也要巧作安排。“教师不是漏斗，学生不是容器”，满堂灌使学生完全处于被动的地位，更谈不上思维的发展、能力的培养。结尾的处理也不能千篇一律，可以是概括小结，也可以是画龙点睛，抑或留下悬念……

从教三载的经历告诉我，有时候，一个信任的目光，一个赞赏的微笑，一个首肯的点头，都会化作难以估计的精神力量，激励起学生巨大的学习意志。亲其师信其道，良好的师生关系能使学生有良好的情绪去面对学习。学生会因为喜欢一位老师而喜欢一门功课，同样，也可能因讨厌一位老师而讨厌学习。

有人给师生关系作了一个形象的比喻——电路适配器，相同的教育条件，教育对象，通过一定的师生关系配置，或许能爆发出强烈的教育能量，产生积极的教育效益，也有可能完全相反，会产生短路，使学生厌学。

在这个电路适配器的关系中，老师处在更主动的位置上，建立什么样的师生关系，主动权在老师手上。在以往的师生关系中，教师是高高在上的说教者，在学生面前，他们是知识的权威，但是今天，学生接受知识和信息的渠道大大拓宽了，学生独立性的增强和信息来源的扩大，使他们思维敏捷、充满活力。在电脑操作、畅销书阅读等方面老师往往会落在一些学生的后面，所以我乐于向学生学习。我把“做学生的良师益友”当成自己的座右铭。现在的学生涉猎广泛，学习速度远远超过教师，作为老师就应该谦虚地向学生学习，这并不是什么不好意思的事情。只有放下架子，把学生放在心上，“蹲下身子和学生说话，走下讲台给学生讲课”；关心学生情感体验，让学生感受到被关怀的温暖；自觉接受学生的评价，努力做学生喜欢的教师。

教师还要学会宽容，宽容学生的错误和过失，宽容学生一时没有取得很大的进步。陶行知先生说过：“你这糊涂的先生，在你教鞭下有瓦特，在你的冷眼里有牛顿，在你的讥笑里有爱迪生。”身为教师，就更加感受到自己职责的神圣和一言一行的重要。

用爱善待每一个学生，做学生喜欢的教师，师生双方才会有愉快的情感体验，一名教师，只有当他受到学生喜爱时，才能真正实现自己的价值，才能真正品尝到幸福的滋味。

金秋十月，有幸参与了母校百年华诞的庆祝活动，除了荣幸，感到肩上更多的是一份责任，一种信念。支撑起我们美丽校园的，不仅仅是她一个世纪的历史，更是一批又一批勤奋、智慧、稳健的十中人。每天早上看见前辈们自信的笑容、从容的脚步，我想，你们一定已经找到幸福的所在，而我，仍像一只小鸟，有时低落有时高翔，那是我还在寻找。

找寻那隐藏已久的幸福的种子，它会成为我源源不断的能量。于是，那花白的头发、佝偻的背影，将不再是老师唯一的形象；那一盏清灯，伏案深夜，将不再是老师单调的写照。我们应该长久地拥有年轻的光芒、青春的朝气、蓬勃的活力；我们应当骄傲地展现博大的关爱、美丽的心灵、磊落的胸怀。前人已为我们刻下了一个个崇高的标尺：有教无类，诲人不倦，春风化雨，蜡炬成灰。而今天，我们当以全新的教师形象汇聚成一幕崭新的特写：

一名忠诚的教师，就是一个幸福的符号。

忙，充实着，快乐着

——三年教学生活回顾

英语组　钱懿一

苏州十中，是我初中时一直都向往的学校，也曾像很多伙伴那样希冀着哪一天能成为十中的学生。可惜的是中考发挥不佳，所以没有能如愿。这也成了自己一直以来的遗憾。大学毕业后，我竟能荣幸地成为十中的一名老师。欣喜之余，我不断告诫自己，一定要努力工作，不能愧对这一称号。眨眼三年已经过去了。三年的教学生活有成功的喜悦，也有失败的挫折。它使我在成长的道路上多了一份志向、一份精神、一份品性，并且多了一份反思、一份总结。

回顾这段岁月，点点滴滴，历历在目，恍如昨天。

大学毕业，本着苏大优秀毕业生的我，对未来的教学充满无限信心。2004 年 9 月，我成为高一（15）、（17）班的英语教师，还清晰地记得第一天上课的情景，那天，高一（17）班偌大的课堂上，一开始我惴惴不安，往日的自信似乎荡然无存，心慌胆怯，甚是羞涩，但在学生面前又要假装很镇定的样子。面对着学生们那一双双信任的眼睛，我开始慢慢进入角色。四十五分钟的课也在不知不觉中结束了。此时，我真正意识到了教学之难。难的不是自己对知识的掌握程度，而是把知识研制成学生乐于接受的过程。当时，我真的是不知所措了。所幸的是，学校的许多前辈教师给予了我许多的帮助。特别是我的师傅——冯老师，她一有空就来听我的课，不断地鼓励我，耐心地给我指出教学中的不足。班主任辅导老师蔡老师也一一指点我如何与学生谈心，如何组织教学等等。那时的我，仿佛是一条蚕，日日夜夜吞噬着前人的经验。我也坚持有空就去听师傅的课，我也会像其他新老师那样模仿师傅的教学设计和课堂组织，甚至是一个眼神、一句话。渐渐地，在模仿中我根据自己所教班级的特点，不断改善教学。回到家，我还会认真备课，经常到很晚才睡觉。入睡前躺在床上想的还是第二天上课的内容。每当我工作到深夜，聆听着窗外的风雨声，或欣赏满天的繁星，心里涌动着的是对这份职业最真切的感受：忙，并充实着！

经过一年的努力，应该说我慢慢进入了教师的角色，站稳了讲台。第一年是一段激情燃烧的岁月，而到了第二年，曾有一段时间，我陷入了迷惘。我觉得自己的教学似乎渐渐地失去了创意，尽管当时我仍在努力，甚至我不知道该如何教，是该给学生以人文关怀、美的享受还是仅仅是知识的填充？如果只是讲解知识，学生会失去学习的热情，但如果给学生补充一些东西，势必会影响教学进程。如果把二者整合起来，这个尺度的把握又该怎样？而我教的是两个普通班，一个理科班，另一个是文科班。班级内部学生两极分化严重，而两个班级也有明显的区别，如何才能更有效地组织教学，抓住每一个学生的心？如何才能在兼顾学生自主探究学习的情况下高效地实现教学目标？应试教育和快乐教育如何达成统一，不再两难？这一切深深困惑着我。在每一节课的反思中，我在探索；在一些教学刊物的阅读中，我在思索。

后来我发现：知识讲解做到精讲多练，语言表达简练到位，突出重点、化解难点，使学生易于接受掌握；每天布置练习给学生操练，学生对改。做到课本里的重点、难点和考点都要在课堂上反复讲解，一个知识点要强调多遍，这样也许就能确保天资平庸的学生掌握无误。这些做法不是应试教育的专利，这是基础教育必须坚持的东西。当然，课务不繁重的时候，我也会给学生欣赏一些原版英语电影、英语歌曲。为了给学生最新的信息，我充分利用网上的资源，在网上浏览和搜寻信息，并且做成了课件，更形象、更直观。这些都能点燃学生学习的热情。

第三年，学校安排我教高一。刚开始，我也伤心过。毕竟和那些学生有了感情。况且自己认认真真，踏踏实实，为什么学校不让我跟高三呢？我大学很多同学成绩没有我优秀，基本功没有我好，都承担了毕业班的工作，并成为了班主任。而我似乎没有施展才能的舞台。我开始质疑自己的能力，和我一起进来的几个同事也相继离开学校。我也矛盾过，甚至想过出国留学，但是对教育无限的热爱之情使我决定：还是要做一名老师，并且是合格的好老师。我告诉自己：学校没有安排自己进高三，是因为我还有不成熟的地方，我还不够好。到高一，要更好地夯实基础，提高自己的业务水平，完善自我。于是，我不再抱怨、难过，取而代之的是振作精神，一切重新开始。

这三年中，我深刻地体会到了当教师的不易。我面对的是一个个生龙活虎的学生，他们每天都在发展，每天都在提高，今天的工作并不是昨天的积蓄。同样，明天的工作也不是今天的缩影，它必将是一个新的开始。同时，我也深切地体会到了当教师的无限乐趣。乐趣来源于学生。我对学生付出的心血，有的学生没有淡忘，他们会在教师节的时候，给我送来一张卡片，发来一封 E-mail，来学校看望我，曾经教过的学生看到我，轻轻的一声问候，每每这个时候我都乐在其中。我想，这也是我做老师最大的幸福。忙，但快乐着。

现在，我初踏讲台时的浮躁已渐渐褪去，为人师的沉沉责任感，为生友的真挚情怀，让我开始变得豁达、宽厚。我越发不敢怠慢每一颗正在成长的心灵，慢慢我学会了耐心地倾听学生的喜怒哀乐，懂得了严格训诫他们养成良好的品行习惯。我相信，只要用一颗真诚的心去对学生，必定会得到学生的爱戴。这也是我这三年中最大的感触。还记得那年的冬天，离期末考试还有一个多月，（15）班的一个学生在回家的路上，不小心从电动车上摔了下来，骨折了，但是她休息了几天，还是坚持回到学校学习。因为教室在二楼，每次她去厕所都需要人陪伴。我看到之后，经常扶着她去。有一天中午，我搀扶着她一步一步艰难地上楼，体育老师看到了，背着她回到了教室。恰好（19）班的学生在排练节目，正播放着《阳光总在风雨后》这首歌，我们三个人都深有感触。当时，我只觉得眼睛湿润了。有时候，我们给予学生的只是一点点的帮助，但学生都铭记在心。从此以后，我和那个学生建立了很好的关系。有的时候，她还会偷偷地把班级同学的情况告诉我。这些“情报”对我的教学都有着很大的帮助。当她心情不好的时候，也会向我倾诉。现在，她已经考取了大学，但是我们仍然保持联系。

三年的教学工作，我深深感到，教师是光明磊落的职业，它让人无私，胸怀博大；它让人明确“捧着一颗心来，不带半根草走”；它让人慈爱，把爱无私地献给天真无邪的学生；它让人充实，学无止境，不断更新。教师应该爱自己的工作，更应爱自己的学生。

此时，我是满怀感激的。我应该感谢我的学生，是他们教会我爱这个世界；我应该感谢一路扶助我的父母、师长、朋友、同事，是他们引导我活得精彩；我更应该感谢这份事业，是它让我找到了生命的价值，是它让我不断成长着。我知道，自己仍然有着种种的缺陷与不足，有的学生还不一定能接受我的教育方式，还不是很喜欢我，但我会努力去完善自己，用爱心去对待每个学生，多一些理解，少一些对峙；多一些宽容，少一些训斥。用责任去对待工作，多一分爱戴，少一分厌倦；多一分执着，少一分呆滞。

“路漫漫其修远兮，吾将上下而求索”，我会一直努力地工作，因为做一名教师是我从小就有的志愿，我深爱着教师这一职业，我为拥有这份平凡却有创意的事业而感到自豪。

写下这些文字的时候，闻到了窗外一阵阵清香。那是我们校园里种着的一株株桂花树发出的。它们的干不是很粗，但是很直，很有力。它们没有婀娜的枝条，没有高大的躯干，却守卫着我们的校园。桂花不与群芳争艳，也不与万花争春，只是默默地、无偿地奉献出阵阵幽香。我觉得老师也应如此，用心血教育学生，而不应求学生的回报，所以，我愿做十中校园里的一株桂花树！

我的成长历程及体会

信息中心　张燕

作为一名信息技术教师，从初登讲台的懵懂无知、迷茫彷徨到现在的勤奋求知、主动探索，我一直在摸索着新教师的成长之路。其间，又适逢新课程的推出，所以我的成长也随之同步进行着。在此，我想结合自己的实际情况，谈谈我对新教师成长的一些感想，以及在信息技术教学过程中积累的一些经验。

对于成长之路，可以简单地用“积累、实践、反思”三个词概括。

首先，要给学生一碗水，教师必须有一桶水。因此，刚开始亟需的就是为自己“蓄水”——知识和信息的积累。信息技术新课程要求教师彻底更新教育观念，熟练掌握教学内容，选择适应课程标准理念的教学方式，营造有利于学生主动创新的学习氛围，关注基础差异，促进共同发展，教会学生学习。新课程给信息技术教育教学带来勃勃生机的同时也给信息技术教师带来了难得的机遇和严峻的挑战。对于我这样缺乏教学经验的新教师来讲，必须不断学习、不断积累，与时俱进，及时了解和掌握社会科学、时事新闻等各方面的内容，才能拥有自己的一桶“活水”，从而丰富、充实自己的课堂 。另外，还必须学习如何“给”水——教学经验的积累。“讲是耕耘，听是收获。”平时不仅听老教师的新课，还包括复习课和习题课。因为不同类型的课有不同的特点，授课方法和手段也不尽相同。多种课型结合，才能更全面地掌握各种课堂技巧，提高课堂的驾驭能力。同时，也听其他新教师的课，所谓“当局者迷，旁观者清”。有时在其他教师身上，更容易发现自己身上存在的问题。

其次，在大学里，我们虽然学习了新的思想和新的教学理念，但是，仅仅有想法、有理论，还只是纸上谈兵而已。“实践是检验真理的唯一标准”，因此，在课堂上要敢于尝试，勇于实践。我曾经对同一节课设计了两个截然不同的教学设计方案。其中一个是利用传统的方式授课，另一个是借助多媒体辅助教学，同时采用新课程所倡导的自主学习、合作探究的方式进行。经过反复分析和比较，我仍然决定不了哪个方案比较好，但当我把这两个方案分别在两个水平相当的教学班中实施，两个方案的优劣性就一目了然了。这也让我真正明白：实践出真知，课堂才是教学实践的主阵地，也是信息技术教师专业发展的主要平台。只有基于课堂、立足课堂，以课堂为最主要的“教学场”和重要的“研究场”，我们在成长过程中才能水到渠成，而不至于舍本逐末。

如果说学习积累是前提，不断实践是主体，那么积极反思就是关键。教师应当深入学生的学习和生活，及时了解学生的情况及学生对教学的反馈信息。针对实践中存在的问题，积极反思，自我检讨，认真总结，不断改进，并主动同其他教师交流讨论，取长补短，才能不断地进步和成长。记得有一次，冯老师在听完我的课后指出：机房后面有个别学生上课在睡觉，这对我无疑是一个很好的警钟。我马上作了深刻的自我检讨和反思：我上课时是否忽略了坐在最后的学生，缺少对他们必要的关注和交流？还是他们的基础太差，跟不上？或者是他们对信息技术根本就不感兴趣？等等。紧接着，我通过观察、了解和单独谈心等方法，找出他们上课睡觉的真正原因，并分别作了沟通和辅导，而且新课程教学又要求信息技术教师具备扎实的知识基础以及开展教学的综合能力，尤其要有适应信息时代、在教学中反思、完善教学行为的能力。正如前辈对我的忠告：教学前的反思，能使教学成为一种自觉的提炼和实践；教学中的反思，能使教学高质高效地进行；教学后的反思，能使教学经验理论化，所以我时时检讨自己，反思自己，从而使自己的教学水平和课堂管理能力都得到进一步的提高。

几年中，我也积累了一些教学经验，写在这里，和所有老师共勉：

注重因材施教，尊重学生个性发展

心理学认知理论认为，当教学适合于个别学习者的需要时，学习最有效；当教学适应于学习者的知识技能时，学习会变得更成功、更有效。因此，在信息技术课教学中要十分重视因材施教，尊重学生的个性发展，并将其始终贯穿于整个教学活动中。在每届新生开学的第一课，我都请学生填一份问卷，了解他们对信息技术知识的掌握情况以及对这门课的建议和要求。因为学生毕业于不同的小学，有的学校条件较好，学过一定的计算机知识，也有的参加过各种计算机培训班，还有的从未接触过。针对这些情况，我采取着眼于大多数，同时兼顾对个别优秀生和少数差等生的帮助和指导的教学方法，教学上分层次进行，对不同程度的同学提出不同的要求，即每次上机活动都要布置基本任务和选作内容，学生据此来选择适合自己的学习内容。比如，在学习 Excel 中制作同学录这节课时，我让没有接触过计算机的学生在教师指导下，进行学生信息的录入、设定数据格式、调整行高列宽等操作，而让基础好的学生则进行排序、汇总、插入拼图等操作。这样教学，可以使基础好的学生能跳一跳摘到桃子，基础差的学生学一学也具有成就感，满足了他们各自的求知欲。

培训课代表，选好小助手

信息技术课是一门实践性很强的课程，无论是学习软件还是程序设计，上机实习都是必不可少的教学环节，几乎 80% 以上的时间都在机房进行。在具体操作中，大部分同学都会遇到这样或那样的问题，都要求老师帮忙解决。一节课下来，尽管教师忙得不亦乐乎，但有时个别同学还因得不到及时的帮助而挫伤积极性。为此，我采用了培训课代表、选好小助手的办法，取得了良好的课堂教学效果。即每班设一名信息技术课代表，下设几名小组长，组成“信息技术活动小组”。这样做有以下几方面的优点：一是减轻了教师的压力，使教师能有重点地辅导某些方面的问题或某些同学；二是使得人人都能得到及时的帮助，保护了同学们学习的积极性，且学生间的辅导自由也易于交流；三是锻炼了小助手们分析问题、解决问题的能力，所学内容也得到了强化；四是不好意思问老师的学生可以问同学，既解决了问题，又增进了同学间的友谊。

以“任务”驱动教学

信息技术课的教学模式不宜采用传统的逐条列出的讲授方法，也应避免说明书式的灌输方式，而应通过提出问题、分析问题、解决问题，把学习目标结合到教师设计的典型任务中。如我在讲解 Word 这一章节时，没有按教材的顺序先讲文字输入、修饰、编辑等，而是事先设计了一份精美的迎新年贺卡，其中有五彩的标题、漂亮的插图、动感的画面、优美的音乐，通过将这幅全新的贺卡展现给学生，让学生明白我们学习这一章节后，也要做一幅精美的贺卡。任务提出后，同学们兴趣浓厚，我紧紧抓住学生的这一兴奋点，把枯燥无味的文字输入、文档修饰、编辑排版的讲解图文并茂地贯穿在贺卡的制作中。这种方法既能充分调动学生的主动性、积极性，发挥学生的主体作用，还能激发学生的学习兴趣和求知欲，更能启迪学生的创新思维。

采用谈话讨论法进行教学

谈话讨论法是教师和学生用口头语言问答的方式进行教学的一种方法。比如，在学习完《Windows 窗口》这一章节时，可给学生提出如下问题：（1）文件的移动和复制二者在实际意义与操作方法上有什么区别？（2）删除文件的快捷方式会把它的源文件也删除吗？（3）如何从文件的快捷方式中找到源文件的位置？（4）在窗口的空白处击右键和指向一个图标击右键效果一样吗？（5）菜单（或称标准菜单）与快捷菜单有什么不同？这些问题提出后，同学们争先回答，纷纷发表自己的见解。采用这种教学方式，师生交流时间比较多，可以很好地活跃课堂气氛，调动学生学习的积极性，并使全班同学始终处在探索问题、解决问题和回答问题的积极状态中。

孔子云：“知之者不如好之者，好之者不如乐之者。”我们只要能保持满怀的激情和对教育事业的诚挚热爱，不断地坚持学习积累、反复实践、及时反思，以积极的心态认真面对教学中所遇到的种种困难，都能更好更快地成长，并且有所收获。

在路上

——三年教育教学生活回顾

政治组　王琴

时光飞逝，斗转星移。刚进校培训的那一幕幕仿佛还在眼前，转眼就已经工作三年了，回首三年来的点点滴滴，的确感触颇多。

在教学上，我始终坚持认真备课、认真上课。备好课是上好课的一个必要前提。如何才能备好课？怎样才能让学生对政治课感兴趣？这是我工作三年以来一直在琢磨的问题。因为我深深地知道学生对这门课一直存有偏见，甚至有部分同学认为政治就是枯燥、乏味的代名词，所以要想上好政治课，让学生改变这种根深蒂固的观点，对我来说的确面临的是一大挑战。

但在这个过程中，我始终对自己充满信心。每一次我备课的时候都很花心思，想尽一切办法试图从各个方面来调动学生的积极性。在备课的过程中除了认真钻研教材，力图把每一个知识点讲清讲透以外，考虑到本学科的特点，平时还会多关心各种媒体，关心时事，了解有关新的政策，尽可能地把最新的东西融入到课堂中去。比如说党和政府提出要建设社会主义新农村的口号，在讲集体经济的时候就可以结合这一点来讲。书本上讲到集体经济可以体现共同富裕的原则，它是我国农村的主要经济形式，并广泛存在于城乡的工业和服务业中。这些理论性的东西，学生缺乏一定的感性认识，理解起来很困难。在讲这部分内容的时候，我就把我之前去参观过的新农村的典型——蒋巷村的具体情况描述给他们听，并给他们展示了我带回来的一些图片以及拍的相片。学生一看都很羡慕那儿的农民，家家住的都是别墅。我就问学生，这儿的农民为什么都能住上别墅呢？学生就能结合书本回答出来。因为这里的乡镇企业办得好，农民都有班上，有稳定的收入，所以才能住上别墅。我在总结的过程中提到，党和政府提出建设社会主义新农村，其出发点就是要让农民手里有钱，过上比较富裕的生活。怎样才能让农民过上比较富裕的生活？就要通过大力发展农村的集体经济，来帮助他们共同富裕。凡是农民普遍比较富裕的地方，那里的集体经济一定搞得很好。如天下第一村华西村。这样一讲学生自然而然就明白了。再比如在讲到只有大力发展生产力才能缩小我国与发达国家之间的差距这部分的内容时，也是比较抽象的。当时备课的时候我就在想，怎样才能使这部分内容上得比较生动让学生感兴趣？后来我想到了去网上查阅世界500强企业的排名。课上我主要列举了前10名的企业以及中国企业在500强之中的排名情况。刚开始我并没有直接公布排名情况，而是先让他们猜中国最好的排名会是第几。然后班级一下子就沸腾了起来，有猜第3的、有猜第5的……接着我很遗憾地公布前10名当中没有一个是中国的，7个美国的、2个日本的、1个英国的。中国最好的排名是第23位。通过这几个简单的数据就可以看出我国目前同发达国家相比还有着相当大的差距。我就顺势问学生怎样才能缩小这个差距。学生就能想到要发展经济，发展社会生产力。

到此为止，问题也就迎刃而解了。在这一过程中，我发现学生非常感兴趣。

备课过程中，除了要花心思以外，我觉得平时还要多参加社会实践，拓宽自己的视野，丰富自己的生活阅历。这样在上课的过程中，我会信手拈来一些例子，而这些事例远远要比书本上的事例生动得多。因为毕竟是亲身经历过的，讲起来也比较绘声绘色，这样很能调动学生的积极性。比如我今年暑假和学校的老师一起去新疆旅游，回来正好这学期教高一的新教材。在新教材里有一个知识点是引起价格变动和差异的因素很多，如气候、时间、地域、生产等，甚至宗教信仰等文化因素也能对价格产生间接影响。在讲地域因素能够间接影响价格的时候，我就自然而然想到了新疆的哈密瓜、吐鲁番的葡萄在当地是多么便宜，哈密瓜不是按斤卖，而是按个数卖，5 元钱就可以买两个，新鲜的刚上市的葡萄也就 2 元钱一斤，而相比之下，同样是新疆哈密瓜在苏州就是一块多钱一斤，一个都要十几元钱。葡萄是 5 元钱一斤。学生一听不仅对知识弄懂了，而且还对新疆产生了浓厚的兴趣。在讲宗教信仰也能间接影响价格的时候，我所用的事例也还是在新疆旅游的过程中听导游所说的一个趣事。记得当时导游说："在新疆有很多信徒很忌讳听'猪'这个字，所以各位老师最好尽量避免说这个字。如果非说不可的话，那就请用'大耳朵羊'或'短腿牛'来代替，避免引起不必要的民族冲突。"我就问学生，试想一下，正如回族人不吃猪肉一样，把猪肉拿到那个地方去卖能卖到好价钱吗？学生一听就很起劲，课堂气氛一瞬间活跃了起来。总而言之，要想激发学生对政治课产生兴趣，教师要多花心思、注重积累。课不要上得太死板，要注意形式的多样化。如书本上一些浅显易懂的地方，完全可以让学生自己上讲台讲，这样会起到一些意想不到的效果。

作为一名新教师，我深知自己在教学的很多方面还存在着不足之处。如对课本知识点之间的融会贯通能力不够强，对于一些材料的取舍把握还不是很到位，知识点之间的衔接还比较生硬等，所以我三年来一直坚持去听师傅的课，几乎他的每一个新教案我都去听过。有不懂的地方我就会及时向师傅请教，他总是耐心地为我解答每一个困惑。除此之外，我们组里其他同事也很热情，每当我向他们请教的时候，他们都不吝赐教，把自己所知道的都毫无保留地告诉我。每当我开公开课的时候，他们都会为我出谋划策，给我提出一些宝贵的建议，使得我在教学上有了很大的进步。我真的从内心里很感谢他们，也为自己能生活在这样的一个大环境中而感到欣慰。

在三年的教学过程中，其中有两年的时间我和贾志坚老师搭班做副班主任。贾老师是一个很细心的人，在班级管理上有自己独特的风格。他很幽默，很有耐心而且很平易近人，很少见他板起脸来训学生，但是学生都很信服他。两年下来从他的言行举止中，我学到了很多。这一点我要特别地谢谢他。在担任副班主任期间，我很注重与学生之间的交流，我和他们几乎无所不谈，针对他们在学习和生活中遇到的困难、困惑，我会主动去关心，所以无形之中拉进了彼此的距离，师生关系十分融洽。有付出就会有回报。感情是相互的，你对学生好，学生也会对你好。记得有一次，我的喉咙沙哑得发不出声音来，那几天我都无法上课，只能让学生做作业。他们听说以后，我去上课的时候就有学生事先在讲台上为我准备好了一张椅子，还为我冲了一杯热腾腾的咖啡。我当时真的是很感动。没想到他们会这样做，这个惊喜实在来得太意外了。还有一次，我的右手掌骨不幸骨折了，当时去上课的时候绑着厚厚的石膏。看到我这副模样，他们很是同情。每一次去上课的时候，总有学生给予一些关心的问候，还有学生主动要为我写板书。现在想想，能有这样的学生，觉得自己真是太幸福了。如今这一切，都已成为我心中珍藏的美好回忆。

总而言之，三年的教学生活是丰富多彩的。这其中有喜也有忧，有付出也有收获，而这所有的一切都已在我心中留下了永久的印记，正是因为这些使我得到了锻炼，也使我不断地走向成熟。

在充实中坚守信念

信息中心　范佳

“一年熟悉教材，三年站稳讲台”，三年过去了，回顾三年的教学生涯，有收获，也有遗憾，收获的是经验，遗憾的是自己的进步太小，三年对于人的一生来讲可能是很小的一步，但对于整个教师生涯来说，亦可有相当的作为。

回想自己做教师的这三年，要先从自己的性格谈起。我是个性格偏于内向的人，能和身边的亲密伙伴玩得很疯，但对于陌生人，一般都不太愿意主动和他交流；同时，刚从学校毕业的我仍然在用未长大的心态思考处事。渐渐地，我意识到，性格上的这两点给我做老师这份工作带来了不小的障碍。

刚做教师的我，上课有些怯场，自信不够，学生在下面的一言一行都对我的发挥有着很大的影响。而有些课，明明自己备得很认真、很充分了，为什么下面的学生在听的过程中仍然显得那么无精打采，睡意浓浓呢？有的学生的眼神似乎都在反映着他对我上课的不满。这到底是谁的问题？是认真备了课的我，还是座位上的学生？我觉得相当委屈，很想找出原因来，我知道最好的办法就是和他们利用课下的时间打成一片，但不知如何与陌生人打交道的我做不到。于是，我想了个办法，让学生传纸条给我，对我提出要求。这招还挺管用的，学生似乎很愿意把他们的想法和我交流，从传上来的纸条上看，大多数学生认为计算机课应该让他们多实践、多操作才对。看来这是我做得最不好的地方了，所以才会有那么多学生有这样的想法。从这个角度出发，仔细地听了几节同组师傅的课，我开始反思我的备课。我把知识点备得很认真，讲得很详细，唯独缺乏的是对学生的了解。学生想上什么样的课？换位思考之，怎样的课听起来才是连贯的，不枯燥的？我们的学生每天要听8—9堂课，冲着知识来学习的并不多，更多的是被压迫下的无奈。因此不要要求他们有多高的自觉性，而是我应该更人性化地去考虑学生的需要。于是，我修改了我的备课思路，在讲课过程中穿插练习，通过练习来促使学生主动思考，引出知识点。这样一来，上课就不只是我一个人的事了，学生也得跟着我忙活了，大家都有事干就没人无聊了，我不再唱独角戏，学生的兴趣也被调动起来了。

虽然这次尝试是成功的，但是我明白间接的交流总不及直接的交流那么深入。我必须打破我的这种个性，学会与学生交流。这是我的职业对我的要求。

做教师以后遇到的第二个问题是不善于控制课堂纪律，这是我自己一直烦恼的问题，再有就是上一次的一个学生对老师的无记名调查，我的学生对我的备课、认真程度都是肯定的，唯独对我的课堂纪律是否定的。初上讲台的我总想表现得和善些，以为这样会受学生的欢迎。可渐渐发现，学生的行为是需要教师的规范的。于是，我在课堂上发起火来，班级安静了，气氛也凝固了，座位上的有些学生私下表现着他们的不满，这是我能感觉到的。我觉得这不是我想要的结果，我期望的是他们能理解我的行为，我完全是为他们好啊！慢慢地，发火也没用了，是我的威信没了？我做错什么了呢？这是光靠思考没办法发现的问题。在一次次与学生的摩擦过程中，我逐渐地积累经验，发现了问题的所在。首先，我的批评时常变成一种赌气的半途而废，我没有用道理去劝服学生听我的，单纯的老生常谈的批评学生听得太多了，不足以说服他们，而当苦口婆心的劝慰没有被接纳时，我的火气一下子就往上蹿，犯得着受这种气吗？一路走来到大学毕业，我迁就过谁啊，再啰唆下去我就快成老太婆了。其次，我的批评往往是大面积的，没有掌握杀鸡给猴看的原理，大面积的批评容易伤及无辜，也容易犯众怒。再次，我怕与学生一对一的冲撞，很担心万一我的命令他不听怎么办？万一我让他站起来他不站怎么办？当众失面子，以后威信扫地啊！因此我时常采取纵容的态度。最后，我的指令模糊，例如让学生不要讲话，我时常采取的方法是在班级里大声吆喝："上课了，大家不要讲话了！"可渐渐才发现，我应该这样说，"某某同学不要再讲话了"，或者"再有同学讲话就站五分钟再坐下去做考卷"。事实证明，有针对性的指令会有更好的效果。

教师劳动具有很强的个体性，走进课堂，一般都是一位教师在上课，但是，教师又是一个群体。要真正产生高效的教学效果，就必须依靠集体的智慧。同事之间相互学习、相互切磋、相互支持，就会时常碰撞出智慧的火花和灵感。因此，我平时很注重向同组经验丰富的老师学习教学方法，课堂管理方法。上半年，我有幸获得了带苏大实习生的机会，在辅导实习生的过程中，我看到了一年前的自己，自己第一次上讲台前的忐忑，反复斟酌的教案，第一次上课获得成功的喜悦以及失败时的懊恼，这给我本已有些麻木的态度给了一剂强心针，让我有机会反思我的教学态度。

总的来说，我挺喜欢教师这一职业的，尤其是我的专业——信息技术。陶行知先生曾经说过："要做小孩子的先生，必须让自己先变成小孩子。"弯下腰听听孩子的心声，放下教师严肃的姿态，和孩子一起玩、学习，让自己成为孩子最亲密的伙伴，这是我一直做得不够的，也是我一直在努力的。

回头看看我所走过的路及自己努力所获得的成绩，成绩属于过去，成功还看未来，我愿意用我的全部智慧、热情和能力，做出更好的成绩，来实现我的社会价值和人生价值。"路漫漫其修远兮，吾将上下而求索。"

青春的足迹

——三年期回顾

地理组　龚洁

2006 年，正值苏州第十中学百年华诞，看到桃李满天下的老教师们两鬓斑白、手挽手漫步在校园中追忆少年痴狂、似水年华……我猛然回神，问自己：我把青春献给谁？

——题记

来十中已经三年了。三年的光阴，一千多个白天黑夜的循环往复，逝者如斯。过去的三年中，我恪守“勤勤恳恳工作，踏踏实实做人”的座右铭，在地理教学的岗位上默默耕耘，把自己的所知、所学、所能毫无保留地奉献给了一批又一批可爱的孩子们。在教学相长的过程中，我也通过努力地学习、钻研、汲取，不断提高着自己的思想认识、业务能力，并在领导和同事们的关心下取得了一定的成绩。

思想政治方面

作为一名共产党员，从学生逐渐成长为人民教师，其间，转换的不仅仅是身份和角色，更主要的是更高的标准和更严格的要求。

作为高中入党的年轻“老党员”，大学团委组织部部长，如何在新的岗位上继续发挥共产党员的先锋模范作用对我提出了新的挑战。进入十中后，学校党组织为我提供了这样一个学习和锻炼的机会——让我担任振华党小组组长的工作。

三年来，在校领导的关心和党组织的指导下，我积极参加“三个代表”重要思想理论学习、保持共产党员先进性教育、“八荣八耻”宣传等各项主题学习教育活动。在活动中，我时时处处严格要求自己，充分把握机会，深入学习党的先进理论和知识，认真撰写学习心得，并经常注意对照模范典型的先进事迹，剖析自己，反省自己，正视自己的缺点和不足，努力提高自身素质，进一步提高了自己的理论水平、思想认识，同时我的组织工作能力也得到了一定的锻炼和提高。

教育教学方面

什么是教师最高的荣誉？也许答案就在学生给你的一句问候、一张卡片、一封书信中……

每位有责任心的教师都想把学生教好，让学生成功，我也不例外。

我努力思索、领悟新的教学理念，刻苦钻研如何把课上得生动有趣，如何提高教学质量，常深感肩负责任重大，虽工作繁杂，但不敢懈怠，唯恐有负学生的期望和家长的重托。于是我在课前，认真仔细地进行备课，根据各班学生特点，对教案进行修改。通过网络搜寻有效信息，尽力将烦冗复杂的海量信息整合成适合课堂教学的多媒体资料；课堂教学中讲课力求抓住重点，突破难点，精讲精练。通过多种教学方法、手段，从学生的实际出发，调动学生学习的积极性和创造性，使学生在民主平等的学习氛围中各有所得。所有的付出，就在学生“上地理课好轻松、好有趣哦”这一句话中得到了回报，因熬夜而疲惫的心也在那一瞬间舒坦起来。

三年来，耳濡目染着师傅的精湛“技艺”，通过自己点点滴滴的努力，我的教学水平不知不觉也有了提高，并有幸担任高一地理备课组组长。师傅夸奖我上的课很成功，苏州市地理调研员荣苓老师称赞我具备了好老师的所有素质……

在这里，我觉得真的要感谢我的恩师、同事和领导。如果没有他们，我也不会在这么短时间在地理学科上走这么远。不记得多少次他们坐在我的课堂上听课、然后评课，也不记得多少次他们跟我围坐交谈、探讨问题、指点迷津……他们的指导和帮助，把我从门外领进了门内，并给予我全方位的锤炼，这是我一辈子都取之不尽、用之不竭的宝贵财富。

德育工作方面

世界上有一种“超凡脱俗”的爱，那就是师爱，这种爱没有血源和亲情，没有私利与目的，然而这种爱却有一种巨大的力量，她可以融化人心灵的冰霜雪雨，驱赶心灵的荒芜和冷漠。刚从学生时候走过的我更理解师爱这种“润物细无声”的伟大力量。

虽然我还没有做过班主任，但我的师傅给了我很多的启发。他们时而威严，时而和蔼，时而平易，用这种平凡而伟大的爱，培育了一年又一年的桃李芬芳，也让我懂得了怎样才能“让每个学生都抬着头走路”。

作为一名地理老师，我深深知道，我有责任引领学生走进知识的殿堂，我也有责任引领他们张开理想的风帆，驶向梦中的彼岸，我更有责任引领他们插上智慧的翅膀，翱翔在无尽的天空。

古人云：“亲其师，信其道。”我认为在教育教学工作中，如何做到通过关爱学生，激发学生的情感，让学生“亲其师”“信其道”，达到“不教而教”，应该是维系师生间教育的纽带。于是，在教学的过程中，我努力“蹲下身子看待学生”，在日常教学工作中，多了解学生，关心学生，尊重、理解、信任学生。对于学习有困难的学生，我总会倾注更多的关注：课上多提问，多巡视，多辅导，多鼓励，对他们取得的点滴进步给予表扬；课后陪他们多谈心，交朋友，树立起他们的信心，激发他们学习地理的兴趣，并有意识地发动班上地理学习优秀的学生担任“小辅导老师”。

业务学习方面

当前，我国基础教育正在进行的课程改革，突出强调信息技术与课程的整合，这不仅引发了教学体系、教学内容的改革，也引发了教育观念、教学模式的改革，对我们教师的基本技能和知识素养也提出了更高的要求。在这三年的地理教育教学工作中，我越发清醒地认识到要做好一名出色的地理教师，除了掌握本学科的专业知识外，还必须学习和掌握现代教育技术的基本理论和技术技能，才能胜任基于信息化环境下的教育工作。

《论语》有云：“工欲善其事，必先利其器。”计算机作为信息时代的主要载体，在素质教育中占据了极其重要的地位。这三年里，我自学了 Authorware 和 Flash 等应用软件，制作的电子课件资料已超过 1G 的容量，另外我还承担起了建设和维护地理组教学网站的工作。

双语教学也是随着时代的发展应运而生的。作为地理双语教师，我利用平时点滴的空闲时间，努力提高英语水平以求胜任双语教学工作。三年来，我参加了本校每次的双语活动。寒假里参加过加拿大 Jill 女士对本校双语教师的培训，暑假里自费学过外教口语课程，参加过英语教师省级培训引智英语培训。

其他方面

在过去的三年里，在兢兢业业做好本职工作的同时，我还认真完成学校领导交办的各项工作（电子屏、宿管、值班等），虚心向各位教师学习宝贵的教学经验，不断阅读有关教育教学理念和实践的书籍，充实自我，参加学校及苏州市组织的听课、教研、野外考察、天文观察等活动。

主要成绩

公开课：《常见的天气系统》。

校外公开课：《大气环境保护》（网络教学）。

校外公开课：Theory of Plate Tectonics（双语教学）。

督导活动公开课：《大气的受热过程》。

苏州市中小学课改观摩、研讨活动公开课：《人口的空间变化》。

课件《天气与气候》获苏州大市课件评比一等奖、苏州大市评优课一等奖。

《常见的天气系统》获苏州市多媒体教学软件制作评比三等奖。

参与国家级课题《数字化时代校园信息文化构建研究》，负责子课题《现代信息技术与地理教学过程的整合研究》。

参与省级课题《地理教学中学生实践意识与实践能力的培养研究》并发表论文《地理网络教学探索性实践》《小班化教育的探索与实践感

悟系列》。

论文《地理学习能力培养》获苏州市地学会学术年会优秀论文评比二等奖。

论文《通过开展身临其境的教学活动培养学生主动竞争、合作精神》发表于《振华教苑》。

特别想感谢的人

谢延新、郭翠兰、沈韦鸿——地理学科师傅

凌苏云、李彦、吉剑锋——班主任师傅

吉剑锋、Maryann——双语学科师傅

一份春华，一份秋实。三年来，我付出了一颗颗汗水，也收获了一份份沉甸甸的情感。教学无止境，在课程改革不断推进的今天，社会对教师素质的要求越来越高，作为有责任感的教育工作者，我将以高度的敏锐性和自觉性，及时发现、研究和解决学生教育和管理工作中的新情况、新问题，努力掌握其特点，发现其规律，尽职尽责地做好工作。在今后的教育教学工作中，我将立足实际，认真分析和研究好教材，用我的心去教诲我的学生，用我的情去培育我的学生，把我的青春献给我们美丽的校园。

寻梦

——三年期教学生活回顾

历史组　曹伟

时间飞逝，不经意间我已经工作三年多了，感慨颇多。总记得那个冬日午后慵懒的阳光，正是在那一个午后，迷惘的我觅到了十中这所最中国的学校——我一直梦里寻找的地方。于是，一切开始有了转变，生活有了定数，“南征北战”的日子终于有了归宿。我很幸运地从众多竞争者中脱颖而出成为了一名十中人，每每回想起那段与十中邂逅的时光，内心萦绕的总是“感恩”二字。

回头看看走过的路，一个镜头涌现出来——2009 年 8 月 7 日上午 9 点 30 分，教育局的新教师培训正火热进行中，苏州职业大学的心理学教授张祥老师正在读我们这些准教师传上去的纸条并逐一点评。他拿起其中的一张念道：“我是真的喜欢当老师，当老师是我一直以来的梦想，只要在讲台上还能够实现自己的价值，我就会为我的选择奋斗下去……”张老师没有读完，他静默了几秒钟，然后语重心长地说道：“这位同学的热情毋庸置疑，但是我的建议是你先把教书当作一个职业，很好地去做好这个工作，然后再去思索你的理想和追求……”

听到张老师的这些话，我的心里五味杂陈，因为张老师点评的人就是我，我满怀热情的入职宣言却让这个资深心理学教授泼了冷水，心里不免失落，隐隐有一种挫败感。凭什么打击我的热情呢？难道满怀激情地投入工作不行吗？然而细细斟酌，张老师的话其实另有深意，他点出了青年教师所面临的一个迫切问题：我们满怀激情而来，我们把关爱生命、呵护成长当作崇高理想，但是日常教学是琐碎的，需要耐心十足地应对，仅仅凭热情能够解决问题吗？若解决不好，你的热情是否大打折扣呢？张老师对我们职业化的期望其实是很务实的，比起那乌托邦式的空想来得更为现实。这三年多的时间确实印证了张老师所言，教师的工作是平淡而又琐碎的，教育不是仅靠热情就能做好的，饱满的热情只是第一步。在这三年里，我经历了很多，也成长了很多，逐渐理解了“教师”，逐渐明白了“教育”。

在这里三年，我的专业知识得到不断提升。从初上讲台的青涩到现在站稳讲台的游刃有余，这当中当然少不了同事们的倾力相助和学生们教学相长的促进，我自己更是了解自己诸多方面的不足，从而有针对性地不断弥补。我是一名历史教师，历史学科因为其独特的学科特性，内涵至深、外延至广都需要我们历史教育者不断地给自己充电，才能满足当前教育教学的需要。这三年多的时光里，我在工作的同时没有放弃读书，史学专业的知识不断得到丰富。

我努力从各方面严格要求自己，虚心求教，每一项工作都勤勤恳恳，兢兢业业，结合当前的教学需要和学生的实际情况，制订出相应的工作计划，使得每一项工作都有计划、有组织、有步骤地开展。认真备好每节课，努力上好每堂课，按时按量地完成自己的教学任务；课前，认真钻研教材，对教学内容做到心中有数。着重进行单元备课，掌握每一部分知识在单元中、在整册书中的地位和作用。和同组的老师共同探讨教材中出现的难点，共同解决课堂中出现的教学问题。在教学中，每一节课我都尽量用 PPT 制作课件给学生创设各种情境，激发学生学习的兴趣，增强上课技能，提高教学质量，使讲解清晰化、条理化、准确化、情感化、生动化，做到线索清晰、层次分明、言简意赅、深入浅出。在课堂上特别注意调动学生的积极性，加强师生交流，充分体现学生的主体作用，让学生学得容易、学得轻松、学得愉快；注意精讲精练，切实做好教学七认真，把学生的利益放在首位，努力为学生创造一个融洽祥和的学习氛围。

除了日常教学，我还在学校团委负责学生会的相关工作。我校团委在学校领导的指导下，围绕学校工作要点，根据每年市教育团委工作要点、工作计划，立足学校实际，本着服从学校管理，利于班主任工作，利于学生成长的原则，开展了一些实实在在的工作，营造了良好的校园文化氛围，取得了一定的成绩，为做好学生管理工作、开展各项活动奠定了很好的基础。在这几年的学生工作中，我努力做好相关工作，脚踏实地地参与到开展的一系列校内外活动中，做出了自己的贡献。2012 年暑假还和郭玉宏老师一起带领我校领导力小组赴北京参加全国中学生领导力比赛并获得优异成绩。

经过三年的锤炼，我已然站稳了讲台，但是我还有很多的不足，需要今后更加地努力才能不断地完善和提高。在史学专业知识方面，虽然我没有放弃读书，但读书的数量和质量比起求学时代有下降的趋势，这一点我深感惭愧，只能今后多读书、读好书来弥补；在教育教学方面，课堂上暴露出来的问题还是很多，这个需要更加努力地在学习和实践中不断提高来解决；在学生管理方面，由于没有真正意义上做过班主任工作，这一方面的缺失是很严重的，虽然有其他的相关工作来弥补，但始终没有得到扎实的锻炼和稳步的提高，这一点只有今后不断加强学习，在有机会的时候承担起这一工作，从而不断提高。

三年的时间是短暂的，这期间的经历却是难以忘怀的，许许多多的场景将伴随我教育生涯的始终。“路漫漫其修远兮，吾将上下而求索。”教师的成才是没有止境的，教师对于教育的追求也是无限的，远方的理想更需要现实脚步的一步步夯实，在今后的岁月里，我只能一步一个脚印地夯实我的知识，不断提升自己的教育教学能力，才能无愧于三尺讲台、无愧于教师二字。我会一如既往地努力！

回想·展望

语文组　张音乐

坐在书桌前，认真地回想过去，拿起笔才恍然觉得三年已经过去了，真要发出“逝者如斯，不舍昼夜”的感慨。从进十中的那天起，我就希望时间过得快一点，好让我早日成为一名有丰富教学经验的老师；真到了三年之后，又觉得时间过得太快，还来不及好好地体会就成了过去。在这三年中我究竟学到了什么？做出了什么？是时候该好好思索一番了。现在就让我进入时光隧道，慢慢回味这三年中的点点滴滴吧。

实习生马上要来了，想起自己做实习生时，有幸被分配到十中。那时的自己，心里惴惴不安，带点兴奋又十足紧张。幸而指导老师张文虎老师是亲切而和蔼的，慢慢消除了我的种种顾虑。实习的两个月让我从只懂书本理论到逐渐掌握一些实际经验，慢慢有了些做老师的感觉，这全仰仗指导老师的悉心教导。因为仰慕十中的办学精神，我十分渴望能够留在十中。

幸而又回到十中，正式以一个老师的身份。初上讲台，强自镇定，望着一双双注视的眼睛，心里对自己说：我得对得起学生。很想自己的课堂是完美的，但总免不了犯些小错误，学生却比我想象中宽容，笑笑而已。也许一个年龄差距不大，偶尔说错了还会脸红的老师在他们看来是比较容易接受的吧。语文这学科有它的特殊性，大多数问题是开放性的，没有统一的答案。在课堂上，启发学生的创造性思维是一个很重要的课题。我尽量使我的课堂宽松而严谨、轻松而丰富，让学生在课堂上善于思考、敢于怀疑、乐于发言、勤于总结，不仅学到知识，还能锻炼能力。有些课我和学生之间的配合比较默契，就像共同完成一件艺术品一样，我觉得学生思维活跃，学生觉得我很有激情，大家都很有满足感。当然，这样的课还不多，以后的备课还要更周到，临场反应还要更灵敏。

有的时候也觉得工作辛苦，别人下了班就可以休闲娱乐，而我却得在宿舍备课。当然会有人说是你自己效率不高啊，可是我总觉得自己备课不够，还有很多可以推敲的地方，总想着准备得越充分，上课的底气就越足，而事实上发挥得也会越好，所以对我来说备课是没有休止的。在上课的过程中，或者在和其他老师探讨的过程中，都可以发现更好地处理某个问题的办法，这些都可以在下一次的教学中运用。不断地修改自己的教案，才能不断地改进自己的教学。

做语文老师还有件痛苦的事，那就是批改作文。有时批得兴起，埋头苦干许久，抬起头来只觉得眼发酸、头发涨、脖子发硬。有的作文字迹难辨、结构混乱、不知所云，那真是痛苦，修改也让你无从改起；而有的作文字迹端正、文笔优美，又不乏机智幽默之语，那也真是酣畅，心情自不必说，连评语也可以洋洋洒洒了，何谈痛苦。至今我也很难评判批改作文究竟是不是件痛苦的事。

在十中，我既是老师，又是学生，有太多的东西值得我学习。在平常的教学中给我最大帮助的是听老教师的课。他们无私地奉献他们的课堂，每一次都让我获益良多。在听老教师的课时，一边听课一边思考，我会发现自己的教学与老教师之间的距离，可以发现很多值得借鉴的好的教学方法。有时在他们的课堂上我竟也似变成了学生，喃喃地回答问题。我想这种感染力还是我所缺乏的。

对学生的教育工作也不如我想象得那么简单。一开始，是做副班主任，跟着班主任学习如何建立班集体，如何管理班级。后来由于特殊原因，学校让我跟着李丹老师一起做高三（16）班的班主任。刚开始的时候真有点不敢接手，一来怕自己经验不够，担当不了，二来班级里有几个男生比较调皮，怕应付不了，但那时学校已经安排好了，也只好硬着头皮上。当时就想事情要做在前面，不能等着问题发生，所以一开学我就主动找了好几个同学谈话，了解他们的心理状态。我发现他们到了高三也很紧张，也有些时间不够用的感觉，但总是不能长时间地约束自己，所以我只能过一段时间就找他们谈话，委婉地提醒他们学习的紧迫性，一感到他们情绪上的不稳定就及时开导。在和他们的交谈中，我悟出了个道理，要让他们接受教育，不能仅靠老师的说，有时聆听也能帮助我解决问题。

工作之后令我最感动的是同事间相处得很和谐。我从来都怕应付复杂的人际关系，但幸运的是同备课组的同事都是极易相处的。大家相处和睦，有什么困难都能得到照应，身体不适的时候能听到他们的关怀话语，对我这个离家的孩子来说很安慰啊。正因为这样，大家有什么问题也都可以很直率地提出来，不会引起什么误会。同事之间的协作才比较成功。

在我这三年的成长中，我要感谢我的学科指导老师王梦老师，她为我付出了很多，还有张文虎老师、沈郁菁老师等老教师以及备课组的其他老师，他们都给了我很多帮助，真的谢谢他们。我还要感谢李丹老师和王军老师，他们在我的班主任工作上给了我很多锻炼的机会和建设性的意见。

闲时漫步校园，感受樱园的纷扬，呼吸桂园的清香，静视闻道廊的历史，聆听西花园的气息，确是一种享受，而我竟已经享受了三年。这三年是我在十中的头三年，我还将在十中度过我的很多个三年。每个三年对我来说都是短暂而漫长的。我要在每一个三年中尽我所能，无愧于学生、无愧于学校，也希望每一个三年我都会有所成长。从现在开始，学会记录下我教师生涯的每一点每一滴，让我在不断地回想中总结、提升，然后更有信心地展望未来。

那份冥冥之中的守望与追寻

——三年期工作随想

语文组　张慧琪

三年，转瞬。重回母校，一路走来，遇到了一些人，经历了一些事。蓦然回首，看着自己浅浅淡淡的成长足迹，还是禁不住有些讶异，感谢老天赐予我生命里所有这些美好的相逢。

我和教师这个职业

七年前，没有任何犹豫的，选择了师范专业。

三年前，尚未毕业，在新区一中实习，记得有一天师傅对我说："老是我讲你听没意思，明天你讲吧。"我说："好的。"现如今我依稀记得是一首诗，居然连名字都记不得了！下课后，师傅对我说："台风很好，声音洪亮，字迹遒劲，这是你人生中的第一节课吧？你是适合做老师的！"我很欣喜，也猛然醒悟：我人生中的第一节课啊，就那么结束啦？

后来听不少同事说起自己的"第一课"，心慌手抖声音颤，我觉得有些吃惊。我不是个行事很洒脱的人，但是我在三尺讲台前，真的没有紧张拘束的感觉。当时觉得，是因为自己傻呵呵的没当回事才会如此。

再后来，当教师这个职业被剥去浪漫的外衣而露出质朴的内核之时，一些选择和机遇出现在我面前，我还是那样傻傻地，又近乎执拗地回绝了。

渐渐觉得，冥冥中，我和教师这个职业缘分不浅。

我和十中

现在想来，一开始我没有料到我可以再回母校。兜兜转转，重回故土。工作闲暇，穿廊登台，赏花听雨，如此诗意的栖居，人间能得几处寻?

我和我的第一批学生

我的第一批学生现在业已毕业。我带了他们两年，不能说没有遗憾。父母曾不无顾虑，认为我老实没心计，会不会被学生欺负。事实上，他们所顾虑的没有发生，而我知道，我的第一批学生是老天赐予我的礼物。他们对我总是那么喜欢和宽容，分班后，新进来的学生也仿佛受了感染似的喜欢我。我依然记得生日时学生送我礼物时我的开心，课前集体喊“张老师生日快乐”时我的惊喜，高大腼腆的班长把他大大的拥抱作为生日礼物送给我时我的感动。还记得第一年曾被调任高二，临走前很多学生哭得稀里哗啦，后得知我依然回来教他们时又是那么欢欣雀跃。他们高三时，我有空就去看他们，他们就叽叽喳喳跟我汇报情况，高考前他们非常淡定、从容、自信地来看望我，并这么评价他们这个集体：尽管成绩并不十分优秀，但活得充实，活出了自我。这个班级在高考中大部分同学超常发挥，我相信宽容、乐观、从容的气质可以引领他们在今后的人生道路上走得更好。

这是我的第一批学生。他们给了我初为人师的满溢的幸福感，在他们身上，我学到了爱和宽容，我感谢生命里这份美好的相识。

我和语文这本大书

我的专业是汉语言文学，而我真正喜欢的学科是英语。人们说，从事喜欢的专业是一件幸福的事。我不是没有机会选择喜欢的专业，也许是阴差阳错，我注定要成为一名语文老师吧。

语文学科是一门公认难教的学科。作为母语学科，兼具工具性和人文性，较之其他学科，它的教学特点是备课量大、备课难度大、作业量大，对教师的专业要求很高。我时常觉得学科外延太广，知识储备太少，课外阅读和备课时间太有限，课堂效果总不那么令人满意。有时对着一篇篇乏味的800字学生作文，更是觉得头疼。也会暗暗后悔，要是选了英语，应该要轻松不少吧。毕业三年，不是没有想过改变，但是求稳的性格，又让我最终下不了这个决心放弃，然后从头再来。

后来偶尔了解到，有不少老师，原本没想过做老师，最终却成了一名优秀的老师；当初喜欢的是这门学科，后来竟成了那门学科的教师，并成就颇丰。这样的例子还真不少。这份偶然，给我的触动很大。渐渐想着，既然选择了，就要勇敢坚强地走下去。

我想到把我喜欢的东西搬到我的课堂。很感谢我的学生，给予了太多的鼓励。我在授课时给学生展示与之相关的我自己的书法作品，给他们讲解汉字的演变过程；为他们即兴演唱红楼梦曲子，用英语读马丁路德金的《我有一个梦想》；给他们看《马语者》《再见，萤火虫》《死亡诗社》等经典影片，让他们学会坚持、至善、感恩，让他们感受青春的绚烂；和他们共享我旅游的照片，让他们学会欣赏自然，与自然共舞；给他们看我有幸代表学校参加苏州青年教师才艺大赛的录像节选，告诉他们演讲的要素，如何得体地展示自我……我的学生喜欢又佩服，比单单语文课的内容更感兴趣。学生的喜爱是对我最大的鼓励，我终于发现，我喜欢的那些东西，在我的课堂上还是有用武之地的！为此，我欣喜不已。

此外，我发现了"逼迫"自己阅读经典的好处。经典中有太多浪漫的诗情、深刻的哲理，教会人们在感悟人间百态的同时，体悟如何诗意地栖居在大地上。活到老，学到老。在人心浮躁的今天，拥有一段温馨的假期，提升自我修养，难道不是上天赐予的礼物吗?

"逼迫"下的吐纳，教学相长，一人读书，多人受益，实在是一件充满幸福感和成就感的事情。经典是有感染力的，有教化力的。文学作品给予了我一个平台，让学生学着如何从作品中汲取知识，汲取美和爱，汲取生活的力量和勇敢、乐观的人生态度。

换个角度看问题，也许会"柳暗花明又一村"——眼前豁然开朗。

我和我的前辈同行们

在语文组大家庭里，我是年龄最小的一个。与我共事过的老师，他们各有各的十八般武艺和独有的特质，我很佩服他们。他们也都是我的老师，我很感谢他们。

先说说大家都熟悉的徐思源老师。徐老师直率而亲切，总是百忙之中抽出时间来帮助提携我们这些后生。我依然记得曾有一节公开课我总是理不出头绪，徐老师在办公室给我一点点开解，足足用了一个多小时！徐老师的课堂大气又不失细腻，如春风化雨，这与她的为人品性相得益彰，她的课堂总是开放的。我有几次事先未跟徐老师打招呼，做了"不速之客"，课后马后炮，徐老师总是说："这有什么关系，你来听好了啊。”随即开始跟我说她认为课堂上有意思的地方。能遇到这样一位老师，拙口道不出深深的敬意和感谢。

再说说我的两位师傅戚迎庆老师和陈卫华老师。说师傅，其实都还是很年轻的老师。像我的大哥哥大姐姐一样。戚老师是“百事通”，他却笑称自己是“三脚猫”，他的那班学生更是对他佩服得五体投地，学生课前演讲无论什么话题，他都能伸发开去侃侃而谈甚久，其“博”可见一斑；他会把事情留到万分火急之时，然后紧锁双眉，以豹的速度保质保量完成；有时候追求完美，有时候又随和得可爱。陈老师讲话又嗲又糯，行事却雷厉风行，办事也沉稳细致，业余是个十足的电影迷，说起电影来如数家珍。他们都以各自不同的个性深受学生喜爱，也在平时生活的点点滴滴中引领着我的成长。

在十中大家庭中，还有很多关心我、帮助过我的老师，有曾经的恩师、昔日的同学、现今的同僚，他们包容我的不足，给我帮助和鼓励，我真诚地感谢他们。

回首，展望

展眼，三年。伴随着一场轮回，又一班鲜活年轻的生命走入我的生命里。这一次，我以一名班主任的身份与孩子们朝夕相处、同甘共苦。我想，我正在慢慢走进他们的内心，也慢慢走进真正意义上教师的生命本核。这种感受，随着和年轻的心的靠近，正在愈来愈清晰地彰显。

其实想法依然质朴：在十中这片筑梦和筑缘的芳草地，想和孩子们一起学会聆听、表达、思考；学会感恩、宽容、去爱；我希望和他们共享诗意人生，希望自己成为一个充满幸福感的老师，希望孩子们回首来路，可以看见自己诗意栖居的最美的幸福花季。

百感交集的三年

物理组　孙耀

还记得在十中课堂试讲时的战战兢兢，还记得收到十中录用通知时的喜悦，还记得新教师培训时的新奇，还记得第一次正式上讲台时的满足，还记得拿到学生成绩时的成就感，还记得……坐下来回想我这三年，一幕幕的场景在我脑海里浮现，当时的感想一股脑儿地都涌上心头，说不出的激动。

三年的时间说长不长，但在这不算长的三年里我成长了许多。我想，也许这三年对我这一生的教育工作都有着非常重要的作用。借着这次机会我也好好总结我这三年的工作。

我是一名高中物理教师，为什么我会这么介绍自己，这跟我的工作密不可分。首先，我是名人民教师，为人师表，要起到好的榜样，要以身作则；其次，我所教的科目是物理，怎么教同学们学好这门功课是我努力的目标；再次，我所教的对象是高中生，一个长大但又没完全长大的个体，我如何跟他们更好地沟通，是我要研究的另一课题，所以我把我的工作分成三块来谈。

首先，为人师表，以身作则，在这方面我觉得自己还是很自豪的，我起到的是好的榜样。我个人觉得一个人的人品是最重要的，跟学习成绩等其他比起来，我优先看人品，我也不止一次地在学生面前表露出这一点。一个人品性恶劣，成绩再突出也是没有用的，将来只会为社会增加更多的奸商和腐败分子。有老师可能会觉得自己没什么可以帮到学生，其实要教育好学生的思想品德要从点滴做起，一点一滴地积累，时间长了自然会看到成果，这不是立竿见影的事情。比如，一般老师会觉得成绩好的学生其他也都好，要是他犯点小过失也不计较，反倒是对成绩差的学生要求高，一有问题就严肃批评。我觉得这样不好，成绩好不代表他行为习惯、人品都好。很多时候我们会发现有不少成绩优秀的学生，上课也会讲话，会睡觉，会做其他事情，平时也会迟到等等，但很多教师就当没看见，或随口说一下，相比较同样的事情处理成绩差的就大做文章。这样成绩好的学生养成了不好的习惯，成绩差的学生觉得老师处理事情不公平，对人不对事，长此以往，想让学生听话就难了，所以，我在平时的教学过程中，平等地看待所有的学生，不搞特殊待遇，处理问题对事不对人。要求学生做到的我先要做到，三年的时间我也赢得了不少学生的信任和尊重，其中有不少是成绩不太突出的学生。

其次，自身的专业素养，从一开始战战兢兢、仔仔细细上好每堂课，到现在可以驾驭整个课堂，其间除了自己不断熟悉教材，研究课本，还多亏了不少前辈师傅给予我的帮助和支持以及同事之间的切磋。从沈老师那我学到很多：第一，我学会了上课不要被教材和考试牵着鼻子走，束手束脚，完全放不开；第二，要把让学生学习变成学生主动学习；第三，要把课堂时间还部分给学生，要让学生敢于发言、乐于发言，还有其他很多。这些都是现在教育方面的时髦语句，是有些人随口说来的，但所有老师都明白能真真正正做到的是少之又少，非常不容易的，但我从沈老师那看到了，他是我刚进入教师岗位的导师，因此我也觉得自己非常幸运。他也跟我们说过要做到他那样也容易，只要把一些功利的东西看轻，就能做到，我想我会永远记住，也会朝着这个方向努力。另外，我也非常看重和珍惜教研组的每一次活动，不管是参与的还是自己是主角，我都认真总结每次的活动。听别的老师开课，我会观察他上课的每个细节，看他如何把握教材、如何驾驭课堂、如何处理突发事情、如何应用现代教学手段，认真分析，看是否能应用到自己今后的教学中去。如果是自己开课，我事先会认真准备，尽可能地发挥自己最好的水平，之后认真听取每一位老师对这节课的点评，好的方面继续，不好的以后改进。上学期我们组搞了个“PK”大赛，目的是为了更好地上一节课，由我们同一年进校的三个小姑娘上同一节课，关于弹簧的弹性势能，效果非常好，因为我们三个人上出三种完全不一样的风格。我们自己也非常吃惊。经过这次之后，今后我们上到这课时就知道这一节课有很多种上法，自己可以选择。三年里几次开课，也让我迅速地成长。

最后，工作的对象是个“小大人”，身体已经长大，但心理上还是个小孩，不成熟，看问题表面、不透彻，但他们往往觉得自己已经长大了，所以，三年来我在处理跟学生的关系方面也有改变。一开始，我总认为他们是孩子，有时无意间就会用对小孩的口气对他们说话，用看小孩的眼神看他们，时间一长我发现他们会觉得不耐烦，或干脆觉得我幼稚。后来我从不少老教师那看到他们跟学生之间是平等的，在让学生回答问题或做事情时会说“请”，会比较多地用“我这样认为，你觉得呢”等这样的语气跟学生讲话，而不是像我经常说“你来”“你应该怎么怎么”“你不应该怎么怎么”等等，类似这样的情况还有很多。

总之三年里我学了很多和学生的相处之道，现在还在学，我觉得这是永远学不够也学不完的一门课。

以上就是我三年里的一些感想与所得，真是百感交集的三年，失败、不开心的没过多地写，但肯定是有的，好在已经过去，而且也有不少收获，以后肯定还会有，但有这三年的经验，我已学会如何克服。希望今后也能如此顺利。

写给自己

——在下一个起点上回顾走过的三年

语文组　袁佳

一年期的时候曾写下这样的文字："一年，只是一个起点，我的十中故事仍在演绎，我的教师情还会延伸……"

三年后的今天，胸膛之中的这颗心依然执着于最初的誓言，虽然这三年里有风有雨，有跌倒也有忧伤……

值得庆幸的是，在十中，冥冥中就有这么一股力量鼓励你不断前行。

漫步西花园，免不了要驻足瑞云峰前，这里是西花园一个诗意栖居的所在。阳光缓缓倾泻下来，将瑞云峰优美的线条映衬得更为苍润古朴，那阳刚的石质与清秀的外形在这里演绎得尤为和谐，仿佛有一种特殊的情味似的，让陷于滚滚红尘中的疲惫而钝拙的心灵渐渐了生出了一丝轻灵。瑞云峰就这样静静地站在我面前，带着两个多世纪的沧桑——我总固执地认为她的每一个褶皱里都藏着一段曲折坎坷的经历，然而她却不曾流露出半点颓丧之气，淡定从容地笑对世间荣枯成败，以她的平实朴雅绘就了一道清清瘦瘦的风景。在她的面前，一路的风雨又算得了什么，我简直羞谈自己这三年中失败的伤感，只能用一次次的跌倒酝酿自己的力量，然后昂起头在教学的实践中继续摸索向前。瑞云峰仿佛睿智的老者，用她自己独特的语言赐予我一种叫作“永不言弃”的力量。

这三年里，有个人不得不提，那就是我的师傅徐思源老师。和徐老师一起走过的日子，是这样地生动而丰实。由衷感动于徐老师的用心良苦，她总是那样平和地与我讨论教学问题，即使是有关她的公开课，她也总能不耻下问地来征求我的建议。这一次又一次的询问、探讨给我提供了一次又一次思考、锻炼的机会，也就在这一次又一次的思考、锻炼中，不够成熟的我学会去总结自己，如何通过教材培养学生能力，如何与学生互动组织教学，如何把握高考趋势等等，身上的背囊已然沉了许多，然而，最让我难忘的还是徐老师那忙忙碌碌的身影，她忙碌在语文新课程的第一线。徐老师常说自己只是在语文新课程的路上作着一点尝试，只是一个“探索者”，但在这位“探索者”的身上，我读到了她对教育的热爱，对教学的执着追求。程洪老师也曾在“徐思源教育教学研讨会”上这样说过：“徐老师是能从自己职业中领略出趣味，她是乐在课堂教学的过程中，乐在课堂形式的摸索实践中,乐在语文教学方式的变革中。”徐老师是乐业的典型。在她的面前，再多的辛苦也不值一提，我简直羞谈自己这三年中遭遇的种种艰难，终于明白：最初的热情是陪不了漫漫长路的，“挺住”也不可能“意味着一切”（诗人里尔克曾说“挺住意味着一切”），只有热爱才可能带我走过风雨、穿过困境。身教重于言传，徐老师以她自己实际的行动赐予了我一种叫作“乐在其中”的力量。

三年来的幸福感恐怕在这学期体会最多。当刚刚毕业的学生返校来看望我的时候，内心涌动的是一种无法形容的情绪，是感动，是自豪，是成就感，抑或是交织于一起的复杂。我和学生一起尽情地回忆，难忘饱经沧桑的石碑前我们追寻历史的执着，难忘深幽僻静的梅岭上我们谈古论今的畅快，亦难忘曲折漫回的廊道中我们享受古韵的悠闲……过往的点滴清清楚楚浮现在眼前，消失的只有时间而已，犹如微波不兴的涟漪，似乎没有留下痕迹，不经意间却在心河中荡漾开来，一圈又一圈——浅浅的波纹，仿佛刻在了心上。如今，拉开办公桌的抽屉，里面静静地躺着写满祝福的卡片，象征平安的中国结，还有关切问候的信笺，满满的感激从抽屉里流出来，在这凉凉的秋天里温暖了我周遭的一切。在学生的面前，再大的努力也是有意义的，我简直羞谈自己这三年里诸多的抱怨，学生的由衷感谢坚定了我在三尺讲台前站下去的信念，我会为看到他们溢满欣赏、认同的眼睛而欣喜不已，会为收获他们连声叫好的阵阵掌声而欢喜不已，也会为捕捉到某一天沏在他们腮边的一弯领悟的微笑而惊喜不已。春华秋实，桃李芬芳，学生们用他们的感恩之心赐予了我一种叫作“甘于奉献”的力量。

那么多的力量汇聚成这一段岁月，质朴淡远，耐人寻味，不知不觉中人早已被慢慢地裹了进去……

突然想起一首小诗：

日子一天天过去，
日历一页页撕下，
逝去的一切如同流水，
撕去日历一页，
还它捷报一张。

今生今世的证据

语文组　李莉

今天刚刚上完刘亮成的《今生今世的证据》，理清文意，随口提了一个问题："你此生此世的证据是什么？"学生立刻陷入了沉思，开始很认真地思考这个颇为深奥的问题。几分钟以后，我没有要求学生交流，因为我知道课上交流的多半不是他们的真情流露，我情愿他们留到小作文中私下与我交流，我相信会有值得期待的作品等着我。现在，很多时候我已不再追求一个特定的结果，而是享受他们若有所思的神态，甚至是痛苦的表情。在那个时刻，站在讲台上的我充满了自豪和满足，淡定自若地看着一切，仿佛一切都在我的掌控之中，但今天，我自己也陷入了沉思，我今生今世的证据又是什么呢？

三年期教学回顾。前辈提出的"真水无香"被引为校园文化，想着无论如何也不得超越了。也罢，老老实实地，真情实感地……一瞬间，"今生今世的证据"闯进我的思绪。

"当家园废失，我知道所有回家的脚步都已踏踏实实地迈上了虚无之途……"而十中，在我心中真的能与作家笔下的"家园"等量齐观。三年，十中的寸草寸木，十中的斯人斯事，实实在在地见证了我的成长。

校园——心灵的一方净土

如果说，选择教师这份职业原是出于无奈，那么走进十中更是一种偶然。没有过硬的基本功，只因对前辈的一番恰如其分的评价，从此我与十中结下了不解之缘。十中的求职面试一如她的校园文化那般质朴，没有一轮又一轮残酷的淘汰，只有轻松淡定的聊天氛围，让我第一次踏进这方天地，就平添了几分亲切。

从此，我得以每天容身于这一方天地。上课时候的校园是那样的宁静，每每这时，无论是漫步西花园的小径，还是穿梭在各个教学楼间，总认为自己是整个城市最富足的人。三年，樱花开了又谢，桂香甜了又散，银杏黄了又落，在四季轮回中，我也由青涩走向了成熟，从不安走向了坦然。

十中的校园就是有这样的魔力，任墙外车水马龙、灯红酒绿，她始终静立在城市的一隅，一如出水芙蓉般清新恬静。而我，任琐事缠绕、心烦意乱，只要踏进这一方天地，心灵立刻沉静下来，烦恼尽消，忧愁全无。

三年中，有幸与十中共度了她的百年华诞。从东小桥弄小学到振华女校，到今天的十中，一路走来，她在安详中更显凝重；改造一新的西花园，少了当年织造署行宫“焰朗高骧”的气派，却在岁月的积淀中越发沉稳灵动；百年瑞云峰，见证了她一路的艰辛与荣耀，却始终静静地端坐着，迎来送往了一届又一届学子；伟绩碑承载的不仅仅是创始人王谢长达夫人的功绩，更承载着百年一路走来的累累硕果；每一条回廊上，镌刻着一个个响彻人心的名字，他们是她的功臣，更是她引以为傲的学子……而如今，她的一点一滴成为了我此生此世的证据，这是怎样一种荣耀啊！

第一年，我在粉色的樱花丛中留下了自己纯真的笑意；第二年，我在西花园的雪地里撒下了欢声笑语；第三年，我在甜甜的桂花香中沉醉了自己……于是，我把这一切与自己的学生分享。新学期的第一课，我迫不及待地把十中四季的美好一股脑儿倒给了他们，看着他们眼中的神往，我是那样心满意足。

那些人，那些事

一年期小结中我写道："在十中工作一年多我感受到了一种真真切切的幸福感，虽然还有很多做得不令人满意的地方，但为了这份真切的幸福感，我会更加努力，让这份幸福感能够不断地蔓延……"

真的，除了"幸福"我想不出更好的字眼来形容我在这里的感受，这份幸福感不只来自得天独厚的校园环境，更来自陪我一起成长的那些人、那些事。

语文组，我的集体。刚到这里，我感到无比自如，没有一丝隔阂，就如一个大家庭，温馨而团结。

徐老师——大家庭的家长，在业务上带领年轻人更上层楼；在生活上，对我们无微不至关怀。在我们眼中，徐老师永远那样精力充沛、好学上进，她对新事物的求知欲令我们年轻人也自叹不如。徐老师的电脑技术是一流的，PPT、网页制作一样也不落后；徐老师的信息更新速度是惊人的，任何热点时事一件也不落下；她的课堂永远向我们敞开；她的经验永远毫无保留地向我们传授。在徐老师的指导下，我在课堂上越来越自如；在徐老师的带领下，从苏州到南京到北京，我在业务上快速成长。徐老师治学态度严谨，对我们的指导猛宽适宜，既让我们学有所得，又不让我们感到一丝不适。她的讨论式教学令我受益匪浅，虽然自己尝试不多，但我着实为她在课堂上的从容与自然所折服，坐在她的课堂是一种享受。她润物无声般的教诲，滋养的不仅是她的学生，也是每一个曾经踏进她课堂的年轻老师，三年，我无时无刻不享受着这样的滋养。

庄颖——“真水无香”的身体力行者。大家都知道，“真水无香”出自语文组庄颖的三年期工作总结，有幸与她共事三年，时时感受着她“真水无香”的治学理念。听她课的老师都会感叹：这才是最原生态的课！无论什么级别什么形式的开课，她的课堂永远都是最原生态的呈现，没有矫揉造作的形式，没有提前安排的用心，但她总能自如地调度着她的课堂，以至于让听课者误认为是人为的安排。她的课真正体现了“真水无香”的精髓，而她本人对于我们的帮助与指导，也是那样真诚和无私，一如她的“真水无香”。

袁佳——一路同行的最好伙伴。我们同一年融入这个集体。同一起跑线上，我们互帮互助，但我总是自愧不如。她是那样的孜孜不倦，那样的好学上进。对于任何问题，她都喜欢打破砂锅问到底，一定要弄个明白。和她一起成长，会平添一份压力，因为她的优秀她的执着，但同时，和她一起成长让我受益匪浅，就如百米跑道上，遇到了水平高超的对手，对自己是一种不自觉的激励和督促，我庆幸遇到了这样的伙伴和对手。三年来，我们携手共进，在语文组这个大家庭，我们一起成长着。

太多的人太多的事，三年来，与他们相处的时间更甚于家人，无论是工作还是休闲，他们始终是最好的陪伴者，陪伴我走过了人生中最幸福的三年。

送走的第一届学生

今年的教师节，我被许多学生簇拥着，这是我眼红了三年的结果，我终于有了自己的第一届学生。

第一年教师节，看着别的老师被桃李簇拥，我感到阵阵失落，甚至是嫉妒着，想着什么时候我才会有这样的成就感。三年的时光就那样消逝了，我竟然已经送走了自己的第一届学生。当高考结束，收到一条一条的报喜短信，我抑制不住心里的成就感，学生的感谢是对我三年最好的回报和肯定。我自豪，我有了自己的第一届学生；我欣慰，他们都得到了自己满意的结果；我庆幸，我被第一届学生铭记于心。看着他们自信的笑脸，我对他们的未来充满着期待，更加坚定了自己未来的道路。我想我真正爱上了老师这份职业。

我的美丽的国家

——写给高一（15）班

（短章）

我在桂树之下，
建设自己美丽的国家。
阳光的金色穹顶，
每日升起又落下。

当了班主任才知道，不当班主任的教学生涯是残缺的。第一个三年，我在教书的道路上摸索着，而今的我，已经担当起了育人的重任。从开始的恐惧到如今的镇定，我又一次征服了自己的脆弱。面对着由52个个体组成的集体，我感觉自己像一个统领全局的指挥官，又像一个琐碎的管家婆。班主任的事务琐碎而繁杂，我一件一件地做着，忙并充实着，累并快乐着。一眨眼，我已比自己的学生大了整整十岁，这样的年龄差距让我少了几分忐忑，多了几分沉着。三年，我不仅在业务上得到了进步，也在各方面收获了成长。我会把我的收获传递给我的学生，也必将在第二个三年中，与我的学生共同长大。

经营一个班级就像是养育一个孩子，我尚无为人母的经验，但是，而今的我着实体会着一个母亲的良苦用心。他们的一举一动都牵动着我，他们的一点一滴都影响着我，我为他们的成功欢喜，为他们的不足担忧，为他们的不良习惯操心，为他们的点滴进步欣慰……这个集体是属于我的封地，我的国家，我终将倾我所有来建设它、呵护它、强大它。我爱极了这种统领一方的感觉。

三年，我在语文教学的道路上不断探索，深深地感觉到：语文不仅仅是一种知识，一种能力，也是我们的生活。语文老师承担的责任不仅仅是让学生三年以后取得一个不错的数字，而更应该是在教学中培养孩子们对文学敏感的心灵，对生活温润的感觉。我相信我能用自己对生活的态度去感染他们，但也深知感觉是要落实在具体教学中的，落实在语文知识上的，这就让我在专业学习上更加严格要求自己，力图让自己的知识系统更加扎实、更加完善。因为我是那样希望自己的学生在三年中学有所得。

而今，我开始承担着育人的重任，我希望用自己对生活的全部热情去影响我的学生，希望他们形成良好的学习习惯，希望他们对生活充满感恩之情，希望他们在自由宽松的氛围中完善自己的人格……当然，美好的希望总是要落实在平时点点滴滴的教育中，我终将把自己的耐心和爱心倾注在每一个学生身上，我是真正把他们当成了自己生命的一部分。

当我踏进这方天地，我知道我所有的脚步将踏踏实实地迈向充满阳光的所在……

一路走来

——从教三年之感悟

英语组　冯静文

脚踏着晨雨润湿后的青石路板，耳听着鸟雀蝉蜢的细语轻吟，习惯性地扫视了下西花园的一草一木，发现秋的踪迹已经悄然而至。秋天是一个丰收的季节，是一个金色的季节，每当校园里的两棵参天银杏金袍披肩时，我都会不舍离开地驻足仰望，既被大自然对植被巧夺天工的创作之美所征服，又感慨时光一年年地无声流逝。当然，在这本应属于幸福快乐的季节里，作为一名老师的我，更多的也应该是细数自我的丰收。

回想着刚刚过去的 6 月，孩子们现在已经踏上了他们新的征程，带着从十中母校收获的果实来开始他们下一段的人生旅程，三年时光虽然短暂，但这三年是唯一且不可复制的三年，这三年对他们的影响甚至更是终生的。承载着十中人质朴大气、真水无香的优秀品质，怀揣着诗性教育环境中收获的精华人生，他们必定会把这种精神传播到全国各大高校，让最具中国特色的校园文化渗入到每一个角落。

一路走来，细数三年的点滴。尽管三年轮回对于一名中学教师来说不是唯一的，但我相信这三年对我的影响必定是终生难忘的，意义就在于这是我走进校园、踏上讲台的第一个三年，与其说孩子们从我这里学到很多知识，倒不如说我从孩子们那里学会了更多关于如何做一名合格的、优秀的老师的育人道理。教学相长的哲理在现代教育中所体现的价值尤为明显，正是孩子们一次次的发问，一次次生活学习中的求助，让我发现了自己教学上的诸多不足，促使我不断地从问题中来补充自己，更新自己，完善自己，这是一个永无止境的过程，世上绝无最好的老师，只有朝着这个方向不断前进的老师，这是一个没有终点的旅程。墨守成规的教育注定只会被社会淘汰，古人赞誉教师的名句“春蚕到死丝方尽，蜡炬成灰泪始干”在新的教育背景下更多的也应该是用来表达对老师奉献精神的赏识，而非完全写照，因为老师的确要吐丝，但老师需要吐不尽；老师也的确要燃烧，但要永远烧不完，所以为了实现教师自我的能量无限，我个人认为寓学于教的确是个不二的选择。

蔡元培先生曾经说过：“教育是帮助被教育的人给他能发展自己的能力，完成他的人格，于人类文化上能尽一分子的责任，不是把被教育的人造成一种特别器具。”自古至今，不管是文人雅士还是普通百姓，对教育都有着自己的认识和见解，但我觉得蔡先生的这句话最贴近我对教育的认识。何谓教育？简言之乃教书育人之道，但在我看来，育人为先才能培养出真人的学术人才，如果不注重对学生综合能力的培养，那培育出来的只是课本知识的奴隶；如果不强调学生个人品质的塑造，那培育出来的只是做题目的工具而不是适应社会发展的人才，所以尽管在高考制度下，学生的学习压力已经很大，但我在教育过程中绝不放弃任何一个培养学生人格能力的育人机会，当然在这个过程中我也不断成长着。在学生考试受挫的时候，我学会了教他们用微笑来面对生活，让他们知道每个人的人生都是不完美的，我们能做的就是从失败中学习，让不完美的人生尽量少一些遗憾；在后进生通过努力取得长远进步的时候，我学会了教他们让优秀成为一种习惯，让他们知道暂时的成绩不是终点，而是通往另一个高度的起点；当学生背英语单词很不耐烦的时候，我学会了耐心地提醒他们：再试一次，可能就能达到成功的彼岸；当有些学生到了高三还不知道认真学习的时候，我学会了告诉他们人生不能重来的道理，让他们自己感受把握命运的重担……这样的例子都是我在育人过程中不断完善自我的过程，每一个学生都是一本书，在三年读完一个班 50 本书的话，所学到的肯定要比大学 4 年多得多。当然我也不是每本书都能读懂，读不懂的书也有很多，但三年也只是个开始，还有很多个三年等着我，还有很多本书等着我去看，等着我去学。

年年岁岁花常开，岁岁年年人不同。2010 年的 9 月，我必须抛开三个月前的短暂丰收感，摆在我面前的是一片还未开垦的净土，带着三年来的经验积累，带着三年来的成长收获，我又将起程，带着一群天真烂漫的孩子，帮他们更好地来走过这对于他们来说依旧是唯一而难忘的三年。

百年之后，我们在路上

英语组　吴海燕

若说瑞云峰的质朴和灵气能以透、漏、瘦、皱一言蔽之，透露的是一种人文情怀，那么徜徉其中，扑面而来的，却是醇醇的书卷气与蓬勃的时代气息——这便是全校师生致力营造的一种人文环境。名石、名园与名校因此相得益彰，文武之道的一张一弛亦因之凸显其中。

每个孩子的心里，都有一座神秘花园

圣·德克旭贝里在他的《小王子》里，把人和人之间建立联系的过程称为“驯服”。这其实是一个折射了人情味，充满渐近、互动的过程。

这种“驯服”的交流，需要缔造一个独立的平台。只有在独立的空间里，学生才会觉得自己在教师面前是独一无二的，学生和教师是互不可少的。

一个时代的学生总有他们的共性，然而，透过他们或开朗或沉静、或倔强或随和、或顽强或懦弱的类似表象，却总能拨云见日，发现他们不一样的内在品质。

对于大部分学生，我更倾向于一种更为直接、简洁、有效的方式——书面表达。这是一条曲径，却是行之有效的。学生的感想、建议、困惑跃然纸上。看着他们略显稚嫩的文笔、真诚的文字，似乎连语法错误都显得可爱起来。相对于教学任务，我更把作文视为一次交流的机会，亦深知它的难能可贵。因此，文章无论长短，我都会批注我真实的感想。当时的我并未意识到何谓潜移默化，但日后的事实证明，学生的学习效果与学习积极性的提高，的确和教师的教学态度是成正比的。我不止一次地在学生的作文中读道："我以前没有充分认识到学习的重要性，但现在我想好好学了。"一次课堂任务中，我让每个学生说一句他们听到的感触最深的话。出乎我的意料，一位女生在沉吟良久后说，在她的一篇作文里，我写下的"Better late than never"的评语，鼓舞她至今。

每次的作文批改对于我来说都是一项抽丝剥茧的工程。批改过后，还需须细细甄选出作文中的典型错句，作为作文的指导，也是语法的回炉。"原汁原味"的错句常常令"始作俑者"露出羞赧的笑容，却也收到了比预期更大的效果。学生印象加深了，错误也就慢慢减少了。

"学习成长等于挫折与成功辩证并存。"我并不回避挫折，但我更乐意用不同的词汇、不同的方式赞扬我的学生，只要他们经历了一次对自己的小小挑战，无论成果如何，即使努力再微，都值得我用放大镜细细端详！

被肯定与被鼓舞是一种甜在心头的感觉，但主动去肯定别人、鼓舞别人，又何尝不是一件幸事呢？我的身边有那么多学生是可圈可点的，如果他们的努力能让我产生不懈的动力，那么，我是否也该和他们一起互动？

接受与肯定，需要的，仅仅是信心和真诚而已。

若说我感动了我的学生，那么，反之亦然。这种感情的升华，凝聚力之强大，连我自己都颇觉叹为观止。

每个孩子的心里，都有一座神秘花园。如果你想进去一探究竟的话，那么，你也得敞开心扉。因为，神秘花园就静静地坐落在每个孩子身后的不远处。

成长，是一次教师和学生的无间合作

英语，对于绝大部分中国学生来说，是一门既熟悉又陌生的语言。英语作为一种国际化的语言，在中国的普及开始于20世纪初。而随着社会生活的信息化和经济的全球化，英语的重要性日益突出。作为最重要的信息载体之一，其已成为人类生活领域中使用最广泛的语言。许多国家在基础教育发展战略中，都把英语教育作为公民素质教育的重要组成部分，并将其摆在突出的地位。英语课程已从原来的过分重视语法和词汇知识的讲解与传授、忽视对学生实际语言运用能力的培养，改变为现在的从学生的学习兴趣、生活经验和认知水平出发，倡导体验、实践、参与、合作与交流的学习方式。

“语用”，永远是摆在英语学习首位的。而“听”，又摆在“语用”的首位。针对英语初学者词汇量小，听力材料良莠不齐的情况，我精心选择听力材料，最后将选择定位在VOA的Special English。我独立编写听力练习，结合听力材料本身与词汇扩展相联系，又不乏趣味性。通过这种听、说、练结合的方式，学生的听力得到了有效的锻炼。

听的进步，带动了说的能力的提高。因此不乏一批学生脱颖而出，在校级、市级的口语比赛中，成绩连连。全大市的比赛中，连获四个大市级的二等奖。他们的硕果累累，也是对我更大的鞭策。

2005年是值得我们额手相庆的。年底的全国英语能力竞赛中，学生的优异成绩又一次给予了我莫大的欣慰。一个全国二等奖，四个全国三等奖，是对我以“听”带动“读”“说”“写”教学尝试的初步肯定。

学生在成长，我的教学之路也在摸索中不断拓宽。2005 年下半年，我参加了全大市的优质课评选，并且取得了全市二等奖的成绩。对于一个刚刚踏上工作岗位不到三年的年轻教师来说，是一次全新的肯定。它也印证了十中“一三五七工程”的可行性与创造性。“如入馨兰之室，久而不闻其香，与之俱化矣”，正是在十中这片孕育了无数代有识有为之士、辉映着瑞云峰的土地，才会孜孜不倦地用她敦厚的底蕴滋养着在这里成长的教育工作者，使其醍醐灌顶，受益匪浅。

新的百年，我们都在路上

很喜欢杰克·凯鲁亚克的一本自传体小说的名字“在路上”。在路上，总是让人充满遐想和美好的憧憬。十中，在成就中华教育的路上走了百年。一百年，只是亘古的一瞬，却是人类生命的极限。很多的时候，我都是在思考，是什么动力支撑十中默默而又稳健地走了那么久，无论是茕茕孑立，抑或昂首阔步；也曾经领着外国友人徜徉在校史馆。迎接我们的导游学生在叙述时，脸上总会带着一种照人的光彩；抑或午间时分，看见学生或结伴西花园，或散坐草地上，群群鸽子悠然踱步，一派惬意风光，处处透露一种人文与现代的完美结合。

于是我懂了，支持的动力，叫——传承。

可以说，十中独特的环境培养了她的教师和学生。营造这种环境的，是一种宽容质朴的胸怀，是一种对新人殷殷期盼时仍不忘伸手提携的友爱之谊，是一种对新人踯躅成长时包容得失的拳拳之情，是一种对新人放手一搏时不吝嘉许的豁达之心。

前行的路，还很远很长。但我有足够的信心和探索的勇气！因我知道，没有缺憾的开始不是完美的开始，但没有努力的人生，一定不是精彩的人生。也许曾经经历质疑、忐忑、茫然，但这一切，却是当初曾真真实实鞭策我向上的动力，是无可替代的宝贵经验。

“欲做精金美玉的人品，定从烈火中煅来；思立掀天揭地的事功，须向薄冰上履过。”这句话用来概括此时此刻的我，最好不过。

用心注入

英语组　张星虹

题记

因着对咖啡的热爱，最近读了本书，就叫《用心注入》，是星巴克创始人、全球董事长霍华德·舒尔茨的个人传记和创建企业的故事。在书中，他说道，在星巴克一路走来的过程中，最为关键的因素之一是人心——把心交给每一杯咖啡，还有星巴克的合作伙伴们，然后，当顾客感受到这些时，他们会给予相应的回应。

心动于书中对制作一杯上好咖啡的描述，磨咖啡豆、压进浓缩咖啡、蒸牛奶，咖啡师傅用心地调制着每一杯浓缩咖啡。突然间发现，这恰恰照应了我的一系列备课过程——用心研读教材、搜索资料，再加入自己的教学思路，最后润色做成课件，而我所寻求的不也正是一堂堂浓缩的课吗？

然后，正如我所期望的，当学生感受到这些时，他们会给予相应的回应。

咖啡与学生

着迷于咖啡，却并不上瘾，因为令我心醉的是咖啡的浪漫气息；喜欢上课，却不因为重复而觉得单调，因为令我精神振奋的是学生永远充满朝气的青春气息。

优质的咖啡豆，先进的烘焙技术，咖啡师傅的娴熟技巧，缺一不可。同样，在我们这样一所省级中学里，我很高兴能享受到丰富的教学资源，并且能在各种多媒体教学手段的辅助下，尽情发挥自己的水平。这三年来，我的工作其实就是一个“咖啡师傅”，不断地锤炼各种技巧，来满足学生总也填不满的头脑。

而学生们的回应则是最好的礼物。

“张老师，声音再响点……”于是，我向别的老师讨教了发声技巧，更科学地提高自己的音量。

“哦，我懂了，谢谢老师！”于是，心头涌上“传道授业解惑”的成就感。

“老师，我们孩子最喜欢你的课了……”于是，欣喜的同时又备感压力。

“老师，这次高考英语终于没有再拖我的后腿，考上了！”于是，半个学期来牺牲的午休时间顿时有了价值。

是的，正如霍华德·舒尔茨把心交给每一杯咖啡，我把心交给每一位学生，就获得了丰盛的精神回报。

三位师傅

这学期的拜师会没有邀请我，反倒不习惯了。三年来最大的收获，莫过于有幸受到三位师傅的指导——胡明、蒋芩、程之颖。

感觉自己很幸运，第一年就有了特级教师胡明作师傅，但凡有空必听他的课。课堂上，他儒雅的绅士作风、娴熟的驾驭教材的能力着实让我大开眼界。记得他常挂嘴边的话是："Textbooks are not the Bible!"这既是他常常对学生说的，也是他自己一贯的教学思想。从中，我充分体会到了"源于课本，高于课本"的教学理念。

说起蒋芩，就更巧了，曾经的老师，现在的同事，又兼师傅。多年的教学生涯练就了她浑然天成的亲和力，也是最受学生喜欢的老师之一。在她的帮助鼓励下，陌生感、胆怯之类的情绪很快就被克服。每次遇到细节问题时，她总是不厌其烦地和我一起推敲，直至最后大家都满意为止。

程之颖则是三位师傅中最年轻的，也是唯一一个在班级管理上传授经验给我的师傅。身为理科老师，却在德育方面细致到位，让我真正体会到"真心付出，人人平等"。

结语

Pour your heart into it! 如果你倾心投入于自己的工作，或是任何值得为之努力的事业，你就有可能实现在他人看来不可能实现的梦想。生活也会因此变得很有意义。

舒尔茨就是这么说的，也是这么做的。

后记——两张毕业照

"Pour your heart into it!"我仍然思索着，一抬头看见了摆放在书架上的两张毕业照。那张小的、颜色微微暗淡的是我高中毕业的照片，坐在前排的我，红色T恤加校裤，咧嘴笑得一脸的纯真。我回忆着，六年的中学生涯，自己的身心完完全全浸润在这个美丽的校园中，享受着不断汲取知识的青春岁月。

视线左移，是那张很大、色彩很鲜艳的照片，细看，发现背景和前一张还颇有几分相似之处。我的位置碰巧还是在前排，一身墨绿色的衣裙，嘴角含蓄的微笑，都表明着身份的变化。那是大学毕业后的三年，自己亲手收获的第一批“桃子”“李子”……

数学教育之初识
——三年期个人小结

数学组　黄其华

从2007年8月进校至今，已经是第四个年头了。暑去寒来，这三年里发生了很多值得记忆的事情，三年前，我从一名硕士研究生变成了一名高中数学教师，变化不可谓不大：那时虽然也上课，但下面坐着的是教授、博士和师兄弟，区区七八人而已；如今，下面坐着的是一群稚气未脱的学生，且有几十人之多，最重要的是，两者的接受能力完全不同。如何才能做好一名老师，这是需要我一生为之努力奋斗的事业。自小我就对数学感兴趣，如今成为一名数学老师，做自己喜欢做的事，我一直以为，这是一件幸福的事。

困惑——数学有捷径吗?

这三年多的工作中，经常会碰到一些学生，数学成绩不理想，其中多数同学还是付出了努力，却没有得到相应的回报。久而久之，就导致有些学生对数学的学习产生了畏难甚至是厌学情绪。造成这种局面的原因是多方面的。撇开那些主观不努力的同学不说，那些付出了辛劳的同学，也许学不得法，或者是本身缺少一些对数学的领悟能力，一味地死记硬背，搞题海战，结果难免不尽如人意。有些学生和家长很焦急，往往会问："老师，有没有什么捷径啊？"答案当然是否定的，常言道"科学无坦途"，正如古希腊伟大的哲学家、教育家柏拉图所说的"几何无王者之道"！这里的"几何"相当于现在的数学。

有时我也常感到迷惘，迷惘于学生不能清晰地掌握基本的数学概念、定理，不能透彻地理解解题思想、方法，更遑论举一反三、触类旁通了。要想学好数学，做一定数量的题目是必需的，但解题时和解题后要多思考多总结，否则，学而不思，恐怕是不会取得良好效果的。解题，应该先从模仿开始，我们上课时讲解的典型例题、典型方法，就是很好的模仿材料。积累了相当数量的经验后，才能进一步去尝试对思维品质要求较高的难题，甚至是去挑战一些需要创造性思维的题目。

数学考试具有一定的偶然性，心理因素对考试的影响值得关注。准确运算，减少各种低级错误，注意书写规范，逻辑层次清楚，都是在考试中取得高分所必需的。细节决定成败，在数学考试中，或是一条普适的真理。比如说，题目要求写集合的你没写，解答题要写结论的你没写，分情况讨论时考虑不全面，诸如此类，都会造成不必要的失分。因此，从某种意义上说，现在的数学考试得高分者，并不一定是学得最好、最有天分的人，但一定是一个基础夯实、踏实谨慎的人。

疑问——数学有用吗?

在全国及江苏省高考改革的各套方案中，数学始终是重要的考试科目；从小学到大学，各门学科中数学学习的年数是最长的，这些都从一个侧面说明数学是重要的。那么，数学何以重要？

现在的学生，对数学没兴趣，除了因为数学难学，考试难拿高分之外，一个突出的问题是，学生普遍觉得学数学没什么用，好像除了作为考大学的敲门砖外，别无他用。动机的缺失导致了学生普遍缺乏主观能动性，而只是在家长、学校、老师的要求、监督下被动地学习。教育学理论告诉我们，要想激发学生学习的主观能动性，首先必须解决学习动机的问题，这就需要我们老师的努力。我们应该让学生了解，数学是非常有用的。数学在应用上具有广泛性，今天我们现代化的生活、工作、生存方式，可以说无一不是得益于数学。现代计算机的基本架构是数学家冯·诺依曼建立的，现代通信是建立在代数编码理论的基础上的，天气预报、地震台风预测、重大工程所涉及的大规模计算必须依赖于数值计算方法的改进，就连我们检查身体的 CT，也是数学家参与设计发明的，正如我国著名的数学家华罗庚教授在《大哉数学之为用》一文中所概括的："宇宙之大，粒子之微，火箭之速，化工之巧，地球之变，生物之谜，日用之繁等各个方面，无处不有数学的重要贡献。"

兴趣——数学好玩吗？

要培养学生对数学的兴趣，要让学生知道，数学不仅有用，而且还好玩。著名华裔数学家陈省身教授给"2002 北京国际数学家大会"的题词就是"数学好玩"四个大字。问题是，大师觉得好玩的数学，我们的学生能否也发现数学好玩呢？现在的学生，学习压力大，课余有时间也多贡献给了电脑游戏，就算看书，也只看一些教学辅导书。他们多数只局限于课本之内，觉得数学就是"概念—定理—习题"，学数学就是学做题，哪会有机会发现数学的好玩呢？但是，我的一次经历改变了我的看法，给了我很大的启发。记得 2007 年高一新生在开学前集中观看了央视"人才"栏目李开复谈人才的视频，里面讲到微软的一些面试题，学生颇感兴趣，后来我在课堂上稍有提及，学生的反应就非常积极踊跃，那节课的效果也不错，我想，这个经历启发我，只要老师善于抓住机遇，调动学生的积极性，激发学生的兴趣，让学生觉得数学好玩也不是完全不可能的。

品格——数学教育的功能

数学有两种品格，其一是工具品格，在实用主义观点日益强化的今天，数学的工具论观点是毋庸置疑的。与之相反，数学的另一更为重要的品格——文化品格，却已面临被人遗忘的境况，至少它在今天已不为广大的教育工作者所重视，更不为广大的受教育者——我们的学生所知。因此我觉得有必要在平时的教学过程中，适当地向学生传输这种文化品格的重要性。其实，数学的文化品格古已有之，上文提到的古希腊大哲学家柏拉图在自己创办的哲学学校的门口就张榜声明“不懂几何者勿入”，这并不是因为他学校里设立的课程需要以几何学为基础，相反地，柏拉图哲学学校里开设的都是关于社会学、政治学和伦理学一类课程，显然，柏拉图所关注的不是数学的工具品格，而是立足于数学的文化品格。柏拉图深知，立足于数学文化品格的数学训练，对于陶冶一个人的情操，锻炼一个人的思维能力，直至提升一个人的综合素质水平都有非凡的功效。无独有偶，英国的律师在大学里被要求必修相当数量的数学课程，美国西点军校的学员除了学习优化、运筹等相关数学课程外还被要求必修与实战不直接挂钩的高深的数学课程。将来在法庭唇枪舌剑的律师或在战场运筹帷幄的将帅们，或许早已把学生时代学到的那些非实用性的数学知识忘得一干二净，但那种铭刻于头脑中的数学精神和数学文化理念，却会长期地在他们的事业中发挥重要的作用。他们当年所受到的数学训练，一直会在他们的生存方式和思维方式中潜在地起着根本性的作用，使之受用终身。

“吃好核桃”——数学教育的重要课题

中学数学的大多数内容都属于初等数学或者古典数学的范畴，都是几百年前甚至是几千年前创造出来的数学，这些数学的基本部分，普遍被认为是经过千锤百炼，相当成熟了。对于这样的教学内容，除了按照教学大纲进行取舍外，难道还有什么值得改变或说改进的必要吗？说到底，这就是纯粹数学和教育数学的不同。简单说，改造数学使之更适宜于教学和学习，是教育数学的重要课题。把数学比作吃核桃，核桃仁美味而富有营养，但要砸开才能吃到它。如果砸不得法，砸开了还很难吃到，数学教育要研究的，就是如何砸开桃核吃核桃，让核桃更美味，更营养，更容易砸开吃干净。这个从数学到教育数学的转变，当然需要丰富的教学经验和深入的思考、创新、总结，需要教师不断地学习，补充新鲜的知识、理念，才能达到让学生“吃好核桃”的目的。在这三年的教学之余，我广泛阅读了大量数学方面的书籍，从上大学读研时只看高等数学、现代数学不同，现在调整为充分关注与中学数学相关的初等数学，与初等数学相关的高等数学，以及一些数学文化、趣题、趣事和数学史方面的内容，研读过的书籍不觉间已达百本，这些阅读经历使我对中学数学有了更深入的了解，也增加了我对数学教师这个职业的热爱。

今后——继续努力

三年的工作中经历了一些挫折，出现了些许不如意，但我对数学和数学教育的热爱始终未曾改变。心安处即吾家，我想，这份执着是永远不会改变的！今后的工作中我会更加努力，希望不负所学，更不负所托。

我和十中的缘分

——三年教学生活回顾

英语组　陈黎

时光飞逝，斗转星移。转眼间成为十中的一员已三年多了。回首这三年的点点滴滴、朝朝暮暮，心中顿生了许多感触。这三年中经历的每一天，都在我的心中留下了永久的印记。因为这些印记使我得到了锻炼，也使我不断地走向成熟。这一切要感谢学校各位领导给我的支持和精心的指导。

还记得三年前的夏天，刚刚来学校报到的时候，看到校领导和老教师们热心的讲解和同学们彬彬有礼的问候，我就深深地为这里的气氛所感染。我们在接受新教师上岗培训的过程中，各位新老教师的精彩讲解使我茅塞顿开。我很庆幸选择了平生最喜爱的职业——教师。在祖国蓬勃建设的大热潮中，踏上人生最灿烂的旅程，奉献自己微薄的知识。作为一名青年教师，我出生在 20 世纪 70 年代末，接受的是现代教育，走上工作岗位之前，我发誓要做一个有创意的好老师，用现代教育理念引领学生，让学生体验快乐学习。通过三年的摸索，经历反反复复成功与失败的考验，我渐渐发现自己开始向着先前的理想教学模式迈进，也初次体验到了理想教学方法给自己带来的点滴喜悦。

回忆学生时代，当听不懂老师讲的内容或老师讲的课缺乏趣味时，我会感到烦躁不安进而开小差，或即使想听但很想睡觉。如今自己已为人师，如何才能减轻学生的躁动心情，使大部分学生听懂和想听自己所授的内容，减轻学生睡觉、讲话、开小差等现象，是一件较难办但必须办好的事。总结这三年的教学经验，得出以下的体会：

建立和谐的师生关系

在人格上，教师和学生是平等的。对那些成绩需要提高、爱捣乱、喜欢睡觉的学生，只有尊重他们，采取引导为主的方法帮助他们克服缺点，才能赢得学生的尊重，才能让学生喜欢你进而喜欢你的科目。否则，连想学的学生也不喜欢听你的课，你就无法上好课。还有就是要多站在学生的角度考虑问题。现在的学生大多数还是颇懂事理的，所以老师在处理学生学习和个人问题时要尽量避免说教，和问题学生一次愉快的谈心强过你无数次声嘶力竭的怒斥。合理妥当地处理师生关系还必须注意我们是高于他们的。学生毕竟是孩子，孩子会任性，会和你讨价还价，会要耍小脾气。如果不高于他们，或者没让他们信服，他们可是会打自己的小算盘的。这样你今后的一些教学工作就很难顺利开展，所以对学生说的话必须是准确而深刻的。

教学内容难度适中

一个班级的学生智力水平差距还是很大的，而对于英语知识的学习，有时较细致复杂，接受能力差的学生根本听不懂。于是，上课时睡觉、讲话、开小差的现象随之而发生。很多教完毕业班的老师在接手一个新班级前大都会经历类似的情况，感觉这个班整体水平较差，所以很容易就给学生加上超过他们所能承受的压力。而实际上，在教学难度的高和低上，我们应该采取以低难度为起点的教学模式，让每一个学生都能回答或至少听懂你提出的问题。比如说英语教学，不是这个老师说出的口语难度越高，词汇量越大，就能把英语课给上好的。学生听不懂理解不了，和你用中文教英语没什么两样，所以我们要放慢语速，慢了再慢，直到你观察到连对英语最不感兴趣的学生或英语能力最差的学生都能对你的教学产生积极的反应之后，你才能很缓慢地对你的教学难度进行调整。教书是我们的天职，如果有可能，我不想放弃任何一个学生。

提问要贯穿课堂的始终

要想学生在四十五分钟内都专心听你的课是没可能的，他们或多或少都会开小差，尤其是那些不想学理论知识的学生，他们甚至连书都不拿出来或不翻开而只顾讲话或睡觉。为了不在管理这部分学生的时候打扰其他学生听课，我采取提问的方式来处理这些问题。对听课的学生，我提问当时的课题，一来可使学生跟随你的思路想问题，二来使学生稍休片刻，避免脑筋绷得太紧；对不听课的学生，我提问一些课外问题，如：现在上什么课？讲到第几页？如果被问的学生答不出来，势必被其他同学嗤笑，这也是一个活跃课堂气氛的方法。至于此法是否伤害了学生的自尊心，则不必太介怀，因这些学生早已无所谓了。当然学生一开始会很不适应，会觉得上你的课很紧张，我就曾经在下课时听到学生们集体调皮地在我背后长叹一口气。是的，刚才他们紧张过了，他们的注意力被我牢牢抓住了。

增加必要的课堂调节

学生在听故事的时候精神最集中，我把平时收集的资料（自己的或别人的经历或杂志的内容）用语速很慢的英语详尽地告诉学生，一是为了调节一下紧张的课堂气氛，二是使学生在听故事的同时掌握大量的课外英语知识。你的故事里应该尽量多地包含最近学的词汇和语法知识，如果有更多的新知识当然再好不过，但是一定要把握好难度。你是在读，在念，而学生们是在听和抽象地想，如果难度太大，结果往往适得其反。课堂调节其实有很多有趣的方法，特别是对于英语知识的学习，可以获得的资料和途径也很多，所以备课时不能只盯着书本上的，多给学生一些发挥的空间，当然也就是给自己一些发挥的余地了。另外，对于这门课程的专业特殊性而言，老师必须具备很扎实的口语功底，不是你能否开口说的问题，而是你说的每一句话，每一个表达学生都会模仿。你犯一个错，就有 100 人要犯同样的错。这 100 人再各自教给年龄更小的学生，那就是成百上千的错，后果可想而知。我经常听到学生会这样说："我们以前的英语老师就是这样说的啊？我一直这样说，老师没说我错啊？"可见老师对学生的知识影响力有多大了。给学生多补充课外英语是件好事，但不要因为自己不准确的口语而害了一群学生。

多给学生积极、正面的引导

青年教师由于自己的人生经验不足，做事容易急躁。我以前就是这样。讲了任何语法，教了任何单词后总想当然地认为学生肯定会了。第二次课堂提问，一旦发现回答支吾的学生，总是又急又恨，甚至会不顾后果地说出伤人的话。有些事情往往会这样，你在批评了学生之后倒忘记了这桩子事，而他却已经伤得很深了。直到有一次，学生亲自告诉我："陈老师我那天身体不舒服，晚上没有好好复习，你那天批评我，我很难过。"天啊！瞧我都干了些什么！其实对于课堂教学内容，学生只要认真听过，就算没有怎么复习也是有印象的。如果老师在提问时，能为这个学生多停留十几秒，多给些鼓励的眼神和微笑，学生是会使劲想出答案来的。大多数的学生在回答不出问题时都表现得很慌乱，想象一下，他又正看着老师那气急败坏的表情，即使会也肯定说不出口了。这一点，我们倒可以借鉴国外的教学经验。对于暂时不会答题的学生，不要就一句生硬的"Sit down，please!（坐下）"，不妨说上一句"I will come back to you later.（我过会儿再来问你）"这样既免除了学生的尴尬，又似乎向学生透露了老师并没有将他放弃，他还有回答的机会。如果另有学生回答出答案了，你在重复答案的时候可以刻意地和刚才回答不出的学生来个眼神交流，或叫他再次重复答案。总之不能让学生产生老师已经放弃了我的感觉。也许在生活上，我算不上是个嘴甜的人，但是在课堂上，一面对学生，我会立刻转换角色，做一个"嘴甜"的老师。试着多来几句"How nice!""Beautiful!""Fantastic!"之类的赞扬的话语，它能给你带来意想不到的效果。

一旦做了老师，我发现自己的工作时间和休息时间很难分开。刚开始真的很难适应，总感觉休息不好，这时能做的就是自我调节了，或许正是因为这样才会有更大的进步吧！累是累，但心情总是愉快的，因为有认真学习的学生，还有关系融洽的同事，整个大环境是令人愉快的！更何况正是年轻时！三年的教师生涯让我真正体会到了身为人师的酸甜苦辣，但更多的是欣喜与收获，我感谢学校给我这样一个机会，也感谢一直帮助我、支持我和鼓励我的老师们。如果不是点数来时的脚印，还真不知自己走了这么远。这三年里，有成功，也有失败。集体影响着我，让我一步步成长。今天，我还很稚嫩，还存在很多不足；明天，我将踏着今天的经验与教训，创造自己的未来，实现自己的梦想。三年期到了，我已满师了。这，不是一个谢幕；这，只是一个开始。

倾听花开的声音

——三年教学生活感悟

政治组　梁燕萍

时光飞逝如电，一转眼，我在苏州第十中学已经任教了三年，回首这三年的酸甜苦辣，不禁感慨万千。随着岁月的流转，教龄的延长，我对高中政治教学的认识不断升华，教学水平不断提高，教学经验不断积累，现在把自己的一些心得记录下来。

教学内容做到丰富多彩

三年的教学生涯告诉我一个事实：“材料是第一生命线。”上好一堂政治课，必须做到主题鲜明、环节清楚、内容丰富多彩、形式活泼多样、思路清晰、语言流畅、课堂气氛活跃、有开拓意识和创新精神等基本要求。在这些基本要求中，我认为内容是最重要、最根本的，内容决定形式，教学内容的好坏直接关系到一堂课的成功与否。那么，怎样完成我的教学内容呢？

（一）认真备课，作好充分准备

备课是上课前的一个必要环节，备课是上课的基础。三年来，我从来不打无准备之仗。备课包括备教材、备学生。备教材就是钻研教材，准确掌握知识点，理清知识结构，把握重点难点。而要想让课堂教学吸引学生，教师首先要吃透教材，这是对教师最起码的职业要求。如果教师都对教材懵懵懂懂，那么课堂教学肯定也是语焉不详，甚至不知所云，对于课堂上可能出现的问题自然也难以驾驭，学生自然就不会买账。

备学生就是必须首先了解学生，这是教学顺利展开的前提。备课的中心是备学生。为此，我们要明确学生对知识的兴趣点、接受度，了解学生学习方法，有针对性地进行教学。例如：在现行的教育体制下，为了应付学生的高考压力，在高中阶段，一般学校都会较早地确定文理分科教学。进入高二以后，教学的方向性就变得极为功利和明确。在课业负担加重的情况下，理科班的学生对政治学科的兴趣普遍淡薄。针对这种情况，教师就要想方设法地去培养和激发他们的兴趣。针对学生接受知识的深浅不一，就要在提问时区别对待。针对学生普遍存在的学习方法缺陷，如照搬语文、外语的朗读法，并加以单一化，就要介绍一些有效的学习方法，并进行必要的示范、疏导。

（二）广泛搜集材料

随着社会的发展和时代的进步，现代社会信息爆炸。作为政治教师，我力求每节课知识点多，信息量大，最大限度地提高课堂的含金量。我通过网络、电视、报刊、杂志、书籍等多种有效的媒体手段，搜集大量的资料和信息。我结合教科书的内容，有针对性地增添许多现实生活中活生生的社会现象和事例，使书本中抽象的理论知识与生动形象的事例相结合。这样学生不仅接受所学知识，而且也加深了对知识的理解，激发了兴趣，引发了思考，提高了教学效果。

譬如，在讲到农业时，我运用多媒体展示了一系列漫画、图片及图表，生动、形象、直观，并且我滔滔不绝讲了许多最新情况：农业的现状，农业薄弱的原因，并通过世界各国的比较以及中国各地区之间的比较，引导学生找出农业的出路。在讲到企业时，我带领学生来共同搜集一些材料，如“中航油事件”“联想集团兼并 IBM 的 PC 部门”等案例。今年，我又结合“神舟六号”的成功发射来引导学生分析事物的因果联系。通过此类教学，学生政治课的学习兴致很高，大家在上课过程中积极参与，踊跃发言，高潮迭出，收到了良好的教学效果。

教学方法做到灵活多样

要想在课堂教学过程中抓住学生，仅有丰富多彩的教学内容是不够的。当代的中学生思想敏锐，兴趣广泛，参与意识很强烈，这样的特点对政治课教学既是挑战又是动力。过去沿用了几十年的“满堂灌”“注入式”的教学方式一定要彻底改变。我们必须针对他们的新特点，改革教学方法，从课堂教学的变革中走出一条新路来。以下是我的一些总结和体会。

（一）博引趣例法

这是一种有效的哲学课教学方法。趣例可以是哲学寓言故事、成语故事、生活中的故事等。心理学研究材料表明：普通中学的高中生爱听故事的占 85% 以上，这可以看出中学生对故事的偏爱。我们就将中学生爱听故事的心理倾向引向课堂，来搞好哲学常识的教学。结合教材内容精选一些寓言故事、成语典故、生活故事进行教学，可将枯燥问题趣味化，抽象问题具体化，复杂问题简明化，深刻问题通俗化，从而使学生在情趣盎然中掌握知识，增强能力，提高觉悟。例如，在讲联系这个概念时，先讲“唇亡齿寒”的寓言故事，说明虞国和虢国的关系，如唇齿相依，是相互影响相互制约关系，即联系。在讲矛盾的对立统一时，可先请学生讲自相矛盾的典故，进而引导学生分清“逻辑矛盾”与“辩证矛盾”。在讲到教条主义时，可以讲拿破仑滑铁卢战败中的一个小故事，即格鲁希不管军情变化，而只遵照皇帝的命令追击早就不在的普鲁士军队，引发学生得出要“一切从实际出发”的结论，学生甚至有感而发，讲了历史上著名的诸葛亮挥泪斩马谡的故事。

（二）能力训练法

素质教育把教学目标定位在学生素质的全面发展和提高上，即把学生视为具有多方面发展需要和发展可能的人，视为具有主观能动性、能主动参与教学活动的人。政治课的实践教学，就是从培养学生良好的思维方式出发，注重发展学生的个性、潜能、创新精神以及社会实践能力等等。例如在讲授权利和义务的关系时，由学生扮演一个消费者和一个售货员进行小品表演，然后由学生运用新学知识对小品中二人的权利和义务进行分析。学生情绪高涨，不仅掌握了相关知识，而且培养了学生的表达能力，开拓了学生的视野。这不仅活跃了课堂气氛，激发了学生的学习兴趣，而且把那些用文字难以表达的内容具体化、形象化，便于学生理解和掌握，更重要的是很好地激发了同学们的想象力、创造力，也有效训练了他们的思维能力，充分张扬了他们鲜明的个性。在讲价值规律时，课本阐述的理论观点虽通俗易懂，但事例不多不详。“市场是学习价值规律的大学校”，我就指导学生到市场作调查，回校后用调查的事例来充实课本。这样，由于将书本知识同社会生活有机地结合起来，从而使课本内容变得更丰富了，知识被学生学活了，学生分析问题和解决问题的能力也提高了。

（三）借题发挥法

借题发挥是指在教学过程中，教师借用讲授的问题，采用移植和对比的手法，利用简洁准确、风趣幽默的语言，处理课堂上出现或以往在学生中存在的不良现象，以此对学生加强思想和行为教育，并借机把其他有关知识引入课堂，帮助学生理解和掌握知识。目前，绝大多数理科学生上政治课时爱看其他学科的书，或说话，或干脆睡觉。因此，政治课教师只有借题发挥，向学生说明片面发展的危害性。比如，在讲到量变与质变的关系原理时，我发挥道："同学们要不失时机地促成自身飞跃。在高中阶段，如果我们不抓紧时间学习，积累知识，便会丧失人生的飞跃机会，将来必定后悔莫及。"接着，我走到说话和睡觉的几位同学身边问道："你们说是吧？"然后我话锋一转道："当然，量变质变规律是告诉我们，在想问题、办事情时，一定要坚持适度原则，像我们这几位（手指向正做其他作业的学生）一心想着'量'的积累，以求早日'质变'（考上大学），着实令人感动。可是，这几位同学也一定知道'过犹不及'的道理吧？如果整天想着高考科目，放弃会考科目，不仅会造成自身的畸形发展，而且，由于时间分配不合理，反而会降低学习效率。"

三年的教学生涯只是我个人的一小步，在未来的工作中，我会继续努力，更加严格要求自己，不断提高教学水平，为培养合格的社会主义建设者、为学校的发展充分发挥自己的光和热。

理解·探索·理念

——我对新课程教学的追求与实践

地理组　秦永

以前，总以为教师的职责就是把自己的知识无私地、毫无保留地奉献给学生。在我心目中，教学是一份平凡而朴实的工作，然而当我真正加入教师的行列后，才对教学工作有了全新的认识。

2002 年 8 月，大学刚毕业的我怀着一份激动的心情踏入苏州第十中学的大门。这是一所具有悠久历史和优良教育传统的百年老校。在领导和同志们的关心和指导下，来自异地的我很快适应了这里的生活环境和工作环境。带领我教学工作的师傅是一位有着近三十年教学经验的前辈，通过他的言传身教，我逐渐熟悉并掌握了教学的基本思路和方法，然而要想成为一名出色的教学工作者，仅凭一腔热情和朴素的感情是远远不够的，必须努力提高能促进学生全面发展和驾驭现代教育技术的素质与能力。

参加工作的第一学期恰逢苏州市基础教育课程改革进入新一轮的开始。当时初中首次启用《历史与社会》新标准与新教材，所以我的三年教学生活也是伴随新课程共同成长的三年。新教材与老教材相比，最大的不同在于理念的不同，对于这门综合课程的首批实践者，这既是一个机会，又是一个挑战。记得当时师傅对我说，年轻教师没有已形成了的、传统教学思想与方法的自我束缚，应该在新课程教学实验中发挥先锋模范作用。回首三年的探索，唯有在实践中刻苦钻研，不断反思，坚持开拓创新和与时俱进，方能做一名合格的教学工作者，新课程改革呼唤新型教师。

知识结构不断完善和更新的教师。新教材涉及的知识领域较之以前要广阔得多，甚至有许多内容是以前教学中从未接触过的。如《历史与社会》以历史和人文地理为主要体系，兼顾经济、法律、金融、社会政治等知识，亟需教师去学，去充实，去完善。只有通过不断“充电”，才能使自己的知识结构不断更新，才能更好地驾驭新教材，只有加强学习，方能提高认识，辨别方向，洗刷陈旧。

积极采用新的教学方式的教师。教学工作的初期，把认真钻研教材和精心设计教学过程看作是备课的中心任务。研究的重点也往往是教材的重点、教学的难点，思考的重点也常常是导语、提问、作业的设计等一些具体教学的细小环节。不难发现，这是一种以教师、教材为中心的学习做法，学生经常被作为处于一定年龄阶段的抽象的群体来认识。事实上，课堂教学中学生是一个个具体的、独特的、活动的人。一节课设计得再好，如果没有学生的参与配合，就难以实现预定的目标。因此，课堂常常不是静态的，而是鲜活的；教学也往往并不是预设的，而是创造的。课堂教学必须关注学生，关注他们的喜怒哀乐，关注他们的情绪和情感生活。教师必须把着力点放在有效教学策略的研究上，从而激发学生的学习热情、学习动机和学习毅力。总之，教师要通过有效的学习活动，通过师与生、生与生的交流，使学生不断进行自我组织、自我建构，在这种组织、建构中，逐渐提高人文素质，形成适合自己的学习方法。按照新课程的要求，教师还应当帮助学生制定适当的学习目标，并确认和协调达到目的的最佳途径；指导学生形成良好的学习习惯，掌握学习策略；创设丰富的教学环境，为学生提供各种便利，为学生的学习服务；建立一个接纳的、支持性的、宽容的课堂气氛；作为学习的参与者，与学生分享自己的感情和想法；和学生一道寻找真理，并且能够承认自己的过失和错误。

善于引导学生采用新的学习方式的教师。基础教育的任务不仅仅是传授知识，更重要的是让学生掌握科学的学习方法，培养终身学习的愿望和能力。新教材下的课堂教学要求我们必须着眼于学生的学，强调学生学习的过程和方法，变被动接受学习为主动探究合作学习，最终让学生学会学习。为此教师一方面要实行教学民主，给学生更多的自主权，使学生有选择学习内容、学习方法、学习伙伴的权力；另一方面要提供交互式学习平台，精心组织学习活动，对学生的学习给予有力的指导、引导、辅导、诱导，使学生的学习成为有效的学习，高效的学习。

“雄关漫道真如铁，而今迈步从头越。”度过了三年初中教学生活的我，如今又迈入高中新一轮课程改革的教学实践中，新的起点，新的目标，新的挑战，在教师队伍里我已不再是一名新兵，我有信心做得更好。

后记

这是一本记载西花园中65位青年教师第一步成长足迹的书。

这是一本让经历教海沧桑后的教师重新回味初为人师体验的书。

西花园这个钟灵毓秀的园子曾走出蔡元培、胡适、叶圣陶……也曾走出费孝通、杨绛、何泽慧……从振华到十中，一百多年来，西花园既是一批批懵懂少年学习成长的天地，也是一批批青年教师工作成长的家园。重视青年教师的培养是十中一百多年办学历史的优良传统，学校各届领导都把新教师看作学校的“财富”，看作学校未来发展的真正力量。

2012年8月，在离开十中10年以后，我又回到了曾经工作了8年的十中。2012年底，学校按照惯例召开了一、三年期青年老师考核工作会议，朱嘉隽、曹伟、沈文艳、陆健四位青年教师选取了一个个自己教育教学工作中的生动事例，阐述自己工作之初的努力、收获和成长。朱嘉隽老师“做一个胸怀抱负的赶路者，做一个谦虚勤勉的好学者，做一个积极上进的拼搏者，做一个步步为营的实干者，做一个认真细致的陪伴者，做一个春风化雨的造梦者”就像是这些青年教师共同的执教宣言。他们如此坚定而执着的教师职业情怀深深打动了我，我向柳校长汇报了我对这些青年教师的欣赏和期盼。柳校长告诉我，近十年来学校每年都要对教学期满一年或三年的青年教师进行多项业务考核，每年的考核工作会议上，这些青年教师倾吐心声展示成长的发言都会让他动容。他提议，将近十年青年教师的教育随笔汇编成书，于是，有了这本《西花园的颂》。

本书所选的 65 篇文章出自 2000 年 8 月以来跨进十中走进西花园的 65 位青年教师。这些文章是这群年轻人教师职业生涯开启时心路历程的真实写照，记载了他们执教之初的青涩、忐忑或挫折，记载了这些朝气蓬勃的大学毕业生走向传承人类文明的教育使命时最重要的蜕变。正如陈卫华老师所写 ：“曾经的苦与累，回头想想，都是成长路上难得的砥砺。”

这些文章洋溢着属于他们的收获，洋溢着属于他们的幸福。他们与学生为伴，内心充盈着阳光和快乐，他们倾听老教师的悉心指导，感受着自身的成长，这点点滴滴的细节汇聚成这群年轻人的幸福记忆。“在这个园子里，遇见你，是我幸福的开始。”这句诗真实而真切地道出了这个园子里所有年轻人的心情，他们“因为被学生爱而幸福”“因为付出而幸福”，所以时佳老师说 ：“选择教师这份职业，甘苦自知，乐此不疲！”王光宇老师则说 ：“一名忠诚的教师，就是一个幸福的符号。”

这些文章充盈着他们坚守责任的初心，充盈着他们走向未来的决心。沈文艳老师写道 ：“在今后的工作中，我会始终保持着这份热情，怀揣着更远的梦想，踏踏实实、勤勤恳恳！”陆峥老师写道 ：“花有果的责任，云有雨的责任，太阳有光明的责任，而我的责任就是要带领我的小兵们，一起经历漫漫旅程中或许是黑色的一小段。”江涓老师表示：“成不了太阳，做星星也要做最亮的一颗；成不了森林，做树木也要做最有生命力的一棵；成不了花朵，做绿叶也要做最肥硕的一片。”张音乐表示：“我要在每一个三年中尽我所能，无愧于学生、无愧于学校，也希望每一个三年我都会有所成长。”

我在追忆时光的感慨中，在文化传承的感恩中，编辑着这本《西花园的颂》。当这65位青年教师带着自己的梦想、激情和责任融入到了西花园的教师群体时，他们为这个园子带来了青春的活力和崭新的希望。编辑这本《西花园的颂》让我得以在回顾岁月中，印证着这群年轻人成长的必然，也让我更增添了对他们未来职业成就的期盼。

本书的编辑得到了各位青年教师的大力支持，他们在保持原貌的基础上认真修改润色文字。学校教师发展与科研处诸位同仁也付出了巨大的辛劳，廖书庆老师2013年4月起开始收集和整理稿件，启动了本书的编辑工作，刘凌昊和戚迎庆老师负责对书稿多次进行校对，形成终稿。在此，我对所有参与编写的老师表示深深的谢意！

2000年起，随着苏州市区教育格局的调整和学校办学规模的扩大，先后曾有130多位青年教师加入到了十中的教师队伍中，在西花园跨出了他们教师职业生涯的第一步。2010年3月苏州市振华中学与十中初高中分离办学，经统计，2002年至2010年进入十中、目前在苏州市振华中学工作的共有68位青年教师。由于篇幅所限，这些教师的教育随笔未能收录本书中，为了纪念他们的这段成长历史，我们将这68位青年教师的名单附在本书后面。

我相信，这本书不但将65个青年教师最初充满生命张力的成长历程以一幅幅剪影的方式定格在西花园中，还将这65个青年教师澎湃生长的原动力刻印在他们的心灵深处。

我相信，这本书将是65个年轻人留给这个园子未来的记忆和礼物。

罗强

2013年10月7日

附录

曾任职于苏州市第十中学、目前在苏州市振华中学工作的68位青年教师名单

2002年

张怡菁　周兆彦　卢小菊　徐　萍　钱　芸　曹蕴瑞
王　晨　赵　康

2003年

耿　岚　周　亮　李　宁　刘旻霞　曹　梦　谭　缘
蒋　剑　沈　英　顾　云　莫的丽　王静芝

2004年

陈　莹　李　怡　王　丹　杨雪峰　高　远　顾震寰
张静静　叶　菁　祝晓燕　孟雅珏　陈　佳　倪江红

2005年

许晨亮　程　洁　王　吉　王以劼　陆　琦　董清莹
殷　勇　许　颖

2006 年

王　梅　杨　易　浦　慧

2007 年

张　瑾　汪亚芳　王月高　沈　翃　陈云钏

2008 年

汪小琴　刘　兵　张　亮　刘振华　蔡　敏　周文娟
谢振良　徐广益

2009 年

蔡佳乐　杨　彦　肖婉蓉　郁健健　陈蕴伟　金蓓蕾
周洁莹　姚菊亚　陈　沛

2010 年

徐　珣　陆　凯　金　晔　钱文静

图书在版编目（CIP）数据

西花园的颂/罗强主编. —上海：文汇出版社，2013.11

ISBN 978-7-5496-1020-4

Ⅰ.①西… Ⅱ.①罗… Ⅲ.①中学教育—教育工作—苏州市—文集 Ⅳ.①G63-53

中国版本图书馆CIP数据核字（2013）第265046号

西花园的颂

主　　编 / 罗　强
责任编辑 / 熊　勇
特约编辑 / 张　琦
装帧设计 / 周　丹

出版发行 / 文匯出版社
上海市威海路755号
（邮政编码200041）
印刷装订 / 苏州市大元印务有限公司
版　　次 / 2013年11月第1版
印　　次 / 2013年11月第1次印刷
开　　本 / 880×1230　1/32
印　　张 / 10
字　　数 / 200千

ISBN 978-7-5496-1020-4
定　　价 / 33.00元